China Agriculture
Research System
现代农业产业技术体系

现代农业产业技术体系建设理论与实践

梨
体系分册

LI TIXI FENCE

张绍铃　主编

中国农业出版社

北　京

现代农业产业技术体系建设理论与实践
编委会名单

编委会主任　　张桃林

编委会副主任　廖西元　汪学军　李　波　张　文

编　　　委（按姓氏拼音排列）

白　晨	曹兵海	曹卫东	陈厚彬	陈瑶生	程式华	程须珍
邓秀新	刁现民	杜永臣	段长青	戈贤平	关长涛	韩明玉
韩天富	何建国	侯水生	黄华孙	黄璐琦	霍学喜	姜　全
金　海	金黎平	李开绵	李胜利	李新海	鲁　成	马代夫
逄少军	秦应和	任长忠	田可川	王汉中	文　杰	吴　杰
肖世和	谢江辉	熊和平	许　勇	杨　弘	杨　宁	杨亚军
喻树迅	张国范	张海洋	张金霞	张　京	张绍铃	张新友
张英俊	邹学校					

总　策　划　刘　艳

执行策划　　徐利群　马春辉　周益平

梨产业体系分册
编委会名单

主　　　编　张绍铃

副　主　编　周应恒　谢智华　施泽彬　王国平　王文辉　张玉星　常有宏

编　　　委（按姓氏拼音排序）

王迎涛	王　然	王少敏	王东升	王晓祥	邓家林	朱立武
刘凤权	刘奇志	刘小侠	关军锋	刘　军	李天忠	杨　健
吴　俊	张茂君	何雄奎	陈子雷	李元军	李俊才	李红旭
李世强	李　勇	李　雄	周超华	胡红菊	郝宝锋	赵　广
秦仲麒	徐阳春	郭黄萍	徐凌飞	高正辉	曹玉芬	盛宝龙
黄新忠	舒　群	曾　明	滕元文	藕继旺		

体系建设与交流协作
TIXI JIANSHE YU JIAOLIU XIEZUO

▲ 2009年，梨产业技术体系启动会在南京召开（张绍铃 供图）

▲ 2009年，梨产业技术体系年终总结暨人员考评会议在南京召开（张绍铃 供图）

▲ 2010年7月，梨产业技术体系"新品种、新技术、新模式"学术论坛在杭州举办（张绍铃 供图）

▲ 2010年梨产业技术体系年终总结暨人员考评会议在南京召开（张绍铃 供图）

◄ 2011年5月，"十二五"国家梨产业技术体系建设启动会在南京召开（张绍铃 供图）

2011年7月，梨产业技术体系▶
"果实品质提升技术"学术论坛
在青岛举办（张绍铃 供图）

◀2012年8月，梨产业技术体
系"梨园病虫害防控与土壤肥
料管理"学术论坛在太原举办
（张绍铃 供图）

2014年7月，梨产业技术体系▶
"十二五"梨体系成果展示交流
会在郑州举办（张绍铃 供图）

◀2014年8月，生理障碍调控岗位科学家朱立武（右三）、秋子梨品种改良岗位科学家张茂君（右二）及团队成员赴延边综合试验站开展产业基础信息调研（王强 供图）

2017年梨产业技术体系工作总结及▶人员考评暨"十三五"工作推进会议在合肥召开（张绍铃 供图）

◀2017年12月，梨体系加工研究室和产业经济研究室工作会议在辽宁省葫芦岛市召开（周应恒 供图）

2019年4月，首席科学家张绍铃▶（右）、武汉综合试验站站长胡红菊（后左）陪同农业农村部科教司相关部门领导到武汉综合试验站示范园调研（张绍铃 供图）

2019年9月，梨体系各综合 ▶
试验站站长在营口综合试验
站核心示范区开展交流活动
（蔡忠民 供图）

◀ 2019年12月，梨产业技术体系年终考评会议期间组织召开执行专家组会议（张绍铃 供图）

▲ 2019年梨产业技术体系年终总结暨人员考评会议在贵阳召开（张绍铃 供图）

技术研发与示范

JISHU YANFA YU SHIFAN

▲ 2015年6月，福建省德化县雷峰镇蕉溪村生产示范基地的梨山地双臂顺行式棚架栽培（黄新忠 供图）

▲ 2017年3月，首席科学家张绍铃在江西省金溪县南昌综合试验站生产示范园传授梨树液体授粉技术（黄冬华 供图）

▲ 2017年4月，烟台综合试验站核心示范园开花状（李元军 供图）

▲ 2018年8月，郑州综合试验站棚架圆黄梨示范园（王东升 供图）

2019年4月，在新疆推广梨产业技术▶
体系研发的无人机梨园液体授粉技
术（宋坚利 供图）

◀2019年6月，东南丘陵山地果园机械
装备现场展示观摩与技术交流在福建
省建宁县举办（常有宏 供图）

2019年春季，首席科学家张绍铃▶
（右二）带领团队成员开展田间试验
（张绍铃 供图）

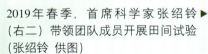

◀果园耕作机械化岗位研制的梨园多功
能平台（张绍铃 供图）

◀ 花果管理岗位研发的梨树液体授
粉技术（张绍铃 供图）

梨产业技术体系"十二五"技 ▶
术成果汇编材料（张绍铃 供图）

◀ 养分管理岗位科学家徐阳春（左）
在太谷综合试验站进行生物有机肥
施用技术示范指导（杨盛 供图）

砧木评价与改良岗位培育出青
砧D1、青砧D3等梨自根砧，
并实现了规模化生产。图为岗
位科学家王然（左前二）正与
团队成员研究自根砧育苗技术
（王然 供图）

质量安全与营养品质评价岗位科学家陈
子雷在进行实验室检测数据分析处理
（滕晶 供图）

种质资源收集与评价岗位科学家
曹玉芬（左）在湖南省永兴县考
察野生豆梨资源（刘超 供图）

▲ 2010年1月，兰州综合试验站在甘肃省静宁示范县开展冬季修剪技术培训
（刘小勇 供图）

▲ 2010年11月，哈尔滨综合试验站站长王晓祥到林口县朱家镇三和村进行梨
园管理技术培训（韩继龙 供图）

2011年4月，树体病害防控岗位科学家王国平（左二）在江西省金溪县与梨农面对面解答病虫防治问题（洪霓 供图）

2013年7月，树体管理岗位科学家秦仲麒（前右一）在湖北省公安县与周超华（左一）、舒群（左二）、李红旭（左三）等试验站站长交流双臂顺行式新型棚架栽培模式（伍涛 供图）

2012年4月，兰州综合试验站站长李红旭在甘肃省农业科学院张掖试验场进行梨园冬剪技术培训（杜明进 供图）

▲2014年11月，果园生态与环境综合治理岗位科学家滕元文在浙江省杭州余杭鸬鸟镇传授梨树修剪技术（滕元文 供图）

2015年3月，生物防治与综合防控岗位科学家刘奇志▶（右二）在核心试验区调查虫害发生情况（刘奇志 供图）

◀2015年8月，土壤与水分管理岗位科学家张玉星（右）在兰州综合试验站讲解梨省力高效栽培模式夏季管理技术（赵明新 供图）

2017年1月，杨凌综合试验站站 ▶
长徐凌飞在陕西省蒲城县孙镇
开展渭南职业农民冬季修剪技
术培训（王志刚 供图）

◀ 2017年8月，石家庄综合试验站
站长李勇（前左）在河北魏县
开展技术指导（刘国胜 供图）

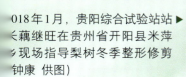

018年1月，贵阳综合试验站站 ▶
长藕继旺在贵州省开阳县米萍
乡现场指导梨树冬季整形修剪
（钟康 供图）

◀ 2018年3月，营口综合试验站站长李俊才在海城市马风镇朱红村举办梨树栽培技术培训班（蔡忠民 供图）

2018年7月，重庆综合试 ▶
验站站长曾明在巴南早熟
梨创新基地开展技术培训
（伍加勇 供图）

◀ 2019年2月，土壤和养分管理岗位科学家杜国栋在海城举办南果梨栽培技术培训会（杜国栋 供图）

2019年4月，虫害防控岗位科▶
学家刘小侠（前中）在北京
通州梨园指导辨认害虫种类
（刘孝明 供图）

◀2019年6月，太谷试验站站长郭
黄萍在田间传授梨树栽培技术
（郭黄萍 供图）

2019年8月，成都综合试验站▶
站长邓家林（左二）在凉山彝
族自治州美姑县开展技术培训
（邓家林 供图）

◀ 2019年9月，梨体系综合试
验站站长齐聚郑州综合试
验站核心示范园考察交流
（盛宝龙 供图）

2019年9月，首席科学家张 ▶
绍铃（右一）、果园耕作机
械化岗位科学家常有宏（左
四）、果实病害防控岗位科
学家刘凤权（左一）等在砀
山酥梨示范园进行技术指导
（陈争峰 供图）

◀ 2019年12月，南昌综合试验
站在示范县江西省金溪县举
办梨新品种新技术新模式培
训班（徐雷 供图）

2020年4月，育种技术与方法岗位科学家吴俊在江苏睢宁县开展田间技术培训（赵渴姣 供图）

2020年5月，梨果加工岗位科学家关军锋（左二）在国家级农业产业化重点龙头企业河北晋州长城公司经贸有限公司进行鸭梨贮藏技术指导（关军锋 供图）

2020年7月，树体管理机械化岗位团队在安徽砀山展示系列多功能平台（庄晓华 供图）

▲白梨品种改良岗位科学家王迎涛现场示范梨树冬季整形修剪技术（王迎涛 供图）

北京综合试验站站长刘军▶（中）指导基地梨树整形修剪（葛彦会 供图）

◀福州综合试验站站长黄新忠（左）在福建清流县开展梨树夏季修剪技术指导（曾少敏 供图）

▲ 昆明综合试验站站长舒群（中）指导农户套袋（舒群 供图）

▲ 砂梨品种改良岗位科学家施泽彬在浙江省天台县优质蜜梨生产技术培训会上现场进行技术讲解（施泽彬 供图）

▲ 首席科学家张绍铃（右）在江苏省农技耘开展网络视频培训（张绍铃 供图）

▲ 武汉综合试验站站长胡红菊（左）开展套袋技术培训（胡红菊 供图）

产业扶贫与乡村振兴

CHANYE FUPIN YU XIANGCUN ZHENXING

▲ 2017年，在山西隰县，梨产业技术体系专家与当地政府探讨玉露香梨产业发展（王文辉 供图）

▲ 2019年11月，河南宁陵，脱贫攻坚与乡村振兴调研座谈（刘新亚 供图）

2019年11月，种苗扩繁与生产技术岗位科学家李天忠（中）与贫困县河北省滦平县主管领导和技术员商讨梨产业扶贫技术方案（李天忠 供图）

2020年6月，西洋梨品种改良岗位科学家杨健（左）与河南省商丘市宁陵县领导调研"一县一业"示范园规划与建设（刘新亚 供图）

2020年7月，梨体系产业技术体系在河北省威县召开服务县域经济发展会议，梨体系7个团队16人参会（张玉星 供图）

▲ 2020年9月，梨产业技术体系"一县一业"工作推进会在河南宁陵召开（张绍铃 供图）

▲ 梨产业技术体系首席科学家张绍铃（前左）与宁陵县县长马同和（前右）就"一县一业"示范县建设签订战略合作协议（张绍铃 供图）

▲ 2015年8月，梨产业技术体系梨早期落叶病因及防控技术研讨会在福建建宁召开（张绍铃 供图）

◀ 2017年7月，树体病害防控岗位科学家王国平在新疆库尔勒调查梨腐烂病的为害情况（朱立武 供图）

▲ 2018年4月，郑州综合试验站站长王东升（左）到河南宁陵县调查示范园区梨果冻害情况（王东升 供图）

▲ 2018年9月，梨产业技术体系库尔勒香梨"苹果枝枯病"专题研讨会在南京召开（张绍铃 供图）

▲ 2019年3月，砀山综合试验站团队成员为及时做好砀山酥梨花期冻害防御工作，夜晚12点深入梨园监测温度变化，并对防御冻害技术进行指导（雷波 供图）

▲ 2019年3月，梨体系"苹果枝枯病"调研专家组与自治区、巴州和库尔勒市的林业主管部门领导、以及农场负责人和技术骨干等共计40余人在库尔勒香梨研究中心座谈交流（刘凤权 供图）

▲ 2011年8月，时任河南省省委书记卢展工（前右）视察郑州综合试验站核心示范园（王东升 供图）

▲ 2012年3月，树体病害防控岗位科学家王国平接受湖北省潜江市电视台采访（胡红菊 供图）

◀2013年3月，兰州综合试验站站长李红旭为甘肃省景泰县条山集团技术人员和果农讲解梨树修剪的基本理论和相关技术（赵明新 供图）

2016年5月，营口综合试验站站长李俊才（右）在核心示范园为沈阳农业大学的学生进行现场授课（蔡忠民 供图）▶

◀2016年10月 昌黎综合试验站核心示范园接待亚非拉国际果树培训班学员观摩与学习交流（徐金涛 供图）

▲ 2017年10月，梨产业技术体系专家为云南呈贡宝珠梨产业发展出谋划策
（王文辉 供图）

▲ 2018年4月，泰安综合试验站站长王少敏给发展中国家果树技术人员进行技术培训
（王少敏 供图）

▲2019年9月，河南省宁陵县，农机走进宁陵（杨健 供图）

2020年7月，首席科学家张▶绍铃接受中央电视台记者采访，介绍我国梨产业现状、技术瓶颈及解决路径等（潘必盛 拍摄）

◀2020年7月，果园耕作机械化岗位主办的"农机地头展"江苏站——走进泰兴烨佳梨园（常有宏 供图）

目 录

上编　体系创新与技术推广

第一章　我国梨产业高质量发展

下编　体系认识与工作感悟

附录　梨产业技术体系主要成果清单（2008—2018）

上 编
体系创新与技术推广

第一章　我国梨产业高质量发展

第一节　我国梨产业发展历程

中国是梨属植物的发源地之一。世界上主要栽培的白梨、砂梨和秋子梨都原产我国。关于梨树在我国的栽培历史，多见于古书记载。根据古代文献《诗经》《夏小正》记载和近代考古资料分析，梨在我国的栽培历史至少已有 3 000 年，我国劳动人民在梨树栽培技术上积累了丰富的经验。北魏时期贾思勰所著《齐民要术》中，对梨树栽植、嫁接、采收、贮藏等均有较详尽的记载，充分说明我国古代对梨栽培技术的重视和达到的水平。在《史记》《广志》《三秦记》《秘传花镜》等古籍中，记载了我国许多地方的优良品种，如蜜梨、红梨、白梨、鹅梨等，有的至今还有栽培。

早在 2000 年前，当时的黄河流域各地如山东、河南的北部、河北南部以及淮河流域梨树栽培已很兴盛，梨在农业经济中就占有重要的地位，司马迁（前 145—前 85 年）在《史记·货殖列传》中对此曾有描述。到 3 世纪末，郭义恭的《广志》记载了当时华北一带著名的梨产区和优良品种。

关于梨树栽培技术，早在 1 400 多年前我国即已达到比较发达的程度，无论在嫁接繁殖、树体管理还是在梨果贮藏等方面，都已经有了较高的技术水平。

近现代以来，我国梨树生产发展已有相当的规模，但抗日战争和解放战争期间，梨树生产遭到毁灭性破坏，果园不整，树势衰弱，产量大为降低，如当时河北平原梨区残存的梨树仅为战前的 40%。

1949 年中华人民共和国成立后，党和政府加强了对果树生产的重视，并且在各重点梨产区建立了示范园，从技术上和经济上对农户给予大力支持。因此，梨树生产得到了迅速恢复和提高，仅用四五年的时间，梨树生产就超过了已往历史的最高水平。

新中国成立以来至今，梨树生产的发展变化特征是：树冠由大变小；栽植密度由大变小；由追求高产到高产稳产再到优质丰产；修剪技术由粗放到精细再到简化；栽培品种由相对单一到多样化。变化历程大致可分为三个阶段：

1949—1975 年，这一阶段是梨树生产追求产量阶段。由于市场梨果供不应求，产量成为效益的代名词。重点推广应用的技术为整形修剪技术、人工辅助授粉技术、梨园丰产施肥技术、病虫害防治技术等，实现了梨园低产变高产。

1976—1995 年，这一阶段是梨树生产追求高产稳产阶段。重点推广应用的技术为树体改造技术、乔砧密植技术、幼树早果丰产技术、精细修剪技术、人工辅助授粉和疏花疏果技术等。

1996 年至今，这一阶段是梨树生产追求优质丰产阶段。由于该阶段产量的大幅提升，出现了梨果供应的相对过剩，梨树生产由产量型向质量效益型转变。重点推广的技术为树体改造技术、大树高接技术、果实套袋技术、配方施肥技术、省力化栽培技术、果园信息化管理技术等。

梨产业总体发展趋势大致可以分为三个阶段：第一阶段为新中国成立至改革开放前的起步发展阶段，梨树种植面积、梨产量分别由 1952 年的 150 万亩①、40 万 t 发展到 1978 年的 460 多万亩、160 多万 t，梨单产由 1952 年的每亩 267 kg 提高到 351 kg；第二阶段为 1979—2000 年的快速发展阶段，梨树面积突破 1 500 万亩，梨产量突破 850 万 t，分别比 1979 年增长了 2.2 倍和 4.5 倍，单产由 1979 年的每亩 320 kg 提高到 2000 年的 553 kg；第三阶段为 2001 年至今的稳定发展阶段，梨树种植面积趋于稳定，产量大幅度增长，从 2001 年的 879.6 万 t 增长到 2017 年的 1 640.97 万 t，梨单产由 2001 年的每亩 571 kg 提高到 2017 年的每亩 1 188 kg。

我国梨产业发展的前两个阶段基本是以扩大种植面积提高总产为主的外延式扩张，生产经营管理比较粗放；第三阶段开始走向以提高单产、优化区域布局为主的内涵式发展之路，果品质量明显提高。总体上说，我国梨产业现正处于由粗放经营向集约经营转变的过程中，但地区间发展不平衡，差异较大。

从产量来看，梨是继苹果、柑橘之后的第三大水果。改革开放以来我国梨产量增长迅速，从 1978 年的 160 多万 t，增加到 2011 年的 1 579.5 万 t，年

---

① 亩为非法定计量单位，1 亩 =1/15 hm²。

增长率为 7.6% 左右。从 1991 年以来的梨产量年增长率变化来看，1991—1998 年是我国梨产业的快速扩张期，年增长率都在 10% 以上，其中，1994 年的梨产量年增长率为 25.7%；1998 年之后，梨产业进入温和增长期，年增长率在 4%～8%，尤其是 2008 年以来，我国梨总产量年增长率波动很小，在 5% 左右。2013 年梨产量出现小幅下跌，随后恢复增长至 2015 年的最高产量 1 652.7 万 t，2016 年再次出现下跌，到 2017 年产量回升至 1 641 万 t，但没有超过 2015 年的水平。

第二节　我国梨产业区域发展状况

我国梨树资源丰富，而梨树对气候和土壤的适应性又强，因此它一向是我国南北各地区栽培最为普遍的果树。北起黑龙江南至广东，西自新疆东至沿海地区，几乎到处都有梨树栽培。其栽培范围之广，为其他果树所不及。又因梨树对栽培管理条件要求较低，而产量较高，因此，1949 年以来我国梨果产业一直在不断发展。表 1-1 是 2017 年我国各省份的梨产量数据。从此表中不难看出：我国梨种植范围很广，除了青海、西藏与海南，其余省份都有一定的规模。从各大区域来看，华北地区梨产量最高，达 452.5 万 t；其次是华东地区，为 381.4 万 t；其余几大地区的产量都比较接近，在 150 万～200 万 t 之间。从各省份来看，河北省梨产量最高，为 342.4 万 t；其次是辽宁、山东、安徽、河南、陕西、新疆，都在 100 万 t 以上；北京、天津、内蒙古、吉林、黑龙江、上海、宁夏等省（自治区、直辖市）的产量较少，都在 10 万 t 以下。

根据《中国果树志》第三卷（梨）和我国梨的分布实况，我国梨产业主要划分为七个区：

①寒地梨区。主要包括沈阳以北的东北地区和呼和浩特以东的内蒙古地区，实际上齐齐哈尔以北已很少有梨的分布。这一区域冬季低温，易发生冻害。该地区年均温度在 0.5～7.3℃，冬季绝对低温 -45.2～-25℃，年降水量 400～729 mm，无霜期 125～150 d。主栽品种是秋子梨，只有局部小气候地区可栽培苹果梨、明月梨、青皮梨，以及砂梨、白梨中较耐寒的品种。

②干寒梨区。主要包括内蒙古西南部、甘肃、陕西北部、宁夏、青海西南

表 1-1　2017 年我国各省份梨产量（单位：万 t）

地区	省份	产量	合计		省份	产量	合计
华北	北京	9.1	452.5	西北	陕西	105.2	251
	天津	6.4			甘肃	21	
	河北	342.4			青海		
	山西	86.7			宁夏	1.7	
	内蒙古	7.9			新疆	123.1	
华东	上海	3.2	381.4	西南	重庆	26.8	210.1
	江苏	78			四川	91.7	
	浙江	38.9			贵州	28.0	
	安徽	124.2			云南	63.6	
	福建	16.7			西藏		
	江西	16.8		华中华南	河南	121.8	222.2
	山东	103.7			湖北	37.5	
东北	辽宁	116.2	123.8		湖南	16.6	
	吉林	3.9			广东	10.4	
	黑龙江	3.7			广西	35.9	
					海南		

数据来源：《中国统计年鉴 2018》。

部及新疆等地。该区域年均温度 6.9 ～ 10.8℃，降水量均在 400 mm 以内，无霜期 125 ～ 150 d。这一区域气温虽比寒地梨区略高，但干旱寒冷并行，而以干旱为主导，易造成冻害与抽条。这里季节变化与昼夜温差都很大，日照充足，对梨树营养物质的积累、品质形成都很有利，所以果品品质很高，如砀山酥梨。本区主栽秋子梨、白梨和部分西洋梨，是很有发展前景的梨商品基地。鸭梨、茌梨、苹果梨以及抗性较强的一些日本梨品种，在有灌溉条件的地区都生长良好。冬果梨、库尔勒香梨等品种，在大力栽树种草及引雪山水、开发黄河工程中可大量发展。

　　③温带梨区。这一地区是我国的主要梨产区，产量占全国梨总产量的 70%。主要包括淮河 - 秦岭以北、寒地梨区以南、干寒梨区东南的大片地区。这一区域年均温度 10 ～ 25℃，绝对低温 -29.5 ～ -15℃，年降水量

319.6～860 mm，无霜期 200 d 左右，著名的鸭梨、雪花梨、茌梨、砀山酥梨、秋白梨、红梨、蜜梨等均原产本区。该区向西与干寒地区气候相近，向北与寒地梨区相近，向南与暖温梨区相近。

④暖温带梨区。主要包括长江流域、钱塘江流域，以及江西上饶以北、福建西北部地区。年均温度 15～18.6℃，绝对低温 -13.8～-5.9℃，年降水量 685.5～1 320.6 mm，大多在 1 000 mm 左右，无霜期 250～300 d。这一区域气候温暖多雨，是我国砂梨、日本梨的主产区，白梨也有栽培。著名的有严州雪梨、细花麻壳、半男女梨等品种。现已成为日本梨主要产区。

⑤热带和亚热带梨区。主要包括闽南、赣南、湘南及其以南地区。年平均温度 17℃以上，亚热带梨区最低温度为 -4～-1℃，热带地区全年无霜，年降水量 1 500～2 100 mm。这一区域多雨、炎热潮湿，白梨很少，主栽砂梨。梨树周年生长，四季开花结果，但仍以立春开花、立秋前采收为主。著名品种有淡水红梨、灌阳雪梨、早禾梨等。日本梨栽培亦多。

⑥云贵高原梨区。主要包括云、贵及四川西部、大小金川及其以南地区，海拔在 1 300～1 600 m 的高山地带。因海拔较高，成为温带落叶果树分布地带。这里雨量多、气候温凉，栽培品种以砂梨为主，有少数白梨和川梨。著名的品种有宝珠梨、威宁黄梨、金川雪梨等。

⑦青藏高原梨区。主要包括西藏大部和青海西南高原地区。多数地区海拔在 4 000 m 以上，气候寒冷，春迟冬早，梨树 4 月萌动，10 月即被迫休眠。生长期 200 d 左右，砂梨、白梨都可生长。而在拉萨以东的雅鲁藏布江地带，气候较好，20 世纪 50 年代以后大量引入鸭梨、茌梨、砀山酥梨、苹果梨及日本梨品种。

目前，我国已形成了多个以名优品种为特色的栽培区，如河北中南部的鸭梨、雪花梨栽培区；山东胶东半岛的茌梨、长把梨、栖霞大香水梨栽培区；黄河故道及陕西乾县、礼泉、眉县的砀山酥梨栽培区；辽西的秋白梨、小香水等秋子梨栽培区；长江中下游的早酥、黄花、金川雪梨栽培区；四川金川、苍溪等地的金花、金川雪梨、苍溪雪梨栽培区；新疆库尔勒、喀什等地的库尔勒香梨栽培区；吉林延边、甘肃河西走廊的苹果梨栽培区等。

第三节　我国梨产业生产现状

一、生产地位与规模

中国为世界第一产梨大国，根据联合国粮食及农业组织统计数据，2017年中国梨树种植面积占世界梨树种植总面积的70.8%，而在1978年仅为39.5%。得益于梨技术进步和栽培管理水平的提高，我国梨产量占世界梨产量的比例从1978年的19.8%提高到2017年的70.3%。我国梨单产能力已经超过世界平均水平。

梨作为我国传统的出口创汇果品，在中国加入WTO后出口范围和出口量均呈现明显增长趋势。出口量由2000年的14.8万t增至2017年的24.3万t，出口国家和地区由东南亚国家和港澳地区，拓展到美国、加拿大、澳大利亚、俄罗斯及中东、欧洲等地。虽然年出口量居世界第一位，但出口量占生产总量的比例相对较小。出口品种主要为鸭梨、砀山酥梨和库尔勒香梨。近年来，我国引种的日本梨、韩国梨和国内培育的新品种如黄冠、中梨1号、红香酥等出口量逐年增加。从出口省份来看，河北省梨出口量最多，每年有21万～24万t，占全国梨出口总量的40%～45%，其次为山东、陕西等省份。

二、优势产区布局

全国梨产区划分为四个优势区和四个特色区，具体优势或特色区域分布如下：

1．华北白梨产区

主要包括冀中平原、鲁西北平原、胶东半岛、晋中平原。该区域属温带季风气候，光照条件好，热量充足，降水适度，昼夜温差较大，是中、晚熟梨的优势产区。目前，该区梨产量约占全国的30%，栽培品种以鸭梨、砀山酥梨、雪花梨为主，玉露香、新梨7号等优质新品种具有较大发展潜力。

2．西北白梨产区

主要包括陕西黄土高原、甘肃陇东和河西走廊。该区域海拔相对较高，光热资源丰富，气候干燥，昼夜温差大，病害少，土壤深厚、疏松，易生产优质果品。该区梨产量约占全国的 10%，是我国最具有发展潜力的白梨生产区。目前，栽培品种以早酥梨、砀山酥梨、雪花梨为主，玉露香、红香酥、黄冠、中梨 1 号等品种具有一定发展潜力。

3．黄河故道白梨、砂梨产区

主要包括鲁南、苏北、皖北、豫中地区，地处华北平原南缘地带。该区域介于南方温湿气候和北方干冷气候之间，光照条件好，热量充足，降水量适中，是白梨、砂梨混合分布的优势产区。目前，该区梨产量约占全国的 12%。栽培品种以砀山酥梨、鸭梨为主，今后需重点发展黄冠、翠玉等早中熟品种。

4．长江流域砂梨产区

主要包括长江及其支流流域的四川盆地、渝中山地、湖北江汉平原、江西北部、浙江等地区，气候温暖湿润，有效积温高，雨水充沛，土层深厚肥沃，是我国砂梨的集中分布区。该区梨产量占全国的 28% 左右，生产上以黄花、丰水等中熟品种为主，可适当发展翠冠、翠玉等早熟品种。

5．东北特色梨产区

主要包括辽宁海城和辽阳的南果梨特色梨区，吉林延吉龙井、图们的苹果梨特色梨区，以及内蒙古赤峰南果梨、寒红梨特色梨区。南果梨为秋子梨的著名品种，其风味独特、品质优良、适宜加工，在国内外享有较高的声誉。寒红梨属于秋子梨与白梨种间杂交后代，其外观美丽、质脆味浓、品质优良，深受消费者欢迎。

6．渤海湾特色梨产区

主要包括辽宁大连、河北秦皇岛及胶东半岛地区，属暖温带湿润季风气候，冬季温和、夏季凉爽，光热资源充足，昼夜温差显著，该区域是我国西洋梨重要产地。梨果肉质细腻、柔软多汁、香甜可口，有较强的市场竞争优势。胶东半岛传统品种莱阳梨发展较多，今后可重点发展红茄梨、红巴梨和康复伦斯等西洋梨品种。

7．新疆特色梨产区

主要包括新疆的库尔勒和阿克苏以及甘肃皋兰，属暖温带大陆性干旱气候，日照时数长，年平均降水量少、蒸发量大，病害较少。该区是我国库尔勒香梨的主要产区，品种独特、栽培历史悠久，国内外知名度高，为我国梨果主要出口产品。

8．西南特色梨产区

该区包括云南的昆明和红河、四川的阿坝和凉山等红色砂梨特色区域，主产云南红梨系列品种，如早白蜜、满天红、红酥脆和美人酥等品种，颜色鲜艳、成熟期较早、风味独特、货架期长，出口潜力大，有较强的市场前景。

第四节　我国梨流通发展历程及现状

一、改革开放以前中国梨流通发展历程

1．新中国成立初期（1949—1955 年）的自由购销阶段

1949—1955 年这一阶段梨流通实行自由购销，价格随行就市，所以梨的价格波动较大。国家为稳定物价，增加了国有企业经营梨的比例，同时对商贩实行国家补贴政策，从而削弱价格的波动幅度。梨农、商贩及国营机构成为市场主体，其中商贩起到了主要作用。梨流通渠道相对来说多样化且比较简单，如梨农—消费者、梨农—商贩—消费者、梨农—国营果品经营机构—消费者。这一期间我国梨流通体系特征见表 1-2。

表 1-2　1949—1955 年中国梨流通体系特征

制度特征	流通主体	主要流通渠道
梨自由贸易制度；允许集贸市场交易，郊区供应；加强主要城市和工矿区梨供应	梨农；商贩；1953 年以后开始组建国营果品经营机构，其中商贩起主要作用	梨农—消费者 梨农—商贩—消费者 梨农—国营果品经营机构—消费者

2．1956—1961 年的统购包销阶段

1956—1961 年实行的梨统购包销政策，曾对调节大中城市梨的生产、梨的供应和稳定市场价格起到了重要的作用，同时也产生了许多负面的影响，特别是阻断了梨农与市场的联系。梨农由于只进行生产，不进行梨的经营，梨农的生产积极性大为受挫，从而造成了梨品种的减少，梨质量下降。再加上经营不善，出现了严重的亏损，计划经济的弊端已明显表现出来。当时的流通主体以社队和国营果品经营机构为主；流通渠道比较单一，只有社队—国营果品经营机构—消费者这一条通路。这一期间我国梨流通体系特征见表 1-3。

表 1-3　1956—1961 年中国梨流通体系特征

制度特征	流通主体	主要流通渠道
关闭集贸市场，取消自由贸易，实行统购包销	社队（生产单位）；国营果品经营机构	社队—国营果品经营机构—消费者

3．1962—1965 年的国营为主、多渠道流通

针对前一时期统购包销存在的诸多体制弊端，中央对政策进行微调，有限制地给梨生产者发放了买卖许可证，允许梨农自行销售计划外的梨产品。流通主体以社队和国营果品经营机构为主、梨农为辅。当时的主要流通渠道仍是社队—国营果品经营机构—消费者。这一期间我国梨流通体系特征见表 1-4。

表 1-4　1962—1965 年期间中国梨流通体系特征

制度特征	流通主体	主要流通渠道
统购包销，有限制地允许梨农自行销售计划外梨品	社队（生产单位）；国营果品经营机构；梨农	社队—国营果品经营机构—消费者（为主） 梨农—国营果品经营机构—消费者（为辅）

4．"文化大革命"期间（1966—1976 年）的再度统购包销

"文化大革命"期间，中国梨经营出现了历史性的倒退，梨的经营权完全由国营梨公司掌握，各大城市的梨零售网点逐渐被取消。流通主体再度延续了"以社队为单位的生产者和国营果品经营机构"；流通渠道也恢复到社队—国营果品经营机构—消费者。这一期间我国梨流通体系特征见表 1-5。

表 1-5　1966—1976 年中国梨流通体系特征

制度特征	流通主体	主要流通渠道
严格的统购包销	社队（生产单位）；国营果品经营机构	社队—国营果品经营机构—消费者

二、改革开放以后中国梨流通发展历程

1．1978—1984 年"大管小活"的多渠道梨流通

1978 年十一届三中全会召开后，改革开放逐步深入到农村，梨农生产的梨果除满足自身需要外，出现了剩余，急切需要进行商品交换。这种情况下，全国各地进行了大范围的梨流通体制的变革。以河北省为例，一些大中城市先后试行了梨社队自产自销的经营形式。改变了过去统购包销的流通体制，恢

复集市贸易，让小商贩自由经营，实行"大管小活"和多渠道流通。河北省 70%～80%的梨果实现了计划收购和计划价格，20%～30%的梨果则实现了市场经营和市场价格。梨果流通实行"双轨制"，一方面发挥"大管"稳定市场的作用，另一方面发挥"小活"积极的市场补充作用，流通渠道有所减短且形式多样。这一期间我国梨流通体系特征见表1-6。

表1-6　1978—1984年中国梨流通体系特征

制度特征	流通主体	主要流通渠道
恢复城乡集市贸易；改革统派购制度，实行市场主导，梨供应实行近郊为主，远郊为辅，外埠调剂；允许长途贩运	梨农；长途商贩；合作果品经营组织；国有果品经营机构；（主体性质体现国有、集体、私人的综合）	梨农—消费者 梨农—商贩销户—消费者 梨农—国合商业机构—消费者

2．1985年至20世纪90年代初期的梨流通

1985年以来，梨流通体制发生了很大的变化。由于市场经济体制确定之后，统购包销的梨流通体制无法适应梨流通的市场需求，在这一阶段，梨流通制度主要体现为：彻底废除统派购制度；鼓励发展农副产品批发市场，开始提倡产业化经营。这一期间我国梨流通体系特征见表1-7。

表1-7　1985—1996年中国梨流通体系特征

制度特征	流通主体	主要流通渠道
彻底废除统派购制度；鼓励发展农副产品批发市场，开始提倡产业化经营	梨农；公司型生产基地；商贩；农户合作组织；私有果品经营组织（产地或销地批发商、果品公司、龙头企业等）；流通服务组织等	梨农—商贩—销地批发商—零售商—消费者 梨农—产地批发商—流通服务组织—销地批发商—零售商—消费者 梨农—农户合作组织—销地批发商—零售商—消费者等 梨农—果品公司（龙头企业）—消费者

3．20世纪90年代中期之后的梨流通

20世纪90年代中后期，消费需求的变化、技术的革新和梨国际贸易规则的变化对梨流通体制变迁产生了新的需求。流通主体结构进一步多样化，产前服务、产中服务、产后服务、经营服务、金融服务等进一步深化。梨流通渠道

新增梨农—网上商店—消费者和梨农—网上商店—销地批发商—超市／果品店／集贸市场—消费者。流通渠道辅助职能进一步得到完善，例如有些流通环节中出现相对严格的分级、分选和安全检测等程序，流通加工、包装与运输上的工作标准化等。该期间我国梨流通体系特征见表1-8。

表1-8　20世纪90年代中期之后中国梨流通体系特征

制度特征	流通主体	主要流通渠道
市场调节为主导，宏观调控为辅；产业化经营初具规模；龙头企业相继崛起；经济合作组织快速发展	梨农；公司型生产基地；商贩；农户合作组织；果品公司；产地或销地批发商；私营果品经营组织；流通服务组织（产前服务、产中服务、产后服务、经营服务、金融服务）等	梨农—商贩—销地批发商—零售终端（超市、果品店、集贸市场等）—消费者 梨农—产地批发商—专业物流服务组织—销地批发商—零售终端—消费者 梨农—农户合作组织—销地批发商—零售终端—消费者 梨农—果品公司（龙头企业）—消费者；梨农—网上商店—消费者 梨农—网上商店—销地批发商—零售终端—消费者

三、中国梨流通发展现状——以河北省为例

概括地说，当前中国梨流通渠道依据其参与的流通主体的性质主要具有以下5种基本形态（图1-1）：

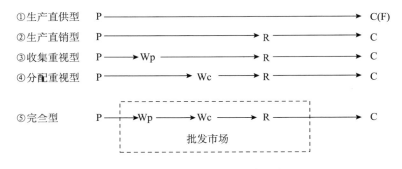

图1-1　商品流通渠道基本形态

注：P代表梨生产商；Wp代表产地收购商；Wc代表消费地批发商；R代表零售商；C代表消费者；F代表加工者。

图中①型渠道，即由生产者直接提供梨果，可见于加工业原料及特种商品的采购形式；②型渠道适合于集中生产者或共同上市型流通，在梨流通市场

中常见于零售商的直接收购、饮食业采购、共同上市及近郊农民产品的出售；③型渠道多适合于小规模多数分散生产、集中消费性商品流通，适用于梨流通中的产地市场采购；④型渠道在梨流通领域多见于生产者组织共同上市或者局域内流通的情况；⑤型渠道承担梨果商品的收集、中转、分配等多项机能，适合分散生产、分散消费性的商品流通，是梨果广域流通的最主要渠道。

根据以上的分析，梨果的广域流通一般是完全性渠道，具有多个流通环节。如图 1-1 所示，批发市场包括 Wp—Wc—R 的阶段，在梨流通中具有核心的地位。可以说，梨流通主要是批发市场依存型的流通模式。以下部分将以我国最大的梨主产区——河北省为例，对我国梨流通渠道进行说明。

1．概况

河北省是我国最大的梨果主产区，2011 年梨产量 436.8 万 t，居全国第一位。其中鸭梨产量 204.9 万 t，雪花梨 105.3 万 t。石家庄地区梨产量占河北省的 1/3 强，约占全国梨总产量的 1/8，主要分布在该市东部的辛集、赵县、晋州和藁城 4 个县（市）。这 4 个县（市）也是我国梨果产业化程度最高、机械制冷库最为密集的地区，拥有各类果品贮藏保鲜企业近 2 000 家，年贮藏能力 90 万 t 以上，形成了以裕隆、天华、龙华、长城等一大批以梨果贮藏、加工、出口业务为主的大中型果品企业的贮藏保鲜企业群。

2．主要流通渠道

河北省大多数梨果是通过农户—果品站—外地批发商—外地零售市场这一渠道销往全国各地，其销售量占当地梨果销售量的 70% 以上。果品站是河北省梨果流通链中一个异常活跃的角色，超过九成的梨果通过果品站流向下一个环节。河北省梨果流通渠道类型及其销售比例详见表 1-9。

表 1-9　河北省梨果流通渠道类型及其销售比例

流通渠道类型	销售比例
农户—果品站—外地批发商—外地零售市场—消费者	70.22%
农户—果品站—本地批发商—小型水果店（出口商、超市）—消费者	20.75%
农户—本地批发商—加工商—消费者	9.03%

注：表中的流通渠道类型与表 1-8 并不矛盾，前者是后者在某一地区的具体化。

表 1-9 表明，果品站是河北省梨产区沟通果农与批发商的基本途径。果

品站是指乡村居民创办，依据成交量收取手续费用，为本地和外地批发商收购梨果提供服务，并帮助其从事简单包装和组织货源的小型梨果集散地。据调查，超过90%的梨果通过果品站被销售到全国各地市场以及国外市场。河北省是传统的梨果种植地区，梨果的种植是典型的小农经济，每家梨农的梨园状况都十分相似，这是在分配梨园时过度强调公平的结果。批发商看好的是众多梨农的总生产能力，而不是单个农户的生产能力，基于此，当地人便创办了果品站，果品站起着将单个农户的生产能力集中起来再统一释放的作用。果品站的经营者或是小型冷库的经营者，或是从事过水果贩运的小商贩，或是乡村干部。果品站是一个完全竞争市场，数量众多，每个主体规模都很小，他们任何一家都没有能力决定单位交易量的手续费率，因此不得不提高服务质量，通过承担客户一部分食宿费等手段来保持与客商的长久合作。手续费按交易量的多少来收取，不受梨果品种和收购价格的影响。收购价格成为农户在选择果品站时的决定因素，农户以果品站木板上公布的价格和果品站通过村委会广播站播报的价格为准。因为果品站数量众多，加之来自销售地的市场需求，能够通过现代通信及时传到梨果产地市场。梨果收购价格在一天之中十分波动，农户选择果品站的依据是了解多家果品站的收购价格高低，权衡价格和自家水果质量后再出售梨果。

3. 价值链分析：以果品站（经纪人）为主导的市场

果品站是连接小农户与批发商的重要中介。如前述，果品站是由乡村里的能人开办，按成交量收取中介费用，为本地及外地批发商收购梨果提供场所、信息，并帮助其组织货源和从事简易包装的小型梨果集散地。

河北省的鲜销梨果有两种主要销售途径：一种是农户—果品站—外地批发商—外地零售市场—消费者；另一种是农户—果品站—本地批发商—小型零售商（出口商或大型综合超市）—消费者。

①农户—果品站—外地批发商—外地零售市场—消费者。表1-10表示第一种销售途径价值链中各主体成本收益与增值比例情况。

表1-10中，就增值比例而言，零售环节加价最多，批发环节次之，生产环节最少。从梨果生产环节到批发环节的加价仅占价值链总增值的20%，批发环节到零售环节相应比例约为25%，零售环节到最终消费者相应比例超过50%。

就成本构成而言，单位质量梨果的流通成本高于生产成本。批发环节和零

表 1-10　农户—果品站—外地批发商—外地零售市场增值结构

增值结构	农户	果品站	外地批发商	外地零售市场	
				小水果店	超市
购买价格（生产成本，元/kg）	0.97	0	1.37	1.8	2.00
平均售价（元/kg）	1.37	0.06	1.8	2.85	3.20
增值（元/kg）	0.40	0.06	0.43	1.05	1.20
新增成本（元/kg）	0	0.01	0.37	0.78	0.85
利润（元/kg）	0.40	0.05	0.11	0.47	0.35
增值比例（%）	20.62	3.09	22.17	54.12	—
	17.47	2.62	27.51	—	52.4

资料来源：张静.交易费用与农户契约选择——来自梨农调查的经验证据[D].浙江大学，2009.

售环节的成本高达 1.16～1.23 元/kg，农户生产梨果的成本为 0.97 元/kg。绝大部分梨果仍然是经过传统的小型水果店到达消费者。小型水果店遍布社区，为消费者购买水果提供便利，其梨果价格也能与大型超市相抗衡，甚至略低于大型综合超市，因此在竞争中占有优势。由于大部分大型综合超市是从批发市场采购梨果，采购成本难以控制，加之超市高昂的运营成本，大型综合超市在鸭梨等大宗水果经营方面并不具备竞争优势。

就利润分配而言，单位质量梨果利润最大的是零售环节，批发环节次之。大型综合超市从单位质量梨果中的盈利程度不及小型水果店，只能以量取胜。表面看来，农户似乎也获益良多，然而 0.4 元/kg 的利润并未扣除农户自有劳动投入的成本，也没有摊销梨园初期投资。如若考虑到农户付出的大量自有劳动，大部分农户将亏损。

②农户—果品站—本地批发商—小型零售商—消费者。表 1-11 表示河北省梨果流通中的第二种主要渠道，农户—果品站—本地批发商—小型零售商（出口商或大型综合超市）价值链中各主体成本收益与增值比例情况。

表 1-11 中，就增值比例而言，在国内市场仍然是零售环节加价最多，批发环节增值比例低于生产环节增值比例，可能的原因在于产地批发市场竞争更为激烈，本地批发商不得不压缩利润空间薄利多销。出口是增值最大的环节。

就成本构成而言，新增成本最多的环节是出口环节，梨果出口需要支付较高的包装费用、冷藏费用、运输费用、人工费用以及海关税费。与外地批发商

表 1-11　农户—果品站—本地批发商—零售环节增值结构（单位：元/kg）

增值结构	农户	果品站	本地批发商	零售或出口市场		
				小水果店（60%）	超市（20%）	出口商（20%）
购买价格（生产成本）	0.79	0	1.35	1.85	1.8	2.5
平均售价	1.35	0.06	1.85	2.75	3.0	6.0
增值	0.56	0.06	0.5	0.9	1.2	3.5
新增成本	0	0.01	0.2	0.62	1.03	2.04
利润	0.56	0.05	0.24	0.28	0.17	1.46
增值比例（%）	27.72	2.97	24.75	44.55	—	—
	14.67	2.64	19.82	—	52.86	—
	10.63	1.14	21.82	—	—	66.41

资料来源：张静.交易费用与农户契约选择——来自梨农调查的经验证据[D].浙江大学，2009.

采购梨果后以鲜销为主、依靠长途贩运获取地区差价不同，本地批发商通过对梨果进行再次分等定级，将优质的梨果销售给诸如出口商等较为高端的市场，或是利用本地较为成熟的配套设施将梨果冷藏以获取时间差价。河北省内的大型综合超市其梨果购买价格低于小型水果店，但梨果的单位销售成本仍高于小型水果店。

就利润分配而言，出口商获取的单位利润远远高于其他销售方式，但出口市场的风险较大且出口量相对较小。国际市场梨果价格和需求量的波动会迅速传递到产地收购市场，收购价格的降低会直接影响到生产者的收益。由于出口企业直接联系的基地农户数量极其有限，出口的梨果大多经由本地批发商销售到出口企业，因此，绝大多数小农户难以从出口的增值中获益。

四、梨流通中传统渠道与现代渠道的选择

现代渠道主要指以超市为核心的农产品运销渠道，例如农超对接模式以及电商模式；传统渠道则是指以批发市场和农贸市场为核心的农产品运销渠道。若按此标准，表 1-10 和表 1-11 中的渠道类型均属于传统渠道。

1. 农超对接模式

从 20 世纪 90 年代中期开始，随着超市的兴起与快速发展，我国生鲜蔬菜水果零售渠道随之发生一系列剧烈变化。位于农产品销售终端的本土超市、国

际品牌超市以及大量的传统农贸市场展开了激烈竞争。虽然超市在干货和冷冻食品的销售方面种类繁多，占尽优势，但包括梨果在内的生鲜农产品在超市的销售仍然没有压倒传统农贸市场。在产业链终端超市和上游种植农户之间层层密布着众多的中间商和中间环节。

到目前为止，超市占农产品零售额的比例并不高。生鲜产品销售仍以农贸市场为主，超市渠道渗透率提升空间大。2011年生鲜超市行业市场规模为0.85万亿元，2016年市场规模增长至1.30万亿元。根据《2016中国生鲜电商物流行业专题报告》，2016年我国农产品交易活动中，73%是通过农贸市场完成的，超市渠道占到22%的市场份额。发达国家的生鲜农产品主要通过连锁超市和食品商店流通，其中美国和德国该类渠道占比达到90%，日本该类渠道销售的农产品也达到70%。随着农超对接的深入以及我国城市化和居民收入水平的提高，超市占我国农产品零售的份额有望继续增长。

从2007年以来，中国的一些大型超市为了减少采购层级，通过农超对接的形式直接从水果或者蔬菜生产者那里采购生鲜农产品，在全国建立广泛的采购供应网络。2009年，农业部和商务部联合发文强化超市和农民之间的连接。当年中央财政投入5 858万美元支持建立205家农超对接基地，涉及11.1万农户。在此工程的刺激下，已经进入我国的沃尔玛、家乐福、乐购和麦德龙等国际零售巨头纷纷建立农产品直接采购基地。这种最新的发展趋势当然会对消费者产生影响，除此以外，我国的农超对接开始促进整个农产品流通渠道和供应链结构发生深刻变化，并影响处于供应链最上游的水果和蔬菜生产者的生产活动和收益。

所以，农超对接引发的农产品销售渠道变革及其对整个产业链结构的影响便成为一个非常引人注意的研究话题。那么，对于梨农而言，中国细碎化经营的分散小农户加入现代销售渠道后会增加农民收益吗？如果增加了农户收益，是通过什么机制来实现的呢？

①调研样本。梨产业技术体系经济岗位团队于2011年8月在河北和湖北两地进行的"渠道变革与梨农收益"实地调查。采取了随机抽样的方式进行样本的选取和调查，以获取详实的微观数据和信息。为了保证样本质量，调研时采用结构式问卷，由调查员与受访对象进行面对面访谈，一共得到210个农户的调查资料。在210份梨农调查问卷中，通过传统渠道销售梨果的有135户，占梨农样本总数的64.3%；选择通过现代销售渠道销售梨果的农户有75户，

占梨农样本总数的 35.7%。虽然目前梨果的产地流通仍然以传统渠道为主，但超市、加工企业、出口企业、冷库等现代化元素的力量在增强，尽管其在规模和数量上依然偏小，却为梨农提供了更多的选择，也与传统渠道展开了激烈竞争。

②研究结论。利用 2011 年梨农入户调查数据，通过构建三个 OLS 模型进行回归分析。在控制样本选择性偏误以及消除异方差影响后，发现加入超市和果品加工出口企业主导的现代流通渠道对于梨园亩均净效益和单位面积产量没有显著影响，但对梨果的单位售价却产生了显著性的负向影响，加入现代销售渠道会使其单位价格降低 0.884 元/kg。梨园收益决定模型实证分析说明，户主教育程度、梨园面积等与梨园亩均净效益呈正相关且相关性显著；灌溉设施、银行贷款、家庭规模和到村委会主任家距离与梨园亩均净效益呈负相关且相关性显著。

根据研究结论，建议政府在推进农超对接等工程时要考虑到农超对接引发的流通渠道变革对农民实际收益的影响。在超市的宣传中经常会有农超对接可以降低超市销售价格 10% ～ 15% 的报道，但实际上农超对接在带给消费者实惠的同时并没有大幅增加农民的收入。研究结果表明加入超市主导的销售渠道反而使梨果单位出园价下降了 0.884 元/kg，农民在高昂通道费用的巨大门槛前，最终不堪重负，回归传统流通渠道。政策制定部门应该创造一种有序竞争的公平环境，通过合作社或者行业协会提高农民组织化程度的同时，允许多样化流通渠道同时存在，利用公共产品为小农户提供农业技术推广服务，规制超市等现代流通渠道的市场力量，将政策的落脚点放在切实提高农民的实际收益上来。

2．电商模式

伴随着互联网经济的发展和国民消费观念的改变，近年来以网络零售为基础的梨果电商模式发展迅速。以淘宝、天猫为例，截止到 2018 年 11 月底，以梨为关键词搜索后得到生鲜梨产品接近 3 500 个。2012—2016 年，我国包括梨产品在内的生鲜电商市场交易规模从 40 亿元猛增至 950 亿元，生鲜电商逐渐成为电商领域中继服装、3C（指计算机类、通信类和消费类电子产品）之后的新"蓝海"。梨果电商模式的实质是利用互联网最大限度地满足顾客需求，以达到开拓市场、增加盈利的目的。理想的梨果电商渠道是经营者能够利用互联网为顾客提供恰当的梨产品，并生成详尽的消费者资料库，通过了解消费者偏好、消费者对农产品质量和服务的满意度、需求等，同消费者建立一种持续的信任关系。

然而，生鲜电商行业处于资本驱动下抢占市场阶段，盈利较难。该行业中真正实现盈利的企业却屈指可数，截止到 2015 年，我国包括经营生鲜在内的近 4 000 家交易类农产品电商企业仅有 1%盈利，其余呈 7%巨亏、88%略亏和 4%持平的状态。在经历了三年左右的爆发式增长后，2016 年我国生鲜电商集体进入寒冬期，呈现业绩下滑、增长缓慢的状态。据不完全统计，仅2016—2017 年，就有 14 家生鲜电商企业倒闭，如鲜品会、菜管家、美味七七等。目前，生鲜批发毛利在 10%～20%，对于生鲜电商模式而言，物流加仓储一般占整体价格的 10%，人工成本占 10%，用于市场推广的用户补贴占10%，货物损耗占 10%，平台盈利难度非常大。

基于此，梨果电商渠道的定位应当是线下销售渠道的有益补充，梨经营者若要采用电商运营模式，还需进一步在增加品牌价值、提高梨果附加值、优质优价以及做好营销等方面继续探索。

第五节　我国梨消费发展历程及现状

一、消费发展历程与现状

随着居民收入和生活水平的提高，我国居民人均水果消费量不断增加。20世纪 80 年代以前，人均水果消费量徘徊在 3 kg/年左右。1984 年国家放开水果市场，流通渠道变宽，极大地刺激了农户种植水果的积极性，水果市场出现购销两旺的局面。在各类水果中，消费量最多的是苹果、柑橘类水果、梨、香蕉和葡萄，5 大类水果消费总量占水果消费总量的比例超过 90%。国家放开水果市场后，5 大类水果的产量均快速增加，满足了消费者对果品多样性的需求，但是由于各类水果之间具有较强的替代性，其他水果的增产也可能会减少对梨的消费需求。从 5 大类水果人均占有量变化趋势看，梨供给量的增长一直比较平稳，但在 2005 年以后，由于苹果和柑橘的大力发展，梨与苹果、柑橘的差距逐步拉大。苹果、柑橘和梨主要以国内市场消费为主（图 1-2），因此这也反映出梨的消费增长势头弱于苹果和柑橘，在水果消费中的比例逐步下降。

如果忽略库存和损耗，将每年的国内梨产量与净进口之和作为国内梨消费总量（含鲜梨与加工用梨），那么我们可以得到每年的人均梨消费量，如表1-12所示。梨人均年消费量一直保持稳定增长，从1995年的3.6 kg增加到2017年的12.04 kg，年均增长率5%左右，2013年以后增速放慢，年均增速仅为1%。我国居民梨鲜食数量一直小于苹果，人均消费量仅为苹果的40%。

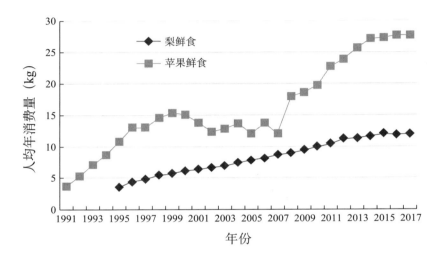

图1-2　1991—2017我国梨、苹果人均鲜食消费量

数据来源：USDA FAS（美国农业部对外农业服务局）。

表1-12　1995—2017年我国梨、苹果人均消费量及变化

年份	梨人均年消费量（kg）	增速（%）	苹果人均年消费量（kg）	增速（%）
1995	3.60	—	10.87	—
1996	4.43	22.91	13.11	20.60
1997	4.85	9.54	13.10	-0.05
1998	5.45	12.40	14.60	11.38
1999	5.71	4.76	15.42	5.64
2000	6.16	7.90	15.12	-1.96
2001	6.39	3.73	13.87	-8.23

（续）

年份	梨人均年消费量（kg）	增速（%）	苹果人均年消费量（kg）	增速（%）
2002	6.67	4.36	12.37	-10.81
2003	6.96	4.31	12.87	4.01
2004	7.50	7.75	13.72	6.60
2005	7.86	4.83	12.15	-11.45
2006	8.19	4.22	13.79	13.51
2007	8.72	6.41	12.15	-11.85
2008	9.08	4.16	17.98	47.92
2009	9.51	4.70	18.69	3.96
2010	10.08	5.98	19.78	5.82
2011	10.48	3.98	22.75	15.01
2012	11.26	7.43	23.87	4.93
2013	11.40	1.23	25.66	7.53
2014	11.72	2.83	27.08	5.52
2015	12.08	3.06	27.30	0.81
2016	11.92	-1.32	27.62	1.17
2017	12.04	1.07	27.60	-0.06

数据来源：USDA FAS（美国农业部对外农业服务局）。

二、消费特征

我国居民梨消费主要以鲜食为主，鲜食消费量占梨消费总量近90%，梨加工品消费较少。尽管近年梨进口增加，但是相较国内生产，进口量仍然很少，国内产量基本构成了总供给量，其中扣除加工用梨和出口外，剩余的部分为家庭消费量。根据美国农业部（USDA）的数据，2008—2017年，我国鲜食消费量占梨总供给量的近90%，加工用梨占8%左右，剩余的2%左右用于出口。梨加工品不仅数量少，而且品种单一，以梨罐头和梨汁为主，梨酒、梨醋、梨干、梨脯、梨膏、梨酱等加工品非常少见（表1-13）。

在鲜梨消费中，以砂梨、白梨为主，秋子梨和西洋梨等具有地域特色的梨果消费相对较少。传统品种中砀山酥梨、鸭梨、雪花梨等由于产量扩张、品质下降，市场价格走低，销量下降。日韩系的三水梨（丰水、幸水、新水），以

表 1-13 我国梨鲜食与加工比例（单位：×10³ t）

年份	产量	进口	总供给量	家庭年消费量（鲜食）	出口	加工	消费占比（%）	加工占比（%）
2008	13 538	0.1	13 538.1	12 062.5	445.6	1 030	89.10	7.61
2009	14 263	0	14 263.0	12 690.9	470	1 102.1	88.98	7.73
2010	15 057	0.3	15 057.3	13 514.3	423	1 120	89.75	7.44
2011	15 800	1.7	15 801.7	14 119	418.7	1 264	89.35	8.00
2012	17 000	2.1	17 002.1	15 242.9	409.2	1 350	89.65	7.94
2013	17 300	5	17 305.0	15 505.8	299.2	1 500	89.60	8.67
2014	18 000	9.8	18 009.8	16 028.0	331.8	1 650	89.00	9.16
2015	18 700	8.5	18 708.5	16 601.1	407.4	1 700	88.74	9.09
2016	18 700	6.9	18 706.9	16 478.3	508.6	1 720	88.09	9.19
2017	19 000	8	19 008	16 743	515	1 750	88.08	9.21

数据来源：USDA FAS（美国农业部对外农业服务局）。

及库尔勒香梨、翠冠、黄冠、红香酥、早酥、黄金梨、玉露香梨等品种销量日益增加。

从消费时间看，消费者在秋季消费梨果最多，夏季紧随其次，选择在春季和冬季买梨的消费者最少。这说明秋季气候干燥，是梨果消费的黄金季节。但是，随着贮藏技术的提高，部分品种能贮藏至翌年 6 月，此时南方地区的早熟梨也开始上市，因此，梨从季节消费变成周年消费。

梨果的价格在不同的时期也呈现出差异。从短期看，梨果收获后的集中上市期，供给增加导致价格会有所下降，而翌年春节、"五一"期间新梨还未上市，冷库贮藏的梨果投放市场，此时价格相对较高。但是近年来五六月份的应季水果数量翻番、进口水果增多，导致上半年库存梨果销售变差，而且库存后期的鸭梨容易黑皮红皮、黄冠和雪花梨口感淡，难以与同期市场上的甜瓜、西瓜等水果竞争。从长期看，由于生产成本提高、经济增长、通货膨胀等因素，梨果价格也呈上升趋势。但由于采后商品化处理不够、分等分级不足、包装较差、消费者缺乏梨品牌认知，造成一流的果品、二流的包装、三流的价格，与苹果、柑橘相比，市场价格相对较低。

随着人们生活水平的提高，人们的需求从追求数量转向追求品质，不仅要求吃得饱、吃得好，而且要求吃得营养、健康。未来对绿色、有机梨果的需求将逐渐增长，对方便食用的梨汁等加工品的需求也将增加，以满足人们多样化、便捷化、优质化的消费需求。

三、市场需求及消费变化

根据 2018 年 9 月国家梨产业技术体系的梨产销实情调查，2018 年春季我国北方梨产区大面积遭受严重的花期冻害，导致受灾面积增加约 45%，总产量下降约 30%。因花期冻害而导致产量下降的产区主要在河北、新疆、陕西、山西、甘肃、山东、河南、安徽等（省、自治区）。由于全国鲜梨供给减少，国内梨销售价格比 2017 年增加约 25%。我国的梨主要出口到对价格敏感的亚洲市场，由于印度持续 2017 年 5 月以来对我国梨进口的制裁，以及梨品质提高带来高价引起的需求下降，2018 年梨出口大体稳定在 51.5 万 t 的水平。

1. 国内消费量及变化情况

根据美国农业部对外农业服务局统计，以市场年份为统计周期（如 2014 年指 2013.7—2014.6），2018 年国内市场对梨产品的年度需求预测将增加，鲜梨消费将由 2017 年的 16 478 万 t，增加到 2018 年的 16 743 万 t，增幅为 1.6%。图 1-3 为 2014—2018 年中国鲜梨国内总消费的变化情况。从 2014 年以来的变化趋势看，2018 年梨的国内总消费在 2017 年小幅下降后继续上涨。

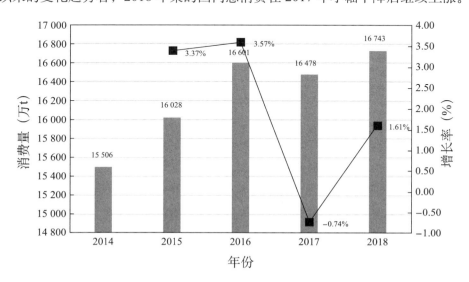

图 1-3　2014—2018 年我国梨国内总消费的变化情况

2．区域消费差异及特征变化

根据对北京、上海、深圳、南京的梨消费调查，得到以下梨消费特征：

第一，北京居民平均梨消费量在水果中的比例最高。南京和深圳居民梨消费占整个水果消费的比例在30%以下，而北京居民梨消费比例分布在10%～50%，上海居民梨消费开支比例占水果消费总开支10%以下的家庭占40.34%，梨消费开支占水果消费总开支的比例为10%～30%的家庭占43.90%。

第二，北京居民平均梨消费数量最大，上海最少，南京和深圳差不多。结合家庭规模，通过对有效样本进行分析，可以计算出南京市居民人均梨消费量为平均每个星期2.304个，北京市居民人均梨消费量为平均每个星期2.756个，深圳市居民为2.376个。上海市居民为1.861个。

第三，不同地区对梨品种消费存在较大差异。通过对比可以看出，南京和北京居民对砀山酥梨的消费比例明显高于深圳居民，而南京、深圳和上海居民消费鸭梨的比例明显高于北京地区居民；黄金梨在深圳地区的消费比例较其他三地相对较低；库尔勒香梨在上海地区所占的消费比例最高，为15.20%，而在其他地区消费比例基本保持在6%～7%，丰水梨消费比例普遍不高，深圳地区所占比例高于其他地区。

四、预估市场发展趋势

1.我国水果消费市场总量发展趋势

随着我国消费者可支配收入增长，以及改革开放以来我国经历了巨大的经济飞跃和居民收入水平的提高。根据郑志浩等的统计，按1990年的不变价格计算，我国城镇居民人均实际可支配收入从1990年的1 510元增加到2010年的7 361元，年均增长率达到7.8%。人们对生活质量的诉求更加强烈，从追求"吃饱"向"吃好"转变。人们的生活方式、健康需求以及饮食习惯等都随着收入的提高而发生了重大变化，这也反映在食物支出方面的持续增长。

中国居民对于水果需求的收入弹性为0.681，即随着收入增加1%，水果类消费增加0.681%，远高于谷物类食品消费弹性，也高于肉类的消费弹性。

从表1-14中可以看出，2013—2016年水果人均消费量年均增长5.8%，并且农村居民高于城镇居民消费增长速度。从人们对鲜果类产品的消费趋势可见，居民更加注重食物的多样性。

表 1-14　我国城乡居民年均水果消费总量情况（单位：kg）

年份	全国	城镇	农村
1990		41.11	5.89
1995		44.96	13.01
2000		57.48	18.31
2005		56.69	17.18
2010		54.23	19.64
2011		52.02	21.3
2012		56.05	22.81
2013	37.8	47.6	27.1
2014	38.6	48.1	28
2015	40.5	49.9	29.7
2016	43.9	52.6	33.8

资料来源：《中国住户调查年鉴（2017）》。

2．梨果进出口市场发展趋势及变化

梨果的进口及出口市场较国内的消费市场规模要小。一方面，梨果作为我国的主要水果之一，相对具有优势，出口大于进口。进口规模在 2009 年及以后整体缩小，但单价呈现上升趋势。梨果的进口主要为丰富市场品种，起到消费调剂的作用。另一方面，我国梨果的出口近年来呈现逐年增加的趋势（表 1-15、表 1-16）。随着我国居民的收入增长、消费观念转变以及消费环境改善，水果消费将会持续增长。到 2027 年，城镇居民年人均水果消费量预计为 110 kg 左右，农村居民年均水果消费量预计为 83 kg 左右。总体而言由于水果市场规模的持续扩大，我国梨果消费市场也呈现持续扩大的趋势。

表 1-15　我国梨进口量及进口金额情况

年份	进口量（t）				进口额（千美元）			
	鲜雪梨及鸭梨	鲜香梨	其他鲜梨	合计	鲜雪梨及鸭梨	鲜香梨	其他鲜梨	合计
2001	3.60	0	2 434.34	2 437.94	11.97	0	4 368.84	4 380.81
2002	11.55	0	7 522.71	7 534.26	21.45	0	12 275.82	12 297.27
2003	0	0	8 223.51	8 223.51	0	0	13 278.31	13 278.31

（续）

年份	进口量（t）				进口额（千美元）			
	鲜雪梨及鸭梨	鲜香梨	其他鲜梨	合计	鲜雪梨及鸭梨	鲜香梨	其他鲜梨	合计
2004	5.43	0	7 924.74	7 930.17	23.81	0	12 881.33	12 905.14
2005	23.37	0	7 355.25	7 378.62	100.61	0	10 047.75	10 148.36
2006	12.55	0	3 753.08	3 765.62	55.15	0	6 858.45	6 913.60
2007	8.42	0	2 470.36	2 478.77	42.82	0	3 747.24	3 790.07
2008	17.75	0	508.87	526.62	89.24	0	954.10	1 043.34
2009	0.17	0	13.24	13.41	0.18	0	73.01	73.18
2010	0	0	12.72	12.72	0	0	22.78	22.78
2011	0	0	9.23	9.23	0	0	27.08	27.08
2012	0	0	13.80	13.80	0	0	16.07	16.07
2013	0.07	2.50	13.09	15.67	0.15	7.96	15.02	23.13
2014	0.08	3.15	77.63	80.86	0.09	10.03	42.18	52.30
2015	0	0	500.33	500.33	0	0	233.89	233.89
2016	0	0.06	689.21	689.27	0	0.46	238.59	239.05
2017	0	0	746.02	746.02	0	0	258.20	258.20

数据来源：中国海关数据库。

表 1-16　中国梨出口量及出口金额情况

年份	出口量（t）				出口额（千美元）			
	鲜雪梨及鸭梨	鲜香梨	其他鲜梨	合计	鲜雪梨及鸭梨	鲜香梨	其他鲜梨	合计
2001	9 769	3 357	110 440	123 566	6 603	7 643	130 682	144 928
2002	36 863	13 559	468 809	519 231	23 063	31 025	489 096	543 185
2003	27 204	14 987	410 970	453 161	19 471	35 291	432 466	487 229
2004	22 567	15 159	336 632	374 358	19 509	41 477	384 576	445 562
2005	27 241	12 865	257 154	297 260	23 649	30 090	296 928	350 667
2006	38 190	14 522	328 560	381 272	23 349	33 453	304 948	361 750
2007	51 243	5 659	352 682	409 584	27 855	12 025	285 263	325 143
2008	61 379	9 095	332 404	402 878	34 744	17 205	233 647	285 596
2009	73 649	11 537	352 439	437 625	33 102	15 328	194 732	243 162

（续）

年份	出口量（t）				出口额（千美元）			
	鲜雪梨及鸭梨	鲜香梨	其他鲜梨	合计	鲜雪梨及鸭梨	鲜香梨	其他鲜梨	合计
2010	96 521	11 629	354 621	462 772	39 075	13 918	167 475	220 468
2011	126 986	11 733	307 983	446 703	49 017	14 841	151 310	215 168
2012	153 314	22 819	228 794	404 926	44 294	22 517	94 899	161 710
2013	131 763	11 595	231 941	375 298	43 274	12 000	92 439	147 713
2014	170 502	18 387	179 444	368 333	41 949	15 759	64 468	122 177
2015	155 070	17 250	145 710	318 030	35 599	14 110	40 908	90 617
2016	158 751	12 602	125 624	296 976	39 190	5 239	35 555	79 984
2017	140 122	11 122	92 193	243 436	31 099	3 628	24 689	59 415

数据来源：中国海关数据库。

第六节　我国梨贸易发展的历程及现状

一、我国梨产业贸易发展历程

新中国成立以来我国梨果产业的外贸发展历程，按照生产经营模式和栽培面积的变化，大致可以划分为三个阶段，依次是 1950—1978 年的梨果产业徘徊期、1979—2000 年的生产数量扩张期、2001—2016 年的出口品质提升期。

1．梨果产业徘徊期（1950—1978 年）

在改革开放之前，我国对外贸易实行国家统制专营体制，进出口贸易都严格按照国家指令性计划由专业外贸公司完成。因而，这个时期的进出口完全由政府根据国内经济建设的需要决定，企业则没有自主权。这一时期，对外贸易更加倾向于扩大出口规模，换取一定的外汇，目的在于进口国民经济建设所需的紧缺物资和先进设备，而进口仅以调剂余缺为目的。尤其是 1958 年的"大跃进"和"人民公社化"运动，更是使工农业生产遭到极大破坏，国民经济比例严重失调，人民生活发生严重困难，挫伤了农民生产积极性，导致我国国民经济在 1959—1961 年出现三年严重经济困难时期，因而梨果的生产和种植遭到严重打击。1966—1976 年是"十年动乱"时期，由于国民经济比例失调，大量进口工业性原材料以协调生产发展，在"以粮为纲"的农业政策压制下，梨果产业发展停滞不前。根据联合国粮食及农业组织数据库，就出口贸易总量而言，1961 年我国鲜梨出口量仅为 0.02 万 t，而到 1979 年改革开放前夕出口量增加到 5.70 万 t，仅增长了 5 万多 t，其发展趋势为总体上升，偶有回落，但一直处于相对低迷状态，梨果对外贸易基本没有得到应有的发展。

2．生产数量扩张期（1979—2000 年）

这一时期是种植面积快速扩张阶段，梨果出口数量保持低水平的稳定状态。20 世纪 80 年代中期，国家出台的一系列农产品宏观政策以及人们对梨果的需求空间增大，特别是以家庭承包经营为主体、统分结合和双层经营体制的全面落实，极大地刺激了梨果的生产，梨果生产达到了空前发展的局面。梨树种植面积从 1979 年的 32.39 万 hm^2 增加到 2000 年的 102.33 万 hm^2，年均增幅 10.28%，梨果产量从 1979 年的 155.69 万 t 增加到 2000 年的 852.60 万 t，年均增幅 21.32%。这期间，我国梨的生产主要以扩大面积来提高总产量，属于粗放式外延性扩张。

1978 年底召开的十一届三中全会拉开了我国改革开放的序幕，以"双轨制"为导向的国内经济改革和外贸体制改革，使中国经济从 20 世纪 80 年代开始走上了外向型经济发展道路，中国梨产业的发展模式开始从内需导向型向出口导向型转变。我国梨果出口总量自 1979 年以来稳步上升，1996 年以前（包括 1996 年）中国梨果出口量一直处于 10 万 t 以下，出口量增长速度缓慢，1979—1996 年均增幅仅为 2.24%。而自 1996 年以后，我国梨产业每年均保持两位数的出口增幅，1996—2000 年年均增幅达到 16.40%，随后几年的梨产业对外贸易明显呈扩大趋势。

3．出口品质提升期（2001—2016 年）

这一时期是出口量迅猛增长阶段，种植面积趋于稳定。2001 年中国加入世界贸易组织（WTO）以后，梨产业贸易进入到一个前所未有的快速发展阶段，梨果出口快速增长，我国梨果出口面临的外贸环境进一步改善，促使中国梨果出口开始跨越式发展。中国鲜梨出口量在 2001 年为 18.23 万 t，到 2016 年出口量达到 45.31 万 t，大约是 2001 年的 2.4 倍，并在 2009 年超越阿根廷成为全球第一的梨出口大国。全国梨树种植面积从 2001 年的 103.50 万 hm^2 增加到 2016 年的 111.8 万 hm^2，梨果产量从 2001 年的 889.67 万 t 增加到 2016 年的 1 870.4 万 t。16 年来梨树种植面积增长速度减缓，但梨果总产量依然保持较快增长，表明我国梨产业开始走向以稳定面积、提高单产为主的发展道路（图1-4）。

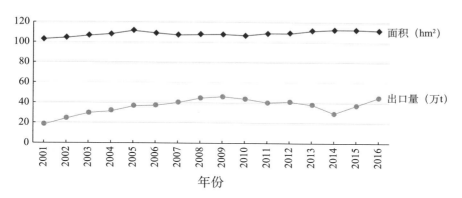

图1-4 2001—2016年中国梨产品出口与种植面积变化趋势

数据来源：联合国粮食及农业组织数据库。

我国梨出口单价多年来一直低于世界平均价格水平，梨果品质劣于世界其他梨出口国。根据中国海关统计，2010年我国梨出口单价仅为555.6美元/t，低于联合国粮食及农业组织统计的902.4美元/t的世界平均水平，更远低于邻国日本5 820.5美元/t和韩国2 346.2美元/t的水平，只相当于日本东方梨平均出口价格的1/9。随着我国人口增长和消费水平的逐年提高，我国农业面临的国际压力逐渐加大，因此，中国农业发展模式必然要从数量型增长向质量型发展转变。提高生产技术水平，改善梨果品质，增加梨果附加值和出口比例，打造高品质的梨产业，已经成为我国梨产业发展的必由之路。

二、我国梨产业贸易发展现状

1．产品结构

（1）我国梨的出口

长期以来，我国一直是东方梨主产国，梨果产品以国内鲜销为主，出口比例很小，但近半个世纪以来出口量持续增长，由1961年的0.02万t增至2017年的51.92万t，出口量远远大于进口，特别是最近几年出口数量增长迅速（图1-5），且增速趋于平稳。中国鲜梨出口量在2000年为14.64万t，到2011年出口量达到40.30万t，大约是2000年的2.75倍，出口金额2.86亿美元，远超 2000 年的 0.36 亿美元，鲜梨出口数量居世界第一位，约占全球出口总量的 1/5。排在第二位至第十位的国家是阿根廷、荷兰、比利时、南非、美国、意大利、西班牙、智利、葡萄牙，这前十位出口大国中只有中国为亚洲国家，其他 3 个为美洲国家，5 个为欧洲国家，1 个为非洲国家。

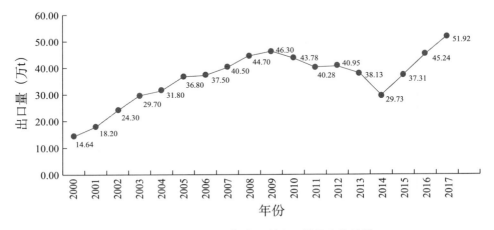

图 1-5　2000—2017 年我国梨出口数量变化趋势

数据来源：info beacon 数据库。

随着社会的发展和生活水平的提高，消费者越来越注重梨果品质，品质超越产量成为人们关注的焦点，外表光洁、形状整齐、肉质细腻、石细胞少、汁液丰富、甘甜味浓的梨果越来越受国内外市场的欢迎。我国梨产品主要是鲜梨，只有少量的梨果加工成梨罐头、梨汁和梨醋等制成品。从出口量变化趋势来看（图 1-6），库尔勒香梨一直稳定维持在 1.2 万 t 左右，明显低于其他两类鲜梨，2000—2005 年鸭梨与雪花梨和其他鲜梨的出口数量均平稳增长，其他鲜梨的出口量增速为 43.9%，明显快于鸭梨（雪花梨）的 21.5% 的增长速度。但是在 2005 年以后，呈现出截然相反的变化趋势，鸭梨（雪花梨）的出口量开始逐年下降，平均每年以 10.7% 的幅度下降，其他鲜梨的出口量则延续快速的增长势头，多年来保持 14.2% 的增长幅度。从出口量绝对差值来看，近十多年来，其他鲜梨与鸭梨（雪花梨）、库尔勒香梨的出口数量差额在逐年拉大，其他鲜梨与库尔勒香梨的差值从 2000 年的 4.7 万 t 扩大到 2017 年的 46.88 万 t，与鸭梨（雪花梨）的差值从 2000 年的 -2.6 万 t 扩大到 2017 年的 43.19 万 t。由此说明国际上的消费者对翠冠、黄冠、中梨1号、红香酥、玉露香等梨的新品种有越来越高的需求，这些新品种不仅品质好，而且产量高，深受广大梨生产者和消费者的喜爱，而我国传统的晚熟品种如鸭梨、库尔勒香梨等种植面积和出口数量正慢慢缩小，我国的梨品种结构得到进一步优化。随着梨优质品种的培育和选育以及标准化、集约化种植技术的推广应用，我国梨果的品质和安全有了明显改善，生产高产、优质、安全的梨果，可以使我国梨产业获得更大的提升空间，可见，国家应继续加大品种更新和新技术、新栽培模式的推广应用力度。

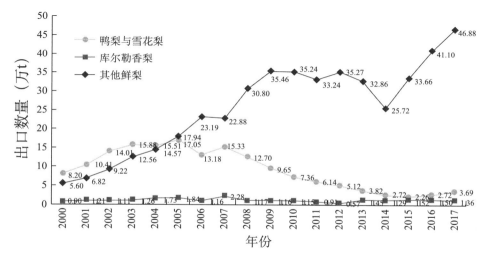

图 1-6　2000—2017 年我国三种梨出口数量变化趋势

数据来源：布瑞克数据库。

当前我国鲜梨出口贸易存在的主要问题是出口数量占生产总量的比例偏小。通过联合国粮食及农业组织的数据分析可以看出（表 1-17），就产量和收获面积而言，我国无疑是世界上第一梨生产大国。然而，我国梨的出口数量所占生产总量的比例却非常小。以 2017 年为例，我国梨的出口数量仅占我国梨生产总量的 0.03%，居十大产梨国的第九位，远低于世界平均水平。在前五大梨生产国家或地区中，除了中国以外，其他国家或地区的出口量占各自生产总量的比例平均为 0.31%。我国鲜梨贸易出口量与生产量比例的严重不协调，也说明我国在梨果出口方面还有很大的改善空间。

表 1-17　2017 年世界十大梨生产国家及地区产量与出口状况

国家或地区	生产量（万 t）	生产量排序	出口量（万 t）	出口量占生产量比重（%）	出口比重排序
中国	1 900	1	50.9	0.03	9
欧盟	233.6	2	30.9	0.13	6
美国	64	3	12.6	0.20	5
阿根廷	53	4	28	0.53	3
土耳其	42	5	16	0.38	4
南非	40	6	27.2	0.68	1
印度	35	7	0	0.00	10
日本	27.8	8	2	0.07	8
智利	27.2	9	15.2	0.56	2
韩国	24.7	10	2.6	0.11	7

数据来源：美国农业部网站。

（2）我国梨的进口

我国是世界上梨主产国中进口梨较少的国家之一，进口量远远小于出口量，进口量常年不足出口量的千分之一。进口贸易与出口贸易的趋势相反，近年来我国进口贸易呈波动递减趋势（图 1-7）。根据中国海关统计，2000—2003 年的梨进口量相对较高，年均进口量 647.8 t 左右。除 2002 年略有增长以外，其他年份均在下降，尤其是 2003 年以后，梨进口数量直线下降，2006年、2007 年分别下降到 15.70 t 和 13.80 t，仅是 2000 年进口量的 2.5% 和 2.2%。从 2011 年开始我国梨的进口量呈跳跃式增长，从 526.62 t 达到 2016 年的 8 223.51 t，2017 年又有小幅回落。

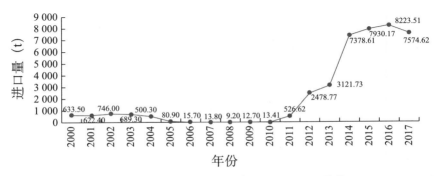

图 1-7　2000—2017 年我国梨进口数量变化趋势

2．贸易区域

我国鲜梨出口国家中排在前三位的分别是印度尼西亚、越南和泰国。2017年向这3个国家出口的鲜梨数量占我国总出口量的比例达到了54.58%，与2016年相比，我国对主要鲜梨出口国的出口量大部分是增长的，其中向印度尼西亚的出口量大幅上升，较同期增长了91%，对俄罗斯、缅甸的出口量也较2016年增长超过10%。在鲜梨出口竞争市场上，南非和阿根廷与中国存在竞争关系，以俄罗斯市场为例，2017年我国对其出口总量占俄罗斯梨总进口量的18.6%，而阿根廷占40.5%。

（1）出口去向

我国梨的出口市场逐渐向多元化方向发展，自1986年以来，由最初的加拿大、美国和英国3个出口国家发展成为2011年的66个国家和地区。

我国鲜梨的出口地区和出口量取决于国际消费者对梨的需求与偏好，消费偏好受社会风俗、饮食习惯、城市化进程等因素的影响比较大，梨的口味也是影响居民消费的重要因素。世界梨分东方梨和西洋梨两大类，从人类消费层面看，这种分类在一定程度上反映了东西方消费者的文化和生活习惯差异。不同国家或地区对梨的消费需求不同，西方欧美国家的消费者，习惯食用肉质柔软、香甜溶口的西洋梨，而东方亚洲国家的消费者，尤其是东南亚地区，偏好肉质细脆、香甜爽口、质地较硬的东方梨。美国、加拿大、英国、澳大利亚等国家的消费者，近年来对东方梨愈加喜爱，法国和意大利对果酒的消费需求也较高，只要中国能够生产出高质量的、符合国际标准的梨果，其市场潜力是巨大的，尤其是在欧美市场；东南亚诸国以进口东方梨为主，尽管存在与日本、韩国的竞争，但由于我国梨果价格低廉，仍有巨大的市场；我国港澳市场对国产梨果的需求量呈现上升趋势；日本对鲜梨及梨加工品消费高而稳定，一定程度上要靠进口满足消费需求。

分地区来看，自2000年以后，我国鲜梨出口市场以东南亚国家为主，其次是欧洲市场和我国的港澳台地区，再次是美洲以及中东市场（图1-8）。2000—2011年，我国出口鲜梨的主要去向地是东南亚市场，其每年的出口数量远超其他所有出口市场的总和，出口数量从2000年的10.1万t增加到2011年的28.6万t，年均增长达到16.7%。除东南亚以外，欧洲国家、美洲国家和中东市场以及我国香港、澳门和台湾地区市场，我国出口鲜梨的数量常年维持在相对较低水平。出口到欧洲市场和我国港澳台地区的鲜梨数量经历了先上升后下降的变化趋势，美洲和中东市场除了分别在 2004 年和 2009 年有明显差异以外，其他年份出口数量均保持低水平的稳定状态。

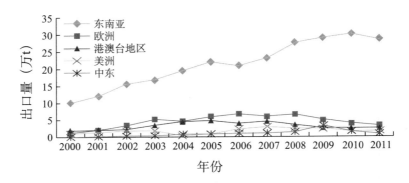

图 1-8　2000—2011 年我国鲜梨出口市场变化趋势

数据来源：中国海关统计年鉴。

以上分析表明，中国梨出口对传统目标市场的依赖度较低，目标市场集中度呈现出明显的分散趋势。但也应看到，近些年来我国出口到东南亚与其他市场的鲜梨数量差异不断拉大，我国鲜梨的出口去向有向单一的东南亚市场集中的趋势，出口贸易风险很高。因此要积极开发新市场，主动细分市场，分散贸易风险，扩大市场的互补性，避免本国产品恶性竞争，特别要重视开拓欧盟、美国以及俄罗斯等其他独联体国家市场。欧盟、美国是中国主要的贸易伙伴，也是梨果消费大国，其消费水平较高，中国梨果出口应该以欧盟、美国作为高端市场。中国梨果生产还应重视俄罗斯及其他独联体国家的消费市场，哈萨克斯坦、吉尔吉斯斯坦等国家是我国的近邻，具有地缘优势，而且对梨果的需求量较大，开发潜力大。俄罗斯的水果供应缺口较大，每年均需大量从国外进口。我国要遵循对等开放市场的原则，与贸易伙伴的市场形成对称性依赖格局，以稳定贸易关系，减少出口风险。

以 2011 年为例（图 1-9、图 1-10），我国出口鲜梨共 40.3 万 t，出口金额 2.86 亿美元。东南亚是我国最大的鲜梨出口市场，出口鲜梨 28.6 万 t，占出口总量的 71.1%，贸易额达到 2.07 亿美元，占鲜梨出口交易总额的 72.4%，主要出口到印度尼西亚、越南、马来西亚和泰国，分别占出口总量的 31.8%、14.5%、8.6% 和 7.7%；其次欧洲市场占出口总量的 8.4%，出口鲜梨 3.4 万 t，出口金额 0.23 亿美元，主要出口到俄罗斯，占出口总量的 5.5%；再次是我国港澳台地区、美洲和中东地区，分别占出口总量的 6.4%、4.1% 和 2.0%。按出口量的大小排序，居我国鲜梨出口前六位的国家和地区分别是印度尼西亚、越南、泰国、中国香港、俄罗斯和马来西亚，其中印度尼西亚是我国最大的出口国，2011 年，其从我国进口鲜梨 12.8 万 t，占我国鲜梨出口总量的 31.8%，贸易额达 0.9 亿美元。

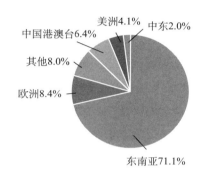

图 1-9 2011 年我国鲜梨出口市场占比

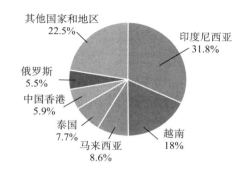

图 1-10 2011 年我国六大鲜梨出口地区占比

数据来源：《中国海关统计年鉴》2018 版。

分品种看，据中国海关统计（图 1-11），2011 年我国出口鸭梨与雪花梨 6.14 万 t，出口到东南亚市场 4.04 万 t，占出口总量的 65.8%，主要出口到印度尼西亚，占当年鸭梨与雪花梨出口总量的 50.81%；其次欧洲市场占 7.7%，主要出口到俄罗斯和荷兰，分别占出口总量的 2.9% 和 2.1%；再次是美洲和中东地区，分别占 10.1% 和 3.9%，美洲市场主要以美国和加拿大为主。2011 年我国库尔勒香梨的国际市场需求很小，库尔勒香梨出口量仅为 0.91 万 t，主要出口市场是东南亚和美洲，分别占库尔勒香梨出口总量的 67.7% 和 30.6%，其他地区从我国进口库尔勒香梨极少，2011 年中东地区没有从中国进口库尔勒香梨。2011 年我国出口其他鲜梨 33.2 万 t，出口到东南亚市场 24.0 万 t，占其他鲜梨出口总量的 72.2%；欧洲、中国港澳台分别占 8.8% 和 7.0%；美洲和中东市场的比例均在 2% 左右。

（2）进口来源

我国是鲜梨生产与出口大国，每年的进口极少，但是近年来的进口数量迅速增加，进口来源地主要是比利时、阿根廷和美国这三个国家，其中比利时已成为我国鲜梨的最大进口国（图1-12）。

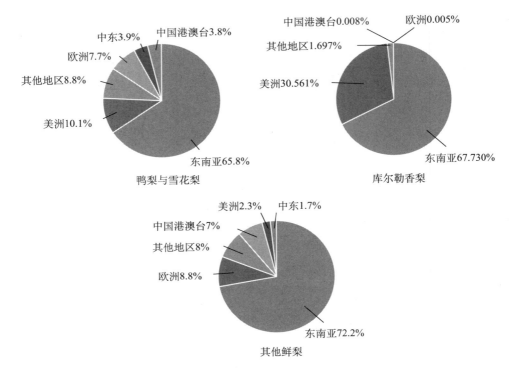

图 1-11　2011 年我国鲜梨出口市场比例

数据来源：《中国海关统计年鉴》（2018 版）。

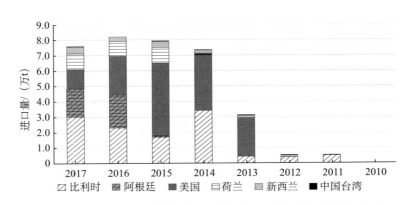

图 1-12　2010—2017 年期间我国梨进口总量和进口国（地区）分布

数据来源：info beacon 数据库。

3．贸易价格变动

在贸易价格方面，我国鲜梨的出口价格一直都低于进口价格。2014年梨的进出口价差额有明显缩小，但随后又开始拉大，进出口平均价格差额为0.59美元/kg。我国梨的进口价格在经历了波动后，在2014年开始上升，2017年有小幅回落，最后基本稳定在1.6美元/kg。我国梨的出口价格在经历了2012—2014年的持续上升后开始下跌，从2015年的1.19美元/kg下跌到了2017年的1.02美元/kg。

我国梨出口与产业规模的发展趋势一致，近年来也呈稳步增长的态势，特别是进入21世纪以后，我国梨出口量和出口金额均迅猛上升。对比出口数量与出口金额来看，可以发现我国的出口金额增长速度要高于出口数量的增长速度，表明我国出口梨果的品质在逐步改善，平均出口单价正在不断增长（图1-13、图1-14），呈良性发展态势。

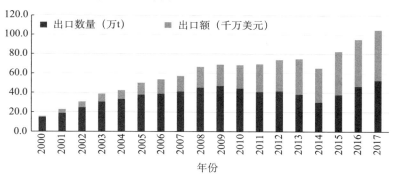

图1-13 2000—2017年中国鲜梨出口数量和出口金额变化趋势

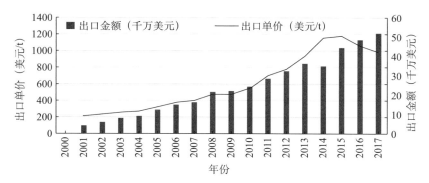

图1-14 2000—2017年中国鲜梨出口金额和出口单价变化趋势

数据来源：中国海关总署。

　　一般来说，产品的竞争力主要体现在产品价格和产品品质两方面。从产品价格来看，虽然我国梨的出口单价在逐步上升，但由于我国梨果生产成本较低，梨果出口的单价仍然与世界先进国家相距甚远。我国在大力推广应用新品种并配套相应栽培管理技术的基础上，梨产业水平仍有很大的提升空间。当然也应该看到，2011 年我国梨出口单价上涨至 709.7 美元/t，价格已得到初步改善，正努力缩小与世界鲜梨平均价格水平的差距。

　　此外，我国梨果品质较差，没有实现优质优价，与日本、韩国、意大利、阿根廷等国生产的梨果品质相差甚远，所以大多只能出口到东南亚这些消费水平较低的国家。例如，我国梨的可溶性固形物平均在 10.2% 左右，而欧洲很多国家梨的可溶性固形物在 13.5% 左右，低于 12.5% 的梨果就不再作为商品果出售，由此可见我国梨果品质同其他国家的差距。

三、中国梨贸易的世界地位

1．梨出口数量的世界地位

　　从我国梨出口数量在世界的地位来看，根据美国农业部的统计数据，以 2017 年为例，我国梨出口数量为 54.3 万t，位居世界第一位，已经超过 2009 年以前出口数量稳居全球第一位的阿根廷，占世界总出口数量的 28.98%，约为世界总出口量的 1/3，因此，中国毫无疑问已是世界上鲜梨出口的第一大国（表 1-18）。在世界鲜梨出口量前十位的国家和地区中，中国、欧盟、阿根廷

表 1-18　2017 年我国梨出口数量的世界地位

国家和地区	出口数量（万t）	占世界份额（%）
中国	54.3	28.98
欧盟	34.5	18.41
阿根廷	32	17.08
南非	23	12.27
智利	13	6.94
美国	12.2	6.51
白俄罗斯	8.3	4.43
世界其他国家	10.1	5.39

　　数据来源：美国农业部网站。

的出口总量超过世界出口总量的一半以上，占比 64.47%，其余的依次是南非、智利、美国、白俄罗斯、意大利、西班牙、智利和葡萄牙，所占世界出口总量的比例较小。

2．梨出口金额的世界地位

中国虽然是鲜梨出口第一大国，但从我国梨出口价值在世界的地位来看，以 2010 年为例，我国梨出口金额居世界第四位，为 2.43 亿美元，占世界出口总金额（23.18 亿美元）的 10.5%（表 1-19）。世界梨出口金额排名前四的国家出口总金额约占世界出口总金额的 52%，它们依次是荷兰、阿根廷、比利时和中国。

表 1-19　2010 年梨出口金额排名前十位国家的出口金额及占世界份额

序号	国家和地区	出口金额（万美元）	占世界份额（%）
1	荷兰	35 856.7	15.47
2	阿根廷	33 722.0	14.55
3	比利时	27 573.9	11.89
4	中国	24 341.7	10.50
5	意大利	19 375.6	8.36
6	美国	16 324.9	7.04
7	南非	15 971.5	6.89
8	西班牙	11 821.9	5.10
9	智利	11 100.9	4.79
10	葡萄牙	8 879.2	3.83

数据来源：联合国粮食及农业组织数据库。

3．梨出口单价的世界地位

尽管我国一直是梨生产与出口大国，梨出口金额也居世界前列，但从梨出口单价占世界的地位来看，我国并不是鲜梨出口强国，梨果出口单价与世界其他国家单价相距甚远，梨果品质有待进一步提高。以 2010 年为例（表 1-20），在世界梨出口价格排名前十位的国家中，以日本为首，出口单价高达 5 820.51 美元/t，约为世界均价的 6.45 倍。而我国的出口单价，只排到了世界第 77 位，出口单价低于 902.41 美元/t 的世界平均价格水平，仅是世界平均出口单价的

表 1-20 2010 年我国梨出口单价的世界地位

序号	国家和地区	出口单价（美元/t）	与世界平均单价比值
1	日本	5 820.51	6.45
2	特立尼达和多巴哥	3 333.33	3.69
3	冰岛	3 000.00	3.32
4	塞舌尔	3 000.00	3.32
5	韩国	2 346.19	2.60
6	约旦	2 158.91	2.39
7	厄瓜多尔	2 000.00	2.22
8	以色列	1 977.27	2.19
9	洪都拉斯	1 750.00	1.94
10	丹麦	1 679.93	1.86
77	中国	555.84	0.62

数据来源：联合国粮食及农业组织数据库。

62%，与日本、韩国生产的梨果品质相差甚多，555.84 美元/t 的低价仅相当于日本鲜梨出口单价的 1/10。鲜梨品质差，只能出口到东南亚等消费水平较低的地区，导致出口市场单一，缺乏国际竞争力。

第七节 十年来我国梨产业发展现状与趋势

一、面积趋于稳定，产量稳步提升

近十年来，全国梨总栽培面积基本趋于平稳，部分区域略有调整，总体上中西部地区栽培面积略有增加，东部地区略有缩减。例如，河北昌黎、贵州龙里、山东滕州等地，由于省力化栽培技术的推广、新品种的替换、品牌的宣传等，促使当地梨园种植面积显著增加。此外，随着梨产业技术体系扶贫工作的进一步推进，对山西、湖北等地区的贫困县区梨产业的整体规划、转型升级起到了积极的促进作用。

由于产业技术水平的提升和先进技术的应用，近十年来全国梨总产量及单位面积产量持续保持增长态势，2016 年与 2006 年相比，总产量和单位面积产量分别增加了 1.6 倍和 1.56 倍。

二、国内梨销售价格总体下跌，库尔勒香梨、丰水梨价格触底反弹

近年来因供给充足，国内梨果销售单价总体呈现下跌趋势，库尔勒香梨、丰水梨价格平稳上升。梨产业体系 2017 年底调查数据显示，2017 年 11 月梨果平均单价为 2.48 元/kg，较 2017 年 7 月的 4.16 元/kg 下降了 40%。与 2016 年相比，各地区各品种单价降幅各有差异，例如，河北产区梨单价下降超过 30%。河北是我国梨主产区，带动全国总体梨价下降。湖北利川、安徽砀山、北京平谷等产区因气象灾害、不良气候条件等自然因素影响，品质较差，销售价格下降 13% ~ 35%。2017 年库尔勒香梨最高销售价格为 9.68 元/kg，最低价格为 7.42 元/kg，主产区及主销区价格均高于 2016 年同期。2017 年丰水梨主销区价格上升，主产区价格保持平稳，整体上升。

三、新品种的自主选育和产业推广应用成绩显著

作为梨的起源中心，我国具有丰富的品种资源，保存的资源类型 3 000 多份；栽培品种涵盖白梨、砂梨、秋子梨、新疆梨和西洋梨 5 个主栽培种，广泛应用于生产实践的梨主栽品种有 100 多个，其中，传统主栽品种砀山酥梨、鸭梨、南果梨、库尔勒香梨等栽培面积所占比例较大。自 1950 年代起，我国开始有计划地、科学系统地开展梨品种选育工作。全国约有近 40 家科研院所和大专院校从事梨的育种工作，主要围绕果实品质、抗病、抗逆、熟期配套等目标进行遗传改良，相继育成了以早酥、黄花、翠冠、黄冠、中梨 1 号、玉露香等为代表的优良品种 180 余个。目前，我国自育梨品种的栽培比例占 70% 左右，相比其他果树具有一定优势，新品种选育工作成绩喜人，有力地推动了我国梨产业的发展。由于早熟、中熟品种育成与大面积推广，早、中、晚熟品种结构失调的状况正逐步改善，梨鲜果采收期延长了近 2 个月，结合贮藏保鲜，梨鲜果已基本实现了周年供应。

四、产业布局向优势区域集中

在长期的自然选择和生产发展过程中,我国逐渐形成了 8 个特色鲜明的优势产区:华北白梨产区,西北白梨产区,黄河故道白梨、砂梨产区,长江流域砂梨产区,东北特色梨产区,渤海湾特色梨产区,新疆特色梨产区,西南特色梨产区。从主产省份来看,河北是我国产梨第一大省,栽培面积和产量均位居全国第一,其次为陕西、山东、安徽、四川、辽宁、河南、江苏、湖北、新疆等省区。

五、栽培模式与生产技术不断创新,轻简化管理为主要趋势

在当前农产品产能普遍过剩的大环境下,我国已步入农业高质量发展的新时代,生产重心正逐渐由重产量向重品质方向转变,生产方式从劳动密集型逐步向机械化、轻简化、标准化和现代化迈进,梨果品质和经济效益显著提升。

栽培模式方面。实现了以纺锤形、疏散分层形为主的大冠稀植传统栽培模式向以圆柱形、倒"个"形、"3+1"形、双臂顺行式棚架形等简化、高光效的树形为主的宽行密植新型栽培模式变革,树体结构简单,整形修剪简化,更适合机械化操作。同时,适于梨园机械化生产的配套装置,如开沟机、旋耕机、割草机、喷药机等在生产中应用普遍。

花果管理方面。授粉、脱萼、化学及机械疏果等简化生产技术研发成为关注重点。梨花粉长期贮藏及运输技术日渐成熟,适合轻简化生产的液体授粉技术、脱萼技术研发成功,并在各主产区大力推广。在新疆库尔勒香梨产区应用液体授粉技术,比传统授粉方法节省用工 90% 以上,且操作简单,授粉均匀,坐果效果理想,节本增效显著。

土肥水管理方面。我国梨园养分循环规律、优势分布区地理信息的调查研究基本完善,传统经验性施肥逐步被梨园配方施肥和肥水一体化管理替代。生草、覆盖、间作、种养结合等多种梨园土壤管理方式,以及梨树修剪枝条降解、堆肥、还田等技术研发均取得重要进展,并成功研制出梨树专用生物有机肥和专用复合肥。

病虫害防治方面。生物防治与物理防治在生产中得到大面积推广应用,除已登记的生物源杀菌剂多抗霉素外,发现了有明显拮抗效果的生防菌株及活性

代谢物，害虫天敌、诱捕器和迷向产品的研发与产业化推广均取得较大进展。由原来的单一依赖化学农药防治逐步向综合治理转变，基本形成了农业防治、物理防治、生物防治与科学的化学农药防治相结合的技术体系，有效降低了农药使用次数和用量，基本实现安全生产。

六、贮藏保鲜日趋成熟，加工产品日益丰富

贮藏保鲜方面。从传统土窑洞、冷藏库贮藏逐渐转变为低温预冷与气调贮藏相结合的新型贮藏方式，贮藏量达梨果总产量的60%，有效缓解梨果集中上市造成的销售压力。针对褐变及黑皮等贮藏过程中容易发生的生理病害，研发出温度、气体浓度、化学处理等相结合的梨果贮藏期品质劣变防控关键技术，以及梨果绿色防病和精准贮藏保鲜配套技术，显著延长了贮藏期。例如，1-MCP采后保鲜处理技术和基于1-MCP的采前应用技术HarvistaTM是梨贮藏保鲜领域重要的技术亮点，在1-MCP合成方法及产品剂型方面突破了发达国家的技术垄断。

加工方面。梨果的加工量占总产量的比例从过去的不足2%，提高到5%以上；加工产品由以梨罐头、梨汁为主，逐步衍生出梨干、梨脯、梨酒等多样化产品；在功能型饮品、调味品、梨益生菌发酵饮料方面也取得了新进展。超高压处理、辐照处理技术，液氮排氧打浆、大孔吸附树脂及其与阳离子交换树脂配合使用，以及乳清分离蛋白等控制梨汁褐变的技术日益成熟。

七、梨农组织化程度增加，销售渠道、手段多样化，品牌意识提升

根据梨产业体系对于梨农组织化程度的调查数据，近年来，以合作社、龙头企业为主导的生产经营组织蓬勃发展。根据近年来在全国121个示范县的调研显示，所调查区域共有各类梨农组织1 569个，主要集中在山西、河北、陕西、辽宁等梨栽培面积较大的区域。其中，合作社为最主要的组织形式，占全部梨农组织的80%以上，龙头企业占9%，部分产区正逐渐形成以企业为首的产业化联合体。

随着贮运保鲜技术及物流技术的日益成熟，梨果的销售形式不再局限于产地就地销售或者经纪人销售等形式，电商等新型销售渠道比例逐渐增加，集生产、观光、休闲为一体的新型经营模式以及梨花节、梨园采摘活动等多样化的营销手段增加了梨果的附加值和生产效益。

各主产区的区域品牌建设不断推进，各地区积极实施优果工程和名牌战略，加速果业产业化进程，许多区域梨品牌取得了长足的发展。鞍山南果梨、砀山酥梨、库尔勒香梨均入选中国百强农产品区域公用品牌。此外，蒲城酥梨、莱阳梨、库尔勒香梨当选为 2017 年最受消费者喜爱的中国农产品区域公用品牌。截至 2017 年，经过农产品地理标识认证的区域梨品牌共有 53 个，如代县酥梨、汾西梨、福泉梨、礼泉小河御梨、大庙香水梨、条山梨等。根据 2017 年中国果品区域公用品牌价值评估报告，我国 53 个区域梨果品牌中有 10 个入选"2017 年中国果品区域公用品牌价值榜"。

八、出口量持续增长，出口价格持续下跌

从 2013 开始我国梨出口量持续增长，至 2017 年达到了 50.9 万 t，同比 2016 年增长了 26.9%。而我国梨的进口量基本都维持在 1 万 t 左右，且基本保持稳定。

2017 年梨出口价格持续下跌，进出口价差略有扩大，2017 年中国梨出口价格在 1.02 美元/kg。

第二章　国家梨产业技术体系建设

在我国农业发展面临资源与市场的双重约束、经济增长与生态保护的双重压力、农民增收与粮食安全的双重挑战等产业背景下，经国务院审定同意，农业部、财政部等 9 部委提出了"国家农业科技创新体系建设方案"，明确以产业需求为导向构建"现代农业产业技术创新体系"，提升区域创新能力的建设思想。

第一节　全国梨产业协作网络的构建

2007—2008 年，农业部和财政部先后选择 50 个主要农产品作为现代农业产业体系建设对象，全面开展各项建设工作。其中，国家梨产业技术体系于 2008 年底，经财政部和农业部联合批准建设。2009 年 2 月，梨产业技术体系建设各项工作在南京全面启动。

通过前期对全国 20 多个梨主产省（自治区、直辖市）的梨产业现状调研和摸底，明确国家梨产业技术体系的主要职责如下：立足于全国梨产业发展的需求，集聚优质科技资源，指导和统筹岗位科学家进行产前、产中、产后共性技术和关键技术研发和集成，并在综合试验站进行试验和示范。通过国家梨产业技术体系的建设实施，凝聚了来自全国各高校和科研院所梨研究领域的科技资源和研究力量，成功构建了一张全面覆盖产前育种，产中栽培、土肥、病虫、机械，采后贮藏、加工、产业经济，以及区域试验、示范等环节的全国梨产业协作网络，从而更高效地解决制约我国梨产业发展的关键和瓶颈问题，为促进我国梨产业供给侧结构性调整与现代化、绿色发展，提高梨果品质与国内外市场竞争力，满足消费需求，提升梨产业技术水平和整体经济效益提供有力的技术支持。

在"十一五"期间初步组织构建的基础上，立足产业技术体系建设的总体目标，梨产业技术体系的组织架构、岗站布局等进一步经历了

"十二五""十三五"两轮的优化和完善，形成了"十三五"国家梨产业技术体系的总体框架（图2-1）。

国家梨产业技术体系实行首席科学家负责制，由国家梨产业技术研发中心和综合试验站两个层级构成，国家梨产业技术研发中心作为国家级研发平台，于体系建设启动同期正式成立，中心建设依托单位为南京农业大学梨工程技术研究中心，中心主任张绍铃教授任国家梨产业技术体系首席科学家。

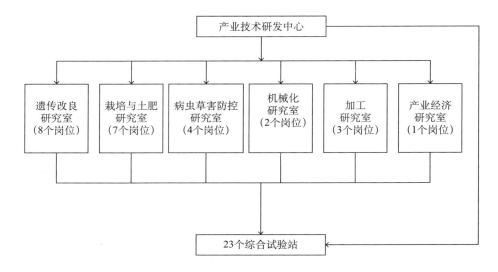

图 2-1　国家梨产业技术体系"十三五"组织架构

根据梨产业链的特点，国家梨产业技术研发中心设有遗传改良、栽培与土肥、病虫草害防控、机械化、加工、产业经济6个功能研究室，共25位岗位科学家，负责梨的全产业链技术研发。岗位科学家分别来自8所高等院校、2个国家级研究所和6个省级研究所，其中涉及产前育种领域的专家8人，产中栽培、土肥、病虫、机械化领域的专家13人，产后贮藏加工领域的专家3人，产业经济领域的专家1人。专家从事的领域覆盖了果树学、植物保护、土壤肥料、采后加工和农业经济学等产业相关学科。

同时，根据我国的梨优势区域规划，在梨的优势产区和特色产区设立了23个综合试验站，建设依托单位包括19个省市级研究所、2所高校、1个企业。覆盖20个省区、115个示范县（市），建设核心示范园及生产示范园共258个，负责新品种、新技术和新模式的试验、示范和推广。

第二节　梨产业技术体系核心研发任务

一、梨熟期配套品种选育与高效育种技术创新与应用

针对我国大多数梨产区栽培品种成熟期相对集中、特色高效益品种缺乏等问题，通过杂交育种、芽变选种，并结合分子辅助育种技术，培育17个熟期不同、特色鲜明、性状优良、符合市场需求的梨新品种，并研发良种配套栽培技术，辐射带动12个省、自治区、直辖市近100个县、市、区开展梨新品种的生产，优化了我国梨栽培品种结构。相关成果于2011年、2018年分别获国家科技进步奖二等奖各1项。

1．熟期配套品种选育

充分利用我国丰富的梨品种资源开展杂交育种，育成了熟期不同、内外品质兼优的梨新品种17个，包括早熟梨品种8个（早伏酥、早酥蜜、中梨4号、翠玉、金蜜、红早酥、徽香、金晶）、中晚熟品种9个（夏露、徽源白、青蜜、寒雅、冀酥、南红梨、秋玉、甜香梨、延香梨），获得新品种权8项。其中，新品种翠玉果实外观品质及耐贮性均显著优于当前早熟梨主栽品种翠冠，审定后连续5年均被浙江省农业厅确定为主导品种；中梨4号不仅克服了现有中梨1号易裂果和七月酥丰产性差的缺点，同时又兼具二者的优点；冀酥不仅外观好、品质优，且抗黑星病强；寒雅改变了我国寒冷地区缺少抗寒、优质、中熟梨品种的现状。

2．特色新品种选育

利用我国稀有红皮梨资源，开展红色品种选育，育成红早酥、南红梨等红皮梨新品种。针对梨自花不结实性问题，在阐明梨自花不结实性分子遗传机制的基础上，发明创制自花结实性梨种质的方法，建立并应用自花结实分子标记开展辅助育种，创制综合性状优良的自花结实性新种质11份，育成宁翠、早冠等自花结实优质早熟梨新品种4个，为实现梨园便于管理的单一品种栽培模式变革提供了品种支撑，相关成果2011年获国家科技进步奖二等奖1项。

3．高效育种技术创新与应用

利用梨的基因组序列信息，开发了占目前国际已公布同类分子标记的

90%以上，为品种资源鉴定提供了广泛标记来源，改变了过去主要使用苹果等其他物种分子标记的落后局面。首次提出了覆盖梨17条染色体的SSR核心标记，并构建了400多份代表性品种的指纹图谱，为优良亲本的筛选和品种的知识产权保护提供了有效依据。构建了国际上标记密度最高的梨遗传连锁图谱，定位梨果实色泽、大小和可溶性糖等11个重要农艺性状QTL位点，开发性状鉴定标记11个，获得国家发明专利10项。其中，自交亲和性和果皮色泽分子标记已应用于辅助育种实践，提高了育种效率。

4．优良栽培品种的区域适应性评价及配套栽培技术集成

收集、评价全国5个梨优势产区的176份梨品种资源和16份砧木资源，筛选出翠冠、丰水、翠玉、黄金梨和黄冠等综合性状优良、适宜不同栽培区域的品种25个，其中南方早熟梨优势产区适栽品种5个、北方梨优势产区12个、黄河故道梨优势产区6个、西部梨优势产区7个、西洋梨优势产区5个。结合不同栽培品种的特性和适宜区域，集成了5套配套的栽培管理技术供各产区使用。

5．示范应用

大量新品种的育成极大地丰富了我国梨品种类型，改变了梨品种熟期集中、风味欠佳、特色不足、效益低下的局面，稳定了梨的栽培面积和产量。培育的梨新品种和筛选的适栽品种已在全国20个省（自治区、直辖市），近100个县、市、区推广应用，辐射推广500万亩。

二、低效梨园改造与高接换种技术创新与应用

1．高接换优技术创新

针对我国存在大面积老劣品种园、郁闭梨园的生产现状，研发出不同生态区域及主要栽培品种适宜的梨园改造技术。通过研发"打洞高接""带花芽腹接"等新技术提高新品种更新效率，并在最短时间内恢复经济产量，让果农感受到品种更新带来的高效益，从而自发地开展老劣品种的更新。围绕高效的高接换种技术方案，以及嫁接方法、嫁接时期、砧枝直径、接穗留芽数、嫁接后的处理措施等关键技术，制定适宜不同树龄的梨高接换优操作技术规程2套。

2．密闭梨园树体改造

通过比较不同的架式与整形方式对树体冠层结构、光合特性，以及果实品质指标的影响，研发出树体结构合理、通风透光良好的树形及配套整形修剪技

术，并创新性提出双层篱臂形、倒"伞"形、"3+1"形、倒"个"形等高光效新树形，显著改善果园郁闭及果实品质下降的问题。

3．梨树整形修剪计算机仿真系统研发

为简化树体整形与修剪技术、提高果实品质提供技术依托。开展了梨树整形修剪计算机仿真系统研发，形成了梨树整形修剪计算机仿真系统，便于便捷、高效地远程指导梨树整形修剪，开展技术人员以及果农的技术培训等。

4．示范应用

集成的梨树体结构改良、品种更新、密度改造、栽培方式转换等技术体系，在河北、山西、陕西、安徽、河南、江苏、四川、湖北等主产区改造老劣梨园面积达 50 余万亩，提高经济效益达 8 亿～ 10 亿元。

三、梨现代栽培模式与轻简化管理技术创新与应用

针对我国梨园传统树形树冠高大、果园郁闭、管理费工等落后生产现状，以轻简化、机械化、信息化、规模化、集成化为目标，创制"一模式+四配套技术"的梨园管理体系方法；以省力化栽培模式为基础，从整形修剪、花果管理、肥水管理、病虫害防治等方面进行重点攻关和技术突破；在关键生产环节上实现并突破机械化与信息化相结合的难点。将技术创新、集成应用与示范推广相结合，推动地方梨产业技术水平的提高与健康稳定发展。

该技术成果获教育部技术发明奖一等奖 1 项、中华农业科技奖科研类成果一等奖 1 项、江苏省农业技术推广奖一等奖 1 项。获授权国家发明专利 13 项，计算机软件著作权 4 项，制定标准及技术规程 12 项。

1．省力化、高光效树形及配套修剪技术

研发出梨树圆柱形、倒"个"形、"3+1"形、细长纺锤形、双臂顺行式棚架形等省力化栽培新树形。与传统大冠树形相比，新树形群体光合能力提高12%～ 16%，果形增大 10%～ 15%，可溶性固形物含量增加 0.8%～ 1.2%，商品果率达 90%以上。由于树形简单，便于管理操作，无论是新建示范梨园，还是用于低效梨园改造，不仅显著减少果园劳动工作量，还有利于获得早期丰产。形成新型省力化树形及其配套栽培模式 7 套；梨树整形修剪仿真计算机专家系统 1 套。

2．轻简化花果管理技术

基于梨品种 S 基因型鉴定及开花物候期观察数据，开发"梨树授粉品种自

动配置系统"，实现了授粉品种的便捷、科学化配置。

研发出"速冻缓融"花粉贮藏技术及花药散粉干燥器，保障梨园人工授粉的花粉采集和调运安全性，解决了生产中授粉品种花期晚于主栽品种的问题。发明了梨树轻简化液体授粉方法，不仅操作简单，且授粉均匀、坐果效果理想，比传统授粉方法节省用工 90% 以上，节本增效显著。

针对梨果宿萼果（俗称"公梨"）造成的表皮粗糙、石细胞多、果核大、风味淡以及经济价值约为脱萼果（俗称"母梨"）的 1/2 等现象，在理论研究基础上，发明梨果脱萼方法。在自然条件下使用脱萼剂后，库尔勒香梨果实脱萼率由 47.3% 提高到 98.2%，砀山酥梨果实脱萼率由 40% 提高到 87%，实现"公梨"向"母梨"的转变。同时，果实可溶性固形物含量提升约 1%，且肉质细腻，价格提高 1 元/kg 左右，增效显著。

3. 肥料配方及肥水一体化技术

基于我国梨园养分循环规律、优势分布区地理信息研究结果，创建了适用于各优势产区的"梨树平衡施肥专家系统"和"梨树地理信息专家系统"各1套。

研发出梨树专用生物有机肥和专用有机–无机配方复合肥各 1 种，通过"施肥枪技术"的优化与应用，结合"干旱半干旱地区梨园节水灌溉技术"示范，实现了梨园精准施肥和肥水一体化管理。

4. 病虫害轻简化绿色防控技术

根据梨园主要害虫和天敌种类及其发生规律研究结果，建立了以物理、生物防治为主的病虫害综合防控技术，研发出北方梨园病虫害"三次药"高效防控技术体系，有效降低农药使用次数和用量，实现安全生产。

研制出 3WGF、3WQF 系列风送式高效喷雾机，筛选出省力化喷雾机具 2套，解决了梨园施药效率低、喷雾质量差、药液浪费严重等问题。既减少了农药使用，降低了农药残留，又提高了施药效率。

5. 示范应用

"梨现代栽培模式与轻简化管理技术"的示范推广引领了我国梨树生产的现代化、轻简化、可持续性发展方向。相关研究成果在河北、山西、陕西、新疆、安徽、河南、江苏、四川、湖北、山东等 10 多个主产区的 80 多个示范县推广应用，累计推广面积达 75 万亩以上。在同等单产条件下，省力化栽培模式及配套技术应用比当地一般水平的梨园生产减少用工约 42.0%，节省成本

50%以上，新增效益约 7.5 亿元。

四、梨园废弃物资源化利用技术创新与应用

目前我国梨树修剪后的枝条多弃置于田间地头，导致环境污染，病原菌和虫卵的传播，使果园病虫害发生加剧；此外，我国梨园土壤有机质含量普遍偏低，已经成为影响我国梨果产量和品质的瓶颈。针对上述问题，国家梨产业技术体系积极开展了梨树枝条粉碎直接覆盖还田、堆肥工艺和发酵条件优化、枝条生物炭制备等研究，并取得了良好的成效。

1．枝条生物炭制备技术研究与应用

以粉碎梨树枝条为原材料，通过设定不同温度热裂解制备生物炭，并对生物炭的理化性质及其结构进行了研究，发现梨树枝条原始 pH 为 5.36，而制备成生物炭后 pH 达到 8 ~ 11，微观扫描发现生物炭孔隙度随着裂解温度升高而增加，温度越高，孔隙数量越多，比表面积越大；同时，比表面积以及孔容积也随温度的升高而增加，吸附性增强。温度范围在 500 ~ 700℃时，元素含量相差不大，微孔和大孔数量基本达到最高水平，吸附性能水平达到最佳，在制备枝条生物炭时可将温度设置为 500 ~ 700℃。

2．修剪枝条还园覆盖技术研究与示范

在武汉综合试验站开展了修剪枝条直接还园覆盖、施入土壤的最佳用量、施用方法的研究。建立梨园修剪枝条粉碎后覆盖栽培示范园 1 个。

3．枝条粉碎技术研究与应用

针对枝条粉碎还田、堆肥处理和木质生物能源三种用途，对梨树枝条进行粉碎处理实验，为机器优化提供依据。通过测量分析，牵引式枝条粉碎机（配置网孔直径 15 mm）枝条粉碎平均粒度均小于 15 mm，生产效率略大于 500 kg/h，满足堆肥处理要求。拖拉机悬挂式枝条粉碎机只带旋切功能，粉碎枝条的平均粒度为 20 ~ 25 mm，满足直接还田要求，生产效率为 700 ~ 850 kg/h。牵引式枝条粉碎机（配置网孔直径 10 mm）枝条粉碎平均粒度均小于 7.5 mm，仍达不到炭化处理对木质粉末粒度的要求，需要多次反复处理。

4．梨树枝条粉碎成型的颗粒燃料燃烧特性研究

采用溧阳兴欣机械有限公司开发的卧式环模 SZLH508 加工粉碎梨树枝条，制成生物质压缩颗粒燃料。从综合燃烧特性指数可以看到，生物质成型颗粒的综合燃烧性能与实验煤粉基本相当，因此生物质成型颗粒具有良好的燃烧稳

定性。

五、梨园重要病虫害安全防控关键技术创新与应用

1．梨黑斑病与腐烂病的生物防治技术

从生防细菌 OH11 和 OH17 中分离鉴定了一种热稳定的广谱抗真菌活性产物（HSAF）。HSAF 是一种含四元酸结构的大环内酯，分子量为 513.295 9。该产物对梨黑星病菌、黑斑病菌、腐烂病菌较强的拮抗活性。深入研究了产酶溶杆菌 OH11 次生代谢产物 HSAF 生物合成的遗传调控，首次揭示 DSF 和 DF 信号系统正向调控 HSAF 生物合成。通过高产菌株构建、培养基和发酵条件优化，使 HSAF 产量从最初的 1.8 mg/L 提高到 440.26 mg/L，初步满足了产业化开发的要求。通过优化设计，获得最佳培养基配方；确定了最适合 HSAF 合成的培养条件，形成了 HSAF 规模化生产工艺流程。在梨主产区开展了 HSAF 凝胶剂防治梨腐烂病的田间试验示范，累计示范面积 4 200 多亩，辐射面积超 4 万亩。各地试验结果显示 HSAF 对梨树腐烂病具有较好的防治效果，病斑愈合率达 72.42% ～ 94.45%。

2．梨小食心虫和梨木虱的综合防控技术

针对梨小食心虫在主要梨产区的发生规律和特点，研究集成了一套以迷向丝和释放赤眼蜂为主的绿色防控技术。在开花后悬挂迷向丝，在第二代成虫发生高峰期释放赤眼蜂，在小食心虫发生严重地区在进行化学防治的同时结合喷洒甲基阿维菌素苯甲酸盐进行防治。该套技术已经在河北、辽宁、甘肃、湖北、山东等梨产区示范应用，累计示范面积超过 1 万亩，示范效果明显，能够普遍减少果园打药次数 3 ～ 5 次，显著减少果园蛀果率，提高梨果品质。

在明确北方梨园梨木虱发生规律的基础上，依据梨园物候和近 10 d 的平均温度，抓住梨木虱药效防治的关键时期，兼治其他病虫害。在梨木虱越冬代成虫发生高峰期（3 月中下旬，梨花芽开绽期，10 d 内平均温度为 8℃）喷施石硫合剂；在梨木虱第一代若虫发生高峰期（4 月底至 5 月初，梨树落花 80% ～ 90%，10 d 内平均温度为 20℃）和第一代成虫发生高峰期（5 月底至 6 月初，梨幼果套袋前，10 d 内平均温度为 23℃）可选用的有效药剂有齐螨素、阿维菌素、螺虫乙酯等。该技术成果示范面积近万亩。

3．梨病毒的快速检测与高效脱除技术

研究建立了梨病毒多重 RT-PCR、巢式多重 RT-PCR 和环介导等温扩增

（LAMP）检测技术体系，较常规RT-PCR检测灵敏度提高100～1 000倍。研制出8种梨病毒和类病毒的检测芯片。研制出梨病毒病快速诊断试剂12种，包括ACLSV、ASPV和ASGV的多克隆抗体，ACLSV、ASPV和ASGV的单克隆抗体，ACLSV、ASPV和ASGV的重组蛋白特异性克隆抗体，ACLSV、ASPV和ASGV的生物素标记cDNA探针。通过热处理结合茎尖培养、茎尖培养结合化学处理和超低温处理脱除梨病毒和类病毒研究，建立了梨的脱毒技术体系。超低温与热处理结合脱毒率为20%～100%，超低温与化学处理结合脱毒率为60%～100%。栎皮黄酮与病毒醚混用再结合热处理可明显提高病毒脱除效果，对外植体用病毒醚或栎皮黄酮预处理2～3 d后可明显降低病毒含量和缩短脱病毒所需时间。采用含病毒醚20 μg/mL和栎皮黄酮10 μg/mL的MS培养基，经热处理40 d后的茎尖再生植株的ASPV和ASGV的脱除率均达到100%。已在山东烟台建立了我国首个梨无病毒种苗生产基地。

4. 示范应用

在25个省、市、区示范应用1.1万亩。研发利用迷向丝和赤眼蜂综合防控梨小食心虫的技术，解决了化学防治效果差的问题，实现了高效、环保防治梨小食心虫。在湖北、辽宁、北京等5个省（直辖市）示范应用500亩，辐射带动2 000亩，实现新增经济效益90多万元。

六、梨早期落叶成因及综合防控技术研究与示范

1. 明确我国南方梨产区早期落叶的发生为害状况及诱因

在8省41个县（市区）共调查了389个梨园、104个梨品种，调查面积49 701亩。发生早期落叶的梨园共194个，占调查梨园数的49.9%。早期落叶的发生面积共17 362亩，占调查面积的34.9%。不同产区、不同品种梨早期落叶的发生程度存在较大差异。南方梨产区发生早期落叶的平均株率达52.6%，发生返花返青的平均株率达31.0%。梨早期落叶的发生时间因地区、品种、气候条件的不同而存在差异，南方梨产区发生的早期落叶，较正常落叶平均提早62 d。

梨早期落叶的诱因十分复杂，不同地区、不同年份有异。调查结果表明，南方梨产区发生的早期大量异常落叶，最主要的原因是由叶部病害所致。不同梨区发生的病害有异，但主要有炭疽病、黑斑病、黑星病和轮纹病4种，其中，梨炭疽病和梨黑斑病所造成的早期落叶与返花返青，其发生范围最广、危

害程度最重。

研究明确果生炭疽菌（*Colletotrichum fructicola*）、松针刺盘孢（*C. fioriniae*）、暹罗刺盘孢（*C. siamense*）和隐秘刺盘孢（*C. aenigma*）为我国梨产区发生的优势种，其中果生炭疽菌的分布最广，且存在两种症状不同的致病型，是造成我国南方梨产区发生早期大量异常落叶的主要病原菌。

2. 筛选抗病品种

调查研究结果显示，不同梨品种间早期落叶的表现存在明显差异。发生严重的品种有二十世纪、翠冠、金二十世纪、早生二十世纪、新水、早生新水、筑水、幸水、丰水和雪青，不发生或极少发生早期落叶的品种有苍溪雪梨、金花梨、崇化大梨、台农2号、密雪梨、明福和清香。

3. 培肥地力

大田试验结果表明，施用生物有机肥及生物有机肥配施硅钾钙土壤改良剂可显著降低梨树叶片斑点病病斑数，且早期落叶率均低于30%。灌根盆栽试验结果表明，施用生物有机肥试验及适量灌根有利于降低叶片斑点病和褐斑病病斑数。单施生物有机肥处理的梨树叶片斑点病、褐斑病和炭疽病发病指数最低，早期落叶率不到10%。腐植酸灌根对梨树叶片斑点病、褐斑病和炭疽病也具有抑制作用，且发病指数随着灌量的增加而降低，早期落叶率逐渐下降。

4. 避雨栽培

在福州地区开展避雨栽培试验结果显示，避雨栽培可有效遏制梨早期落叶病的发生。9月中旬一般梨园平均落叶率90%以上，避雨栽培低于24%。10月中旬一般梨园返花返青株率50%以上，避雨栽培低于8%。

5. 化学控梢

在杭州余杭区鸬鸟镇梨园选择开始自然落叶的翠冠梨树，摘掉70%左右的叶片，进行药剂喷施处理的试验结果表明，对照组的短枝芽萌发率达到50.6%，而2，4-滴和NAA处理的萌芽率仅为29.7%和26.2%，表明0.01%的2，4-滴和0.05%的NAA能够明显抑制短枝芽的萌发。

6. 示范应用

已在福建建宁、四川成都梨产区建立早期落叶综合防控技术核心示范园800亩，在湖北、江苏、贵州、江西、福建、四川、云南、安徽、重庆南方梨产区辐射推广早期落叶综合防控技术5万亩。

七、梨果贮藏保鲜与精深加工技术创新与应用

1. 梨采后品质控制关键技术研发及其集成应用

梨是我国大宗果树之一，近二十余年来，梨产量高速增长，品种更新换代加快，产后压力不断增强。2016 年，我国梨种植面积达 113 000 hm²，产量达 1 870.4 万 t，占世界梨总产量的 73.5%，年贮藏能力 500 万 t 以上，出口量世界第一。采后贮运品质控制是梨产业持续健康发展的必需环节，该成果以我国主栽大宗、优新和特色梨果品种为对象，经过十余年产学研联合攻关，构建了我国主栽梨品种采后品质控制关键技术体系，研发了梨采后品质控制关键技术配套装备。核心成果包括：

①构建了梨采后生物学基础数据库及采收标准体系。在系统研究了我国 20 个主栽梨品种果实品质、呼吸模式、乙烯生成、二氧化碳敏感性等采后主要生物学特性的基础上，构建了我国梨采后生物学基础数据库；建立了基于乙烯释放量的多寡、峰值高低的梨果实分类方法。并通过对 10 个主栽梨品种采收成熟度研究，构建了其采收标准体系，为梨采后品质控制技术研发奠定了理论基础。

②创建了梨采后品质绿色精准控制技术体系。系统研究了砀山酥梨等 13 个梨品种预冷、精准冷藏温度、1-MCP、自发气调（MAP）以及气调（CA）的贮藏技术，提出了上述品种基于不同贮藏期限的梨精准冷藏温度、气调参数、气调特征指标及方法；构建了砀山酥梨等 16 个主栽梨品种 1-MCP 保鲜处理技术，特别制定了针对鸭梨等二氧化碳敏感品种的 1-MCP 保鲜处理关键技术。明确了梨黑心病、虎皮病、黑点病发生机制，并构建了上述病害监测预警与绿色防控技术体系；筛选出梨采后病害高效生防菌株 3 株，实现了梨销售时间和空间范围的有效延伸。

③研发了梨采后品质控制技术配套装备。设计了梨电商物流运输过程中磕碰伤防控包装装置，提高了电商销售模式下梨果的商品果比率；发明了用于气调贮藏试验的气体精准控制装置，提高了试验研究的准确性和科学性；研制了气调系统中气体成分的监测装置，降低了企业气调冷藏技术风险；研发了节能环保家庭微型冷库专用机，满足了现代休闲果园及家庭用冷库的需要。

④示范应用。制定标准及轻简化技术 12 项；获授权专利 4 项；主编、参编著作 5 部，发表论文 81 篇。成果先后在河北、山西、陕西、辽宁、北京等

15 个省（直辖市）梨产区 40 余家贮藏企业示范应用，示范贮藏量累计 50 余万 t，新增产值 11 亿元。通过现场培训、实地指导以及微信群等方式对果农、企业存在的技术问题给予实时动态指导，培训果农和技术人员累计 1.5 万余人次，技术辐射 80% 的梨果主要贮藏县市，带动就业 2 万余人，经济、社会和生态效益显著。

2．梨果精深加工技术研发及产品创制

①提出梨快速无损检测 1 项，获得果实成熟度快速判定软件著作权（2018SR272157）。

使用 DA meter 得出 I_{DA} 值，确认 I_{DA} 值与已有的果实成熟度指标（如硬度、可溶性糖含量、外观色度、种子褐变程度等）密切相关，因此，由 I_{DA} 值判断梨果实的成熟度，达到快速无损检测的目的。应用时，将果实平放在桌面，然后借助 DA meter 设备测定果实胴部不同部位的 I_{DA} 值，计算得出 I_{DA} 值的平均值即可，然后根据 I_{DA} 值推断果实的成熟度。

②提出梨简易商品化处理主推新技术 2 项（低乙烯和包装技术、低温调节控制技术）。

A．低乙烯和包装技术。采用微孔保鲜膜和 1-MCP 商品化处理可明显延长黄冠梨、玉露香、红香酥、早酥红等果实的常温货架时间，并且减少腐烂和褐变。采用微孔保鲜膜（规格 30 cm×40 cm，通透系数二氧化碳/氧气为 6.86）结合 1-MCP（每 10～15 kg 果实使用量为 0.625 g）商品化处理，可明显延长玉露香、红香酥、早酥红、七月红等果实常温货架时间，并减少腐烂和果心褐变；货架期可分别延长 50%、50%、78%、133% 以上。

B．低温调节控制技术。研究提出低温调节（10℃预处理 3～6 d）技术明显减少黄冠梨果面褐斑，保持果实贮藏品质；货架期逐步升温控制技术（控制在 15℃以下），明显改善货架期果实品质。

③提出梨酒产品加工新工艺 2 项（冰梨酒加工和混合菌发酵梨酒）。筛选了梨酒发酵高效菌株（酿酒酵母 71B）、梨醋发酵高效菌株（醋酸杆菌属巴氏醋酸杆菌），初步进行梨酒特征性成分鉴定。获得授权专利：一种高 r- 氨基丁酸梨酒的酿造方法（201410717154.2）。

第三节　产业领军人才和青年后备人才的培养

一、团队科技人才培养

国家梨产业技术体系注重产业领军人才与青年后备人才的培养，在促进团队拔尖人才的科研创新能力发展的同时，鼓励团队成员积极参与到产业服务中去，不仅加快了新技术推广应用的力度，也培养了大量的科技后备人才。目前体系共有200多名团队成员，涉及土肥栽培、病虫防控、品种试验、贮藏加工、产业经济等领域，其中22人入选现代农业产业技术体系后备人才队伍。梨体系研究团队力量不断加强和壮大，为保障梨产业健康、可持续发展做好充分的人才储备。

依托体系建设，通过积极开展各种形式的产业技术或学术交流活动，营造融洽的知识共享氛围，促进产业技术研究水平的提升和各岗站之间的交流协作。自2009年以来，已举办主题分别为"梨新品种、新技术、新模式""梨果实品质提升技术""梨园病虫害防控与土壤肥料管理"等全国性的梨产业学术交流会。各功能研究室、试验站也通过举办相关领域的交流和讨论会，相互学习，取长补短，共同提高。

二、地方技术骨干培养

2008年以来，国家梨产业技术体系依托各岗站与百余个示范县的农技推广部门进行了对接。一方面，以综合试验站为主体，组织当地农技推广骨干和技术人员参加梨体系的学术活动和现场观摩会；另一方面，根据当地梨产业情况，选择适宜的新品种、新技术，通过地方政府部门、地方梨业协会等联合开展技术培训，对示范县基层技术人员进行培训，培养了一大批地方技术骨干。

以综合试验站为核心，充分发挥示范基地在科技培训、示范引导等方面的积极作用，辐射带动周边农户采用先进栽培管理技术，同时大力开展基层农技推广骨干和种植大户技术培训工作，提高基层技术人员的素质水平，培养了一批实用型产业技术人才。2013年，梨产业技术体系依托武汉综合试验站在湖北省累计举办大型的培训班10余次，累计培训梨农、农技骨干人员等近千人次，超过80%的受培训人员掌握了2项以上的实用技术，有近30%的受培训人员成为当地种梨能手，近20%成为当地科技示范户，为新农村建设培养了一批应用新技术的明白人、发家致富的带头人和带领群众致富的领头人。如湖北省钟祥市旧口镇砂梨种植大户张福荣因种植技术全面、梨园管理水平高、种植效益好而荣获"2013年荆门市乡土之星"荣誉称号，受到荆门市委组织部表彰，进一步激发了地方种植大户发展梨产业，服务、带动乡邻致富的热情。

第三章　产业技术体系建设带动我国梨科研创新高速发展

第一节　我国梨科研发展历程

中华文化源远流长，曾经为人类发展做出过巨大的贡献。通过我国众多古籍中对于梨及其生产技术、经验的记载，可以发现我国梨产业科技也经历了从无到有、逐渐进步的过程。

早在公元前 1000 年左右的《诗经·秦风·晨风》就有这样的记载："山有苞棣，隰有树檖。"《尔雅·释木》："檖萝。（注）今杨檖也，实似梨而小，酢可食。又有："梨，山樆。（注）即今梨树；（疏）梨生山中者，名樆。……植之曰梨。"说明梨在我国至少有 3000 多年的栽培历史。到 2000 多年前左右，有选择地栽种梨树的意识和实践已经相当普及，相关记载见于《山海经》《庄子》《韩非子》《尔雅》等古籍，其中都出现过"梨"字，可能是指梨栽培种中的大果形品种，包括秋子梨、白梨和砂梨等。

此后自秦汉以来，梨的栽培面积得到扩展，梨品种也得到丰富和发展。西汉时期的《西京杂记》记载了汉代皇家园囿中栽种的不少良种梨树，"初修上林苑，群臣远方各献名果异树，亦有制为美名，以摽奇丽者。梨十：紫梨、青梨（实大）、芳梨（实小）、大谷梨、细叶梨、缥叶梨、金叶梨（出琅琊王野家，太守王唐所献）、瀚海梨（出瀚海北，耐寒不枯）、东王梨（出海中）、紫条梨。"（〔北魏〕贾思勰著，缪启愉校释，1998 年）。瀚海，即今新疆塔里木盆地一带，这表明，最迟在西汉时期，新疆就有梨树的栽培。中国古代地理著作《三辅黄图》也曾引用《云阳宫记》的内容记载了"上林苑"中的梨园盛况："云阳（县）车箱坂下，有梨园一顷，梨树百株，青翠繁密，望之如车盖。"在汉代的上林苑，有种植果木菜蔬、栗、梨等的水果园，甚至还有专门栽培棠梨的棠梨宫。汉代梨的栽培和选育成就在新中国成立后进行的考古工作中也得到了相关资料的证实，如 1972 年湖南长沙马王堆汉墓中，就发现有梨的遗物和关于梨的竹简记载，并发掘出距今 2 100 年前的保存完好的梨核和成筐的梨。这说明在 2 000 多年前的秦汉时代，梨不仅有了大量栽培，而且有了很多栽培品种，甚至有防治虫害的方法了。

至魏晋时期，梨树的栽培、繁育技术有了长足的发展。北朝时贾思勰所著的综合性农书《齐民要术》系统地总结了 6 世纪以前黄河中下游地区农牧业生产经验、果树栽培、食品的加工与贮藏等。它不仅记载中原地区的多种梨树品种，还总结了梨树的嫁接、栽培技术和果实储藏技术："种者，梨熟时，全埋之。经年，至春地释，分栽之；多著熟粪及水。至冬叶落，附地刈杀之，以炭火烧头，两年即结子。……每梨有十许子，唯二子生梨，余者生杜。插者，弥疾。插法用棠、杜。棠，梨大而细理；杜次之；桑梨大恶。枣、石榴上插得者，为上梨；虽治十，收得一二也。""凡插梨，园中者，用旁枝；庭前者，中心。……用根蒂小枝，树形可憘，五年方结子。鸠脚老枝，三年即结子而树丑。"记载了种梨先用杜梨做砧木，嫁接时用皮接的嫁接方法，这是梨品种培育上的巨大进步。这一时期梨树繁殖已从培养实生苗转向无性繁殖，并对实生苗容易变异和嫁接的方法以及如何选择接穗等都有详细的记述。这些经验对今人仍有借鉴意义。由这些记载可知：在魏晋北朝时代，北方地区各地均产梨，其中今河南洛阳、商丘、登封、灵宝，河北正定、平乡，山东巨野、临淄，以及山西东南部和陕西关中一带，乃为著名的梨产区。

唐宋时期，梨栽培兴盛并向境外传输。这一时期不仅栽培的区域广，品种多，赞美梨及梨花的诗词也是络绎不绝，据不完全统计有关梨、梨花的诗词就达三百多首，可见这一时期梨之兴盛和人们对梨的喜爱之情。同时，这一时期作为我国原产的梨也开始进一步向外传播。

元明清时，梨树的栽培更为普遍，并且梨在水果中的地位逐渐上升，《农书辑要》和《王祯农书》把梨列为首位，排在诸多水果之前，可见当时的人们对梨的喜爱和尊崇。《元一统志》载："惠州、兴州、中州、建州皆土产梨。"《钦定热河志》称："蒙古谓梨为阿里玛图，建昌县境内有阿里玛图谷，亦以有梨处得名。"北镇为辽宁西部著名梨产区，除唐书有记载外，《大清一统志》（清乾隆年间撰）记载："有广宁医巫闾山梨为贡品。"这说明东北在这一时期已成为梨的主要产地（王永多，1981）。清顺治十四年（1658 年）编写的《西镇志》中记载："梨，河西皆有，唯肃州、西宁为佳。"清康熙七十五年（1686

年）编的《兰州志》中还有"金瓶梨、香水梨、鸡腿梨、酥密梨、平梨、冬果"的记载。清雍正六年编辑的《甘肃通志》中记载："兰州出梨"，"梨花靖远最多"，"梨兰州者佳"。再一次说明了清朝初期，兰州、靖远、河西梨的分布情况。据明代嘉靖癸巳年（1533年）《山东通志》记载："梨，六府皆有之。其种曰红消、曰秋白、曰香水、曰鹅梨、曰瓶梨，出东昌、临清、武城者为佳。"《王祯农书》之《农桑通诀》记载了"身接、根接、皮接、枝接、靥接、搭接"六种嫁接的方法，对我国梨树的嫁接技术做了全面的总结，这仍然是我们今天主要的嫁接方法。

鸦片战争至新中国成立前的一百多年里，国弱民穷，战乱不断。民国时期，国外的农业科技虽然通过多种途径和形式，向中国传播，在一定程度上改造了传统农业，提高了生产力水平，但由于连年战争，内忧外患，经济萧条，加之政治制度和传统思想的约束，农业技术的推广范围有限，我国整体的果树栽培业，根本谈不上发展，无数山林果园遭受破坏，果树栽培业濒于绝境。如当时我国最大的梨产区之一的辽宁省，在抗战前该省有名的梨产区——北镇最高年产量曾达到50 000 t，绥中最高输出量曾达1 400车厢；日寇入侵以后，为了统治和压榨中国人民，实行并村政策，山区人民均被逐出家园，果产区人口损失严重，果农与果园远离，果园因而荒芜。山东省著名的莱阳梨产区，抗日战争期间，梨区西面和北面沿河的防护林遭到敌人严重破坏，砍伐殆尽，已完全失去防风固堤作用。每逢4月花期，北方寒流过境，梨树几乎年年受冻；每当雨季，河水高涨，洪流四溢，梨树遭受涝害，树势变弱，产量因而锐减。

1949年新中国成立后，在原中央研究院和北平研究院的基础上成立了中国科学院等一批科学技术协调与研究机构，中国的科学技术发展进入了崭新的历史阶段。果树产业也迅速得到恢复和发展，取得了很大的成就。20世纪50年代初期，党和政府制定了一系列的政策和措施，来保护和恢复果树生产。土地改革使果农得到了果园，发放专业贷款，规定粮果比价，提高了果农的生产积极性。

1956年是中国现代科学技术发展史上的一个重要里程碑。是年1月，中国提出了"向科学进军"的口号，制定出中国第一个发展科学技术的长远规划，即《1956年至1967年科学技术发展远景规划》，随后许多重大科技计划相继出台，其中就包括国家现代农业产业技术体系等，这些科技计划鼓励紧紧围绕农业等领域国民经济、社会发展和科技自身发展的重大科学问题开展多学科综合性研究，在提高我国自主创新能力，坚持战略性、前沿性和前瞻性的基础上，以前沿技术研究发展为重点，统筹部署高技术的集成应用和产业化示范，充分发挥高技术引领未来发展的先导作用，从此，我国科学技术事业开始进入了一个有计划的蓬勃发展的新阶段，农业科技包括梨产业科技都得到了迅速发展。

首先在相关基础理论研究方面，从我国支持基础研究最大的主渠道——国家自然科学基金委员会资助的自然科学基金项目中可以看出，自1999年以来，50多项与梨相关的研究项目得到国家基金委资助，资助总额接近2 000万，其中仅2012年就资助了16项。这些项目主要涉及梨的品质形成机理与调控、遗传育种与种质创新、生殖生物学、肥料营养学等领域。在相关项目的资助下，通过我国研究人员的不断努力，我国梨行业的相关基础理论研究取得了重要进展，有的已经居于世界研究前沿。例如，在梨的生殖生物学方面，我国科学家已系统研究了梨自交亲和与不亲和性的遗传特性和分子机制，提出了梨品种自交不亲和性强弱取决于花柱内S基因所表达的S-RNase量，阐明了自交亲和性变异的分子机制，发明了培育自交亲和性种质的原理与方法，并创新了梨的自交亲和性品种和多个自交亲和性品系。此外，还进一步探讨了梨花粉和雌蕊识别过程中的信号转导机制，证实了参与梨雌蕊与花粉识别的信号分子，明确了花柱S-RNase是通过PLC-IP3信号转导系统调节花粉管尖端钙通道，而改变花粉管内Ca2+信号梯度，引起花粉管生长的差别，并阐明了自花、异花花粉管生长过程中超微结构变化的差异。通过上述研究，我国科学家成功地找出抑制梨"近亲繁殖"的原因，这对最终了解自花授粉不结实的机制具有重大而深远的意义。关于梨自交亲和与不亲和机理的研究及应用于2011年获得了我国梨育种领域第一个国家科技进步二等奖，同时也成为梨研究领域中的第一篇"全国百篇优秀博士论文"。

在开展的基础研究中，分子生物学研究方法已越来越多地被应用到生理现象内在机制的研究中，科研人员用遗传转化方法对梨进行遗传改良，用以弥补传统育种的不足。通过探索并及时应用生物技术等先进手段，已使一些梨的品质和抗逆性等性状得到了改善。梨的转基因研究已多见报道，我国科学家已通过茎尖培养、叶片培养及其他外植体的离体培养等手段转入了抗病、抗虫等基因，获得了转基因梨植株，如赵瑞华等将抗真菌γ硫堇蛋白*Rs-afp1*基因导入丰产梨获得了转基因植株，汤绍虎等将抗虫的*Cry1Ac*基因导入雪青梨，获得转基因植株。

2012年底，我国科学家又领衔完成了全球首个梨全基因组测序计划，首次应用新一代Illumina测序平台结合BAC-by-BAC策略，高质量地完成了高杂重复序列的二倍体果树基因组测序和组装，组装梨基因组长度达512.0 M，约占梨基因组全长的97.1%，通过高密度遗传连锁图谱实现了与17条染色体的对应关系，注释梨的蛋白基因4.2万个。通过系统进化研究，进一步提出蔷薇科物种的祖先为9条染色体，梨的17条染色体进化经过了全基因组的复制以及染色体的重组和丢失。在与苹果基因组的比较研究中，明确了苹果与梨的分化大约发生于2 150万～540万年前，两者在基因组大小上的差异主要是由重复序列引起的，而基因区十分相近。同时，结合基因表达谱研究，明确了梨自交不亲和性、果实石细胞代谢、糖代谢、香气形成的重要分子机制。该项研究将为今后深入开展梨重要功能基因的挖掘和利用，基因组指导下的高产、优质、低投入梨新品种培育提供全新的科技支撑平台。

在梨种质资源调查、评价方面，我国科研工作人员在各重点产区开展梨资源调查的基础上，编写了全国的《中国果树志》第三卷《梨》、《梨品种图谱》，对梨属植物进行了分类，同时建立了国家梨树种质圃；利用已有资源，进一步开展了梨的形态特征、生物学特性、细胞学和同功酶的研究；通过细胞学鉴定，明确杏叶梨为三倍体，而在白梨、秋子梨和砂梨中都有三倍体品种的存在，鸭梨、库尔勒香梨中有2-4型嵌合体芽变；此外，同功酶的研究，显示了梨属植物具有共同的酶谱特征，但种间也有差异，杂种的谱带出现分离，说明谱带与性状有一定的关系。随着分子生物学技术的发展，AFLP、RAPD、SSR等分子标记方法也越来越广泛地被应用到品种资源的鉴定上，如沈玉英等应用RAPD标记技术对梨属植物，尤其是东亚原产种的系统关系进行了较为系统的研究，明确了原产东亚的日本豆梨、朝鲜豆梨和柯氏梨与豆梨的近缘关系，从DNA分子水平证明褐梨和河北梨含有杜梨的"血统"；曹玉芬等利用SSR标记对梨41个栽培品种进行遗传多样性分析，12对SSR引物扩增出114个等位基因，平均每个位点9.5个，位点杂合度在0.151 7～0.707 9，遗传多样性指数为0.463 0，用两对引物（*BGT23b*和*CHO2D11*）即可区分出芽变品种之外的全部供试品种。路娟等则利用来自苹果的8对EST-SSR标记对48份梨种质资源进行了遗传多样性研究，8对EST-SSR引物在供试材料上均能扩增出与苹果大小相似的产物，所有引物共检测到140个基因位点，其中多态性位点 129 个，多态性比例为 92.14%，并且可成功区分不同品种。

引进品种方面的工作成效显著。国外品种在中国的引种筛选已有百余年的历史，经过长期的试栽，已在我国一些地区初见成效，取得了明显的经济效益和社会效益。如 1890 年前后烟台地区首先引入西洋梨，品种主要有巴梨、茄梨、早红考密斯、红安久等。近年来，由于部分地区梨的发展过快和品种结构失调，国内亚洲梨市场饱和的同时，西洋梨在我国大中城市却一直保持较高的售价，因此，以环渤海湾地区为中心的果农把种植西洋梨作为调整品种结构的首选。此外，日本及韩国的丰水、新高、二十世纪、幸水、园黄、黄金梨、华山等梨品种在我国也得到大量发展。

在国内品种选育方面，人工杂交育种仍然是我国最为有效的梨育种技术，近年来，基于对梨相关性状遗传规律研究的基础，我国育种家通过杂交育种手段育成了翠冠、黄冠、中梨 1 号、红香酥、玉露香等多个新品种。特别是 2010 年后，又育成了早金香、早金酥、玉绿、翠玉、红月梨、玉酥梨、红香蜜、苏翠 1 号、苏翠 2 号等品种并通过审核；此外，通过芽变选种手段还从传统的优良品种中选育出了南红梨、砀山新酥梨、徽香梨等新品种；在抗寒性方面，包括寒红梨在内的新品种因具有较强的抗寒力而扩大了梨的栽培范围，不断向北部寒冷地区推进。上述品种的推广和应用极大地丰富和改善了各地区的栽培品种组成，促进了良种化进展。

近年来，针对国内外市场对风味浓、石细胞少、果皮色泽鲜艳、果心小、耐贮藏的新品种需求量不断增加的现状及市场多元化发展的趋势，我国梨育种目标也在不断进行调整，在加工、矮化密植、绿色抗病等新品种的培育方面开展了大量而深入的研究工作。此外，我国研究者一直在努力加强与基础生物科学研究部门的协作，借鉴国外成功的方法和经验，设法提高梨的食用和保健价值。

在新品种选育的基础上，近年来，我国梨行业的专家围绕与新品种配套的栽培、病虫害防控、采后贮藏保鲜等各方面都开展了有针对性的产业技术研发，并取得了一些实质性的突破。专家们结合多年来的技术和知识积累，通过系统性研发很快集成或创新了一些有应用价值的技术产品，并且这些技术成果迅速在生产中得到试验示范，很大程度上解决了生产实际问题，给果农和整个梨产业带来较大的收益。例如，针对目前农村劳动力匮乏，劳动力成本不断提高，对梨园管理的省工省力化要求极为迫切的现状，在人工辅助授粉方面，科学家提出了有效的梨树液体授粉技术。这项技术比常规的人工点授效率约可提高 10 倍以上；同时，该技术还解决了常规果树液体授粉中花粉不能均匀溶于水、花粉容易黏附容器壁、花粉堵塞喷头以及喷粉不均造成授粉效果差，而无法真正实际应用的问题。2011—2012 年，在库尔勒及兰州综合试验站等开展田间试验与示范，结果显示液体授粉技术不仅节省了田间授粉用工量的 90%，授粉效果良好，完全可达到生产要求，因此，该技术也获得了国家授权发明专利（专利号：ZL201110234023.5）。在果实管理方面，针对库尔勒香梨、莱阳茌梨、砀山酥梨等名特优品种果实宿萼（俗称"公梨"）问题而导致的内外品质下降，影响果品效益的问题，专家们又研发了脱萼剂（专利号 ZL201010522173.1），可使梨脱萼的果实（俗称"母梨"）比例达 98% 以上，有效地解决了这些品种"公梨"的问题，同时通过与杀菌剂结合使用，达到了省工高效的生产目标。

省力化密植栽培模式相关技术也得到了一定创新，梨大冠稀植栽培模式得到变革，集成了包括育苗与建园、地下管理、整形修剪、花果管理、田间作业方式等多方面的"梨密植省力化栽培模式"综合管理技术，实现了苗木定植后 2 年结果，3 年丰产，盛果期稳定在每亩 5 000 kg 左右的高产水平，优质果率达 93%，降低生产成本 46%，节省劳动力 41%。通过试验示范该栽培模式和技术，获得了良好的成效，这对于适应新的生产力转变下，新型梨园建立具有重要的实践指导意义。

针对不同地区的栽培生态条件、树体发育特征以及光合利用效率等研究，形成了一些实用、简便的新树形和配套管理技术，如倒"个"型、倒"伞"型、"三线一面"新型棚架式、双臂顺行式等两主枝棚架树形。这些树形分别克服了原来树体整形复杂、个体大难控制、花费时间长、技术难掌握等问题，可能成为未来我国梨树栽培的主要形式。

此外，在梨园配套机械研发上也有新的进展，例如对梨园枝条粉碎机的研制，通过对已有果园枝条粉碎机改进设计，逐步完善结构功能，提升工作性能，在新疆、甘肃、江苏等地都有示范推广。同时配套开展了粉碎枝条的发酵堆肥技术及食用菌基质改良等技术研发，筛选出梨树修剪枝条高效分解菌，提出了利用枝条堆肥过程中碳/氮比、水分含量、接种分解菌几个技术要点，并研发出适合梨园施用的"促生、解磷、氨基酸"生物有机肥。

在梨主要病害防控方面，西北农林科技大学研究了亚洲梨对黑星病的抗性及其相关机制，并从梨抗黑星病抑制消减文库中筛选出病原菌诱导特异表达基因片段，通过 RACE 技术克隆获得其全序列。同时，我国一些检验检疫局或植保站也进行了病害防治理论及技术的研发，如比较研究了日本梨黑星病菌与欧洲梨黑星病菌的多聚半乳糖醛酸酶分子量，研发出了一种有效防治梨黑星病的配方（70% 甲硫·氟硅唑可湿性粉剂 2 000、2 500 倍液），在梨黑星病侵染期持续用药 5 次，末次施药后 10 d 在叶片和果实上的防效在 81% 以上。而导致砀山酥梨果实腐烂和叶脱落的病原真菌被鉴定为胶孢炭疽菌（*Colletotrichum gloeosporioides*）或其有性型——围小丛壳菌（*Glomerella cingulata*），代森锰锌、Bilu2 号能有效控制该病害。砂梨上苹果褪绿叶斑病毒也得到分离和鉴定，为进一步了解 ACLSV 的分子变异以及血清学检测的应用奠定了基础。此外，保存于国家梨种质资源圃的 182 个梨品种果实对轮纹病的抗性得到评价，水杨酸提高梨轮纹病抗性的机理得到阐明，碳酸氢钠结合枯草芽孢杆菌处理也可以提高对梨果实贮藏期轮纹病的生防效果。

在梨主要虫害防控方面，西北农林科技大学研究了梨小食心虫滞育幼虫对低温的生理适应性，并提出暗黑赤眼蜂（*Trichogramma pintoi* Voegele）是一种潜在的防治梨小食心虫的寄生蜂。中国农业科学院郑州果树研究所研究并明确了性信息素缓释剂防治梨小食心虫的持效期及合理使用密度。甘肃临夏州森林病虫害防治检疫站首次发现了乌苏里梨喀木虱（*Cacopsylla burckhardti*），并研究了捕食性天敌泛希姬蝽成虫对其的防治作用。新疆巴音郭楞蒙古自治州农业科学研究所采用聚集度指标分析了山楂叶螨聚集强度的空间格局与时序变化，以指数模型进行拟合数量动态，运用最优分割法分析了山楂叶螨在库尔勒香梨上的种群动态，指出塔六点蓟马和深点食螨瓢虫是山楂叶螨的主要天敌，越冬代和第 2 代是山楂叶螨的防治关键期。中国农业大学则从分子水平对中国 16 个地区梨木虱种群进行了遗传多样性分析，并对不同杀虫剂对梨木虱毒性大小进行了评价，筛选出了防治梨木虱的有效药剂。

在梨果的贮藏加工方面，我国已经开展了库尔勒香梨、砀山酥梨、雪花梨等十几个梨品种的贮藏保鲜技术研究，包括不同品种梨果货架期间的防褐变技术，物性测试仪检测梨果采后质地变化技术，电子鼻分析货架期间果实的香气技术，维持贮藏期间果实品质和减少腐烂等技术研究，获得相关专利 10 余项。梨汁加工技术则日趋完善，目前筛选了有关酿酒与酿醋的高效菌株，进行了加工品种筛选，研发了固定化发酵酿醋工艺技术参数，多功能产品和风味醋饮品相继问世。此外，利用微波、超声波提取的方法进行梨果中果胶、酚类物质、纤维素等有效成分的提取，将大大提高梨的利用率和产值，减少环境污染和资源浪费，具有十分广阔的前景。

新中国成立后，由于国家对农业科技的重视，尤其是国家现代农业产业技术体系对梨产业的稳定支撑，使我国梨产业科技得到很大发展，目前已经建立起包括品种选育、栽培、贮藏、加工等在内的系统性的产业技术体系，但需要指出的是，梨的科研要想取得更大的成就，还有赖于加大对梨的科研和投入，有赖于优异梨基因资源的深入开发和利用，特别是加大对野生资源中高产、优质、抗病性强等基因的研究、开发和利用的力度。特别是在近十年来，我国梨的基础及应用基础研究水平和实力提升较大，在国际上的影响力稳步上升，在部分领域的研究成果已经引领了国际研究前沿。从各类成果的完成单位来看，多数为梨产业技术体系的相关单位和人员。这些成果的取得与体系经费的稳定资助密不可分。

2008 年梨产业体系建设运行以来，围绕梨体系的建设目标，在全面摸底调研的基础上，针对影响梨产业发展的关键问题，组织体系专家及团队成员开展协同攻关和关键技术研发。例如，针对目前梨产业中普遍存在的良种良法不配套、传统栽培模式果园管理复杂、生产效率及效益较低、南方梨秋季早期落叶及异常开花较为普遍、采后生理病害严重、成熟期集中、鲜果供应期短及经济效益低等突出问题，重点开展了不同熟期的优良品种筛选与选育、采后贮运保鲜关键技术、轻简化栽培模式及配套技术、梨早期落叶成因及综合防控技术研究与示范、果园农机具研发与示范等，在产业科技创新、产业关键技术研发与示范、示范园建设等方面取得了一系列重要进展。2007—2016 年，全国梨栽培面积增长了 3.9%，总产量增长了 49.5%，单产提升 43.8% 以上，为促进我国梨产业发展水平的总体提升、保障我国梨产业健康可持续发展提供了强有力的科技支撑，得到了上级主管部门及社会各界的充分肯定。

同时，密切关注我国梨产业发展动态，鼓励体系人员在圆满完成体系重点研发任务之外，围绕梨园土壤管理及水分调控、梨果品质提升、梨园生态因子对梨树体发育及品质影响的机制及调控、梨果品质无损检测及分级，以及梨基因芯片开发等前瞻性、储备性技术展开研究，以确保梨产业发展的后劲与可持续性，在引领梨科技创新、推动果业提质增效方面做出了突出贡献。

第二节　种质创新与苗木繁育

一、梨种质资源的收集、评价与共享

在已有梨种质资源圃的基础上，国家梨产业技术体系广泛开展资源普查工作，组织人员赴国内山东、云南、甘肃、福建、湖北及国外俄罗斯等地收集砂梨野生资源、豆梨、杜梨资源近200份，砧木资源85份，对每份资源进行了详细地形态学观察记载，并进一步开展同工酶和分子标记研究，将核心类型加入国家种质资源圃保存，新增数据库资料500余项。收集早熟、短低温及特异（抗性、贮藏性）品种资源，完成30～40个品种及其亲本的成熟期、果形、颜色、果重、可溶性固形物、糖、酸等内外品质指标的测定分析。收集评价砧木资源32个，筛选优良砧木类型33个，提出砧穗亲和性田间鉴定指标，建立了梨的微嫁接体系。在进行资源收集及评价过程中，通过提供果实、叶片、花粉、枝条等方式与中国农业大学、南京农业大学、浙江大学、安徽农业大学、青岛农业大学等科研单位共享梨种质资源数百份。

初选出10个极早熟和20个极晚熟种质，建立极早熟和极晚熟梨种质区试点4个。

完成83份梨种质资源的早果性评价，筛选出在适宜生态区始果年龄为1年的梨优良品种14个。

利用Attune流式细胞仪，完成150份梨种质染色体倍性评价，鉴定已知多倍体10份，筛选出多倍体种质资源14份。

评价176个品种的外观品质和内在品质性状。筛选出综合性状优良的梨品种21个。

开展不同优势产区轻简化高效栽培适宜品种筛选研究，筛选出适宜轻简化栽培的品种有7个，分别为满天红、美人酥、爱宕、翠玉、晚秀、雪青、圆黄；并通过对疏散分层形、开心形、Y形、圆柱形、倒"伞"形等不同树形进行梨品种生物学特性评价，筛选出各品种适宜的轻简化栽培树形和株行距。

开展了梨种质资源抗病性评价及杂种后代抗病性鉴定工作，筛选出抗黑星病、腐烂病、轮纹病、锈病单株150余株；对保存于国家梨种质资源更新圃的

182 个品种进行果实轮纹病抗性评价。

完成了 68 份梨种质资源的果实贮藏性评价，筛选出贮藏期超 120 d 的白梨品种 17 份。

针对我国目前保存的近千份种质资源，通过梨果汁加工品质实验研究综合分析和鉴定评价，筛选出 12 个适宜于鲜榨汁的品种。

二、梨新品种选育与育种技术创新

系统评价国内外梨种质资源 500 多份，发掘自花结实性品种资源 4 个。阐明了梨自花不结实性机制，发明了梨自花结实性种质创新的方法，建立了梨自花结实分子标记辅助育种技术体系，创制了综合性状优良的自花结实性新种质 11 份，杂交育成宁翠、早冠等自花结实性优质早熟梨新品种。通过重要功能基因挖掘、分子标记等分子生物学手段，系统研究梨的遗传规律，并开展缩短梨育种周期的高效育种技术研究。2008 年以来，共育成综合性状优良的梨新品种 30 多个（含自花结实性新品种 2 个），获得新品种权 14 个，并在全国主要产梨省（市）示范推广。相关成果获国家科技进步奖二等奖 1 项，教育部自然科学一等奖 1 项。

（一）新品种选育

在资源收集、整理与评价工作的基础上，以成熟期、品质、抗性、特色品种为目标，通过杂交手段，配置杂交组合，开展梨新品种及砧木资源的培育与示范工作。

2008 年以来，累计在河南、浙江、辽宁、吉林、河北、湖北等地配置完成杂交组合 415 个，获得杂交种子 130 000 余粒。定植杂交实生苗 52 400 多株，筛选综合评价中上优株、优系及特异种质 700 余个，积累评价资料 52 000 份。

共育成综合性状优良的梨新品种 30 多个（含自花结实性新品种 2 个），获得新品种权 14 个，"梨自花结实性种质创新与应用"与"梨优质早、中熟新品种选育与高效育种技术创新"成果分别获得 2011 年、2018 年国家科技进步奖二等奖各 1 项。

开展梨新品（种）系配套技术研究，提出配套技术要点，形成新品种栽培技术规范 5 套，制定新品种栽培技术规程 3 套；完成了地方绿色食品梨栽培技术标准 1 套；提出了砧穗亲和性鉴定技术方案 1 套。

在近20省（直辖市、自治区）建立新品种比较试验园，筛选及选育的新品种及配套技术在长江中下游地区、华南地区、华北地区、东北地区等区域辐射，推广面积已超过500万亩。

（二）遗传规律研究

1. 梨品种资源的重测序及全基因组遗传变异研究

开展113个梨品种资源的重测序研究，利用HighSeq 2000测序平台共产生7 000多Mb数据量，以砀山酥梨基因组为参考进行比对，通过单核苷酸多态性（SNP）calling共产生18Mb SNP数据，平均每千碱基对（Kb）产生90个SNP。为进一步开展全基因组范围的遗传差异分析奠定了基础。

2. 杂交群体的重要品质性状遗传规律研究

利用砀山酥梨和丰水梨正反交群体研究果实品质性状的遗传规律，明确了母本的选择对果实中有机酸的含量具有重要的影响；可溶性糖组分和总糖含量没有显示出明显的母本效应。草酸和苹果酸，莽草酸和奎尼酸，以及柠檬酸和莽草酸组分之间显示了显著的正相关性。果实的单果重、纵径和横径都呈现出变小的趋势，单果重表现为多基因控制的数量性状遗传，果形指数的遗传传递力较大，受到亲本的影响很大；可溶性固形物含量为数量性状遗传，表现出明显的加性基因控制效应，出现了较多的超亲个体；果实石细胞含量与亲本关系密切，呈趋中分布。对新高×红香酥的F_1代杂交群体重要性状遗传特性研究，发现果实单果重、纵径、硬度、石细胞含量、可溶性固形物含量等均属数量性状遗传。

3. 梨品种资源的群体遗传研究

对世界范围分布的110多份代表性梨品种资源重测序分析，研究揭示了所检测的梨品种资源总体分为两大种群。遗传结构分析表明，西洋梨具有相对纯合的遗传背景，栽培群体与野生群体没有明显的遗传组成差异；而东方梨的遗传关系较复杂，存在多个亚群，并且表现出与相应地区野生种较近的亲缘关系。此外，还发现一些野生种属于杂交类型，而非原初种，例如 *Pyrus xerophila*，*P. hopeiensis*，*P. regelii*，*P. fauriei* 及 *P. sinkiangensis*。

结合实地资源考察发现，藏梨主要分布在四川的巴塘、得荣、乡城、泸定；云南的德钦、贡山；西藏的芒康、墨脱等地，虽然品质较差，但抗性很高。利用梨的134对核心SSR标记，对29个藏梨资源，以及来源于云贵川等地的砂梨品种进行遗传关系分析，结果表明藏梨和砂梨具有相对近的亲缘关系；藏梨资源间的分化主要原因可能是金沙江形成了地理隔离。

（三）生物技术育种

1．梨的遗传转化体系研究

为获得高效的梨扩繁体系和叶片再生体系，以雪花梨茎段为材料，筛选出适宜雪花梨扩繁的培养基，为MS+1.0 mg/L 6-BA+0.3 mg/L IBA，芽增殖率为4.1，植株高度为2.66 cm。以雪花梨叶片为材料，筛选出适宜雪花梨叶片再生的培养基为NN69+1.5 mg/L TDZ+0.2 mg/L IBA，再生率达到70.83%，平均每叶再生芽数为2.06个，愈伤发生率达到100%，褐化率为0；远轴面朝下接种有利于提高叶片再生率；能使芽再生率最高的暗培养时间减少到21 d；缩短暗培养时间和提高细胞分裂素与生长素含量能有效防止褐化；适宜再生芽初代培养的培养基为MS+0.2 mg/L IBA+1 mg/L 6-BA。研究获得的雪花梨高效扩繁和再生体系，为进一步开展梨的遗传转化和基因功能研究奠定了基础。

2．梨新品种DNA指纹鉴别

根据梨的基因组测序与组装结果，开发梨的1 341个新SSR标记；结合梨的遗传图谱平均间距挑选出273对SSR引物，通过对来自不同栽培种及野生种的6份资源（考密斯、丰水梨、京白梨、库尔勒香梨、豆梨、鸭梨）初步筛选和验证，最终挑选出134对均匀覆盖全基因组且扩增效果较好的SSR引物用于指纹图谱构建。构建了29个砂梨品种资源的指纹图谱；利用SSR标记鉴定385份品种资源的遗传组成，明确品种资源遗传关系；开发梨资源指纹图谱鉴定软件系统，获得国家软件著作权。

3．梨重要农艺性状的分子标记筛选及功能基因挖掘

①色泽性状的QTL定位和分子标记开发。构建梨色泽性状杂交分离群体，组成子代的红色与绿色基因池，鉴定出红色亲本的1.1Mb个SNP位点，筛选出1个显著关联数量性状基因座（QTL）区间，筛选到55个非同义突变候选基因。利用红绿色泽基因池的SNP位点差异，开发红色与绿色鉴定SNP引物24个，通过品种初步验证，其中20对引物可有效扩增，有望在梨果皮色泽的辅助选择中起到筛选作用。

②梨品种资源的表型评价及关联分析。初步对312份梨品种资源的基因组序列和表型特征进行关联分析，通过对石细胞、维生素C、总糖等14个性状的分析，获得了29个显著关联QTL位点，为进一步开展基因挖掘和分子标记开发奠定了基础。开发梨的SNP芯片一套，包括变异位点200kb，对288份梨

品种资源进行 SNP 分型，分型成功率>90%的位点占 98%。初步获得了与石细胞、硬度和果梗粗度显著关联的 SNP 位点。

③整合遗传图谱构建与基因组锚定。利用已发表的 9 张梨遗传连锁图谱及共有 SSR 标记位点，构建梨整合高密度遗传图谱。利用 3 个具有西洋梨遗传背景的遗传连锁图谱整合，将原先巴梨基因组 v1.0 染色体序列 29.7%的锚定比例提高到 50.5%；通过新的巴梨基因组 v1.1 序列与砀山酥梨和金冠苹果基因组序列间的共线性分析揭示 4 个新的片段复制区域。

④构建梨的饱和遗传图谱。利用新高×红香酥杂交群体，采用重测序法构建梨的饱和遗传图谱，包含 193.8 万个 SNP 标记，17 个连锁群，总长度 1 358.5cM，标记间平均间距为 0.5cM，覆盖基因组 94.4%，与砀山酥梨参考基因组的共线性良好，不同染色体共线性分布在 50.0%～91.75%，平均为 77.87%。

⑤果实色泽与发育相关基因挖掘。通过全基因组范围筛选出梨的 95 个 MADS 基因，发现全基因组复制事件和重排事件对 MADS 家族在梨中的扩张起重要作用。发现大部分基因（66%）在不同组织中都表达，表现出广泛的表达谱。同时发现一部分旁系同源基因表达很相似，一部分出现了功能分化，MADS 同一功能簇功能比较保守，表达模式相似。筛选到 7 个可能与花青苷合成与调控有关的基因。发现 2 个 MADS 重要候选基因，双荧光素酶分析进一步证明了候选基因参与花青苷合成调控。通过 5 个不同栽培种的代表性品种果实发育的转录组数据分析，筛选到不同果实成熟类型的差异表达基因，与果实品质形成和发育性状相关，如石细胞、糖、酸、植物生长调节剂。共表达分析揭示了果实中乙烯合成与多酚氧化酶的直接互作，乙烯合成与乙烯受体相关基因的间接互作关系。此外，具有高度多态性的 SNP 位点显示了东方梨与西洋梨之间的显著差异。

⑥果实色泽性状相关基因的挖掘。利用梨的 SNP 和 SSR 标记构建的高密度遗传连锁图谱，在连锁群 LG5 上定位控制红色性状的主效 QTL，对应染色体区间序列信息，筛选出调控色泽形成的重要基因 *R2R3-MYB* 转录因子 *PyMYB114*，结合转录组分析和基因功能验证，首次发现 ERF 转录因子参与果实色泽的调控。并在草莓果实和烟草叶片中验证了新基因 *PyMYB114* 与已报道的 *PyMYB10* 的着色增强效应。

构建蔷薇科梨等 5 个物种的糖转运蛋白（*SWEET*）基因家族成员进化

树，发现*SWEET*基因家族的 7 个跨膜区域结构源于以 3 个跨膜区域为单元发生 1 次内部复制，并通过第四个跨膜区域融合而来；并揭示了*SWEET*基因家族在梨不同组织中的表达特异性，明确了 2 个*SWEET*基因具有转运葡萄糖的功能。

三、砧穗组合评价与互作机理研究

1．矮砧优系筛选与新品种选育

以杜梨为基砧，不同砧木优系为中间砧，雪青梨为接穗，筛选出 QN-A04、QN-A06、FBA29、OHF51 等矮化砧木，以及青砧系列优系砧木 10 个，其中青砧-D1 于 2017 年 7 月通过了山东省鉴定，青砧-D2 通过了现场鉴定，青砧-D3 和青砧-D8 完成了区域适应性评价工作。青砧 D-1 与我国常用杜梨和豆梨砧木，砂梨和白梨品种表现亲和，未出现大小脚现象；作为中间砧，与对照树相比，树形结构紧凑，花芽形成率高，较对照树矮化 25% 左右，整形修剪简便，降低了栽培管理难度，且嫁接后品种生长发育良好，结果早、丰产、果品优质（图 3-1）。

图 3-1　青砧 D-01 砧木嫁接树及嫁接口

2．砧穗组合评价

对砧穗组合的果实矿质含量影响评价发现，中间砧影响果实中的矿质元素水平，但与砧木的矮化特性无直接相关性。果实不同部位的锰（Mn）、钙（Ca）、锌（Zn）3 种元素含量分布差异明显，其中 Mn 在果实胴部和柄端含量较高，Ca 和 Zn 分别在柄端和萼端含量最高。

3．砧木矮化机理研究

以豆梨为基砧，OHF51 为中间砧嫁接雪青梨，OHF51 中间砧的品种新梢生长量小于对照（无中间砧），但接穗品种枝条及叶片中的生长素含量均与对照无显著差异，对照的嫁接口和嫁接口上部的生长素含量显著高于中间砧处理。发现生长素转运能力或生长素合成量影响树体生长，引起矮化。

生长素转运蛋白基因 *PIN1* 影响了植株体内植物生长调节剂平衡，引起侧根萌生量增多（图 3-2）。转基因砧木对接穗生长势有显著影响，包括叶片增大，叶绿素含量增加，但对植株粗度无显著影响。

WT OX-21 OX-22 WT OX-21

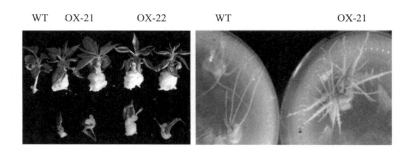

图 3-2 **PcPIN1 转基因植株表型分析**

4．梨矮生机理研究

在异甘草苷处理下，有 50 个差异基因在 3 个器官中共表达。茎部中显著富集的 GO 功能类群和 pathways 最多，因此，推测异甘草苷影响植株生长的调控主要集中在茎组织中。另外，异甘草苷可通过影响氮、谷氨酸盐及糖类等代谢途径影响植株的生长量。以秋子梨试管苗为试材进行外源绿原酸处理，发现高浓度绿原酸能够抑制试管苗的生长。

矮生杜梨 PY-9 与河北杜梨生长动态相似，在整个生长期内 PY-9 中的 *GID1-c* 基因的表达量显著高于郑州杜梨与河北杜梨。PY-9 和河北杜梨组培苗对赤霉素较敏感，随着赤霉素浓度的升高，植株高度呈明显上升趋势，而郑州杜梨在赤霉素处理下，植株高度并无明显变化。

对梨属砧木枝条导管分子结构比较分析发现，矮生型梨砧木导管分子长度与直径显著小于普通型梨砧木。

5．砧木抗逆功能基因研究

对构建的杜梨 *PbDHN* 反义表达载体和超表达载体的转基因研究表明，

*PbDHN*转基因拟南芥过表达株系10-7、14-8萌发率、根长明显高于野生型，且抗性得到一定提高。豆梨*PcPIP1*（水通道质膜内在蛋白）基因的克隆与功能分析表明，豆梨各组织中以根的表达量最高，叶、花、果尖的表达量均较低，豆梨幼苗的根在干旱胁迫、低温胁迫、盐胁迫和脱落酸（ABA）处理下，*PcPIP1*基因表达量有一定的响应。

6．嫁接愈合过程DNA甲基化研究

以雪青为接穗，中矮1号为砧木，采用甲基化敏感扩增多态性（MSAP）技术进行了嫁接愈合过程中DNA甲基化分析，发现愈合过程mCG模式的DNA甲基化水平最高，这和大多数物种全基因组甲基化测序结果一致。中矮1号自体嫁接和雪青嫁接中矮1号不同愈合时期DNA甲基化差异极显著（$U >$ 2.96），且差异位点不同。

7．砧穗互作代谢组学分析

选用豆梨/豆梨/雪青和豆梨/OHF51/雪青两种嫁接组合，使用代谢组分析了根部、中间砧、新梢韧皮部中的差异代谢物，共检测到561种代谢物，其中根部、中间砧、新梢韧皮部中差异代谢物分别有12、39和8个。

8．砧木区域性和不同砧穗组合田间评价

青砧系列砧木在各个综合试验站均表现出一定的致矮效果，且与基砧和接穗亲和性良好，但其在东北寒冷地区的适应性仍需进一步评价。2016年梨体系联合青岛万润丰生物科技有限公司和青岛莱西良种场合作建立砧穗组合比较试验园各10余亩。砧木为企业自购杜梨，参试中间砧类型24个：OHF系、杜梨系、豆梨系、榅桲系、矮化优系、FOX11、cts212、杏叶梨等，并已开展不同砧穗组合的田间评价。

四、苗木繁育技术的研发

（一）梨树病毒检测与无病毒苗木繁育

1．继代组培体系建立

搜集梨砧木和主栽品种27个，优化6-BA和IBA浓度和配比，筛选出16个品种的适宜增殖培养基配方。

2．梨砧木组培苗培育技术研究

分别对外植体的消毒药剂和处理时间、初代培养和增殖培养的培养基及组培苗不定根诱导等进行研究，初步建立了新梨7号的组培快繁体系。进一步利用新梨 7 号和杜梨的继代苗，采用瓶内微嫁接技术，获得新梨 7 号/杜梨生根苗。

3. 脱毒技术探索及病毒快速检测

以反转录-聚合酶反应（RT-PCR）为主要方法，探索热处理的温度与处理时间、茎尖剥离方法和茎尖组培条件等技术要点。2 株红宝石离体植株成功脱毒，并扩繁获得 39 株无毒苗。

4. 组培生根体系建立

围绕组培温湿度、暗培时间、基本培养基成分、激素浓度与配比等因素开展组培诱导生根技术研究。接种后黑暗处理 7 d，培养基成分为 1/2 MS+1.0 mg/L NAA 条件下诱导红宝石生根情况最佳，即接种后 40 d 生根率达 94.44%，平均单株生根 5.6 条，建成红宝石组培生根体系。

5. 梨中新病毒的鉴定与检测

近年在江西、湖北等梨产区新发生一种叶片系统性表现为褪绿斑点、后期变为枯斑的疑似病毒病的病害，对病样进行小 RNA 测序及生物信息学分析，并进一步开展 RNA 依赖的 RNA 聚合酶（RdRp）、糖蛋白前体、外壳蛋白（CP）的氨基酸序列分析，明确该病毒为番茄斑萎病毒属（*Emaravirus*）的一个新种，命名为梨明斑病毒（Pear light spot virus，PLSV）。

发现不同来源的种子中 ASGV、ACLSV 和 ASPV 的带病毒率分别为 3.3%～73.9%、2.2%～40.4% 和 2.2%～21.2%。从山东、湖北随机采集 821 份杜梨实生苗样品和从云南采集 9 份川梨实生苗样品，nmRT-PCR 检测的结果显示，ASGV、ACLSV 和 ASPV 的平均检出率分别为 10.1%、5.3% 和 3.5%。除 ASPV 外，另外两种病毒的检出率接近或低于带病毒植株的种传率。获得的杜梨和豆梨 11 个 ACLSV 分离物 CP 基因核苷酸与氨基酸序列相似性分别为 88.8%～100% 和 93.8%～100%。来源于我国杜梨和豆梨的分离物存在 S73-S79-D82-G98 氨基酸保守序列。

采用 RT-PCR 法从来自 4 个省份的 94 株梨树样品中检测到了 7 份 PBCVd 阳性样品，除 PBCVd "雪花" 分离物全长核苷酸大小为 314nt 外，其他 6 个 PBCVd 分离物全长核苷酸大小均为 312nt。与前人报道的 PBCVd 全长序列相比，获得的 7 个分离物有 11 个位点发生了变异。

采用多种脱除病毒方法新获得 5 个梨主栽品种的无病毒原原种，截至目前已获得 18 个梨品种 208 株无病毒原原种，包括白梨 2 个品种 22 株、西洋梨 6

个品种 93 株、砂梨 6 个品种 53 株、秋子梨 2 个品种 26 株、新疆梨 2 个品种 14 株。在山东烟台建立梨无病毒原原种保存圃，共保存 11 个梨品种 178 株无病毒原原种植株。2016 年梨无病毒采穗圃栽植有 10 个品种共 337 株。繁育丰水梨、圆黄、三季梨、红茄梨、康弗伦斯优质脱毒苗 20 000 余株。新定植脱毒苗木平均株高、干径、分枝能力以及 1 年生枝长度、粗度、叶片叶绿素含量均高于带毒苗木，砂梨品种脱毒苗的生长优势更为明显。

采用小 RNA 深度测序技术及生物信息学分析技术，从江西、湖北、甘肃、福建等地田间表现褪绿叶斑症状的梨植株中，鉴定出一种欧洲山楂环斑病毒属（*Emaravirus*）新的负义单链 RNA 病毒，并获得全基因组序列，由 5 条 RNA 链组成，RNA1 ~ RNA5 大小分别为 7 100 nt、2 045 nt、1 296 nt、1 543 nt 和 1 263 nt，命名为梨褪绿叶斑相关病毒（Pear chlorotic leaf spot-associated virus, PCLSaV）。

根据 PCLSaV 的 RNA3 与 RNA5 设计了两对特异性引物，采用 RT-PCR 技术，对江西及湖北省份的 286 株梨树进行了 PCLSaV 的检测，其中 165 株表现褪绿叶斑症状的梨树中 PCLSaV 的检出率为 98.9%，而无明显症状的 121 株梨树中仅 3 株检测为阳性。

6．种子处理脱毒的新途经研究

分别在刚收获种子时期、贮藏 11 个月和贮藏 16 个月后对种子带毒率及传毒率进行初步分析，结果表明种子带毒率随贮藏时间的延长而降低，相应的种子传毒率也呈现下降的趋势，因此建议可采用砧木种子隔年育苗的方法来降低病毒病发生的概率，即从初侵染源上防治病毒病。

7．病毒对梨离体植株生长影响的评价

以梨的离体植株和田间栽培植株为试验材料，对无病毒与带病毒植株的生长速率、根系发育、酶活性及激素含量等指标进行了比较分析，首次发现病毒侵染诱导梨离体植株激素含量变化导致梨离体植株生根效率降低，ASGV 侵染显著影响金水 2 号植株生根区的细胞分裂素类（CTKs）/IAA 和 IAA/ABA 值而严重抑制离体植株根系发育，为梨无病毒种质利用提供了重要理论依据。

8．梨病毒分子检测技术的改进

改进了 RNA 提取技术，新建立了梨树病毒反转录环介导等温扩增（RT-LAMP）及巢式多重 RT-PCR 检测技术体系，使检测灵敏度和检测效率得到明

显提高，为无病毒梨种质培育及种苗调运的检验检疫提供了重要技术支撑。

（二）缩短育种周期技术研发

1. 植物生长调节剂处理打破种子休眠研究

通过开展种子透水性试验、剥除种皮、低温与激素协同处理等促进种子萌发的研究，发现和皮不阻碍种子的吸水，种皮是导致黄冠种子休眠的重要因素，GA3对种皮抑制的解除效果差，而去除种皮后GA3处理对破除种胚休眠的效果明显。黄冠梨于冷库存放80 d，可基本满足种子解除休眠的需冷量，但剥取种子直接催芽不能发芽，须再经10 d低温冷藏才能发芽。推测果实内环境抑制种子的发芽，剥取种子仍需要低温环境，以完成种子内部生理生化变化过程及能量代谢，最终解除种子休眠。

黄冠果实冷藏60 d后，种子用750 mg/L的GA3浸泡处理24 h，于4℃冰箱冷藏7 d，发芽率为80.8%，可破除种子休眠，且播种后芽苗健康，芽长，整齐度好。

2. 亲本选配对后代始果年龄的影响研究

对17个组合、1 799株6年生杂种苗开花情况进行调查，结果表明秋子梨种性对后代始果年龄早晚影响很大，通过亲本选配缩短秋子梨育种周期可能性不大。

3. 异地培育、枝头高接及植物生长调节剂处理促花效果研究

对不同树龄异地（郑州、杭州）培育，与吉林本地定植及枝头段高接相比，发现同一组合杂种苗郑州和杭州异地培育及高接表现出相对较高的开花株率，与对照相比开花结果株率分别高6.2%和4.0%，表明异地培育及枝头高接有一定促花作用，促花效果与母本及亲本选配有关。

果树促控剂（PBO）处理的促花效应在3年生树龄不明显，对部分组合4年生杂种苗有一定促花作用，7年生效果高达60%以上。浓度以300倍效果最好，组合间有一定差异。结果表明，PBO处理对达到一定树龄的杂种苗有促花作用，可以成为缩短寒地梨育种周期的一种方法。

4. 寒地梨杂种南繁显著加快植株生长

在5月和10月，对海南乐东播种移栽的杂种苗生长发育情况进行调查。结果显示，当年采集梨杂种经特殊层积处理，于当年12月即可实施南繁培育。除夏季7～8月高温停止生长外，杂种苗9月至翌年6月均能正常生长，苗高、节数等生长量均高于原育种地（南繁基地平均苗高144.3 cm，平均节数 37 节；吉林公主岭基地平均苗高 65.1cm，平均节数 25.3 节），达到 2.5 个生长季功效。

第三节　生产管理与废弃物资源化利用

一、梨栽培模式与技术创新研发

针对农村劳动力成本提升以及劳动力短缺的形势变化，近十年来，国家梨产业技术体系重点开展低效梨园改造、梨优质丰产关键技术与省力高效栽培模式及配套技术研发等，提出梨树圆柱形、倒"个"形、"3+1"形、细长纺锤形、双臂顺行式新型棚架形等省力化栽培树形，研发出高接换种、简化整形修剪、液体授粉、幼果脱萼、肥水一体化、省力化病虫害防控等实用技术体系；研发出风送式喷雾机、施肥枪等梨园机械新产品，以及梨树授粉品种自动配置系统、梨树整形修剪仿真系统等计算机专家系统。相关研究成果获得 2013 年教育部技术发明一等奖，湖北、河北、江苏、浙江、山东等省级科技进步奖、技术推广奖多项。成效显著，受到农民日报、光明日报、科技日报等多家媒体关注报道。

（一）梨树高接换优技术研发

以砀山酥梨、新世纪、白酥为砧木，中梨 1 号、丰水、黄冠、圆黄、新高、翠冠为接穗。通过比较研究，确定了高接换种适宜的嫁接方法、嫁接时期、砧枝直径、接穗留芽数、嫁接枝数、接穗不同部位芽、砧木树龄、嫁接后保护措施等，制定省级地方标准《梨高接换优技术规程》2 套。

（二）梨优质、丰产关键技术研究

1. 不同栽培条件下果实生长发育规律研究

针对梨树保护地栽培发展的需要，对大棚和露地条件下梨果实生长发育及品质形成规律进行研究，从组织结构、物候期、新梢生长动态、果实外观、内在品质等各方面解析了不同栽培条件下的生长发育及代谢规律（图3-3）。同时，基于对各项数据的测量，应用数学模型的基本原理，建立梨果发育模型研究方法，在对果实大小变化规律研究的基础上申报国家发明专利"一种果实体积测定的方法"，并获得授权。

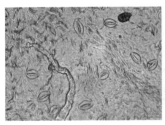

图3-3　不同栽培条件下梨树体的生长及果实发育、品质研究

2．土壤及树体营养与果实品质形成关系研究

在石家庄、苏州、常州、南京溧水、南京江浦、海安和徐州铜山等地果园，选择黄冠、翠冠和丰水等主栽品种，研究不同枝、叶类型中矿质元素的含量，同时对土壤中矿质元素的种类、含量进行分析，以探讨果实品质形成的矿质营养元素。在此基础上，开展了利用沼液提高梨果实品质的研究，获得了良好的效果。

3．优质丰产花果管理技术研究

以砀山酥梨、鸭梨、库尔勒香梨等主栽品种为研究对象，采用鸭梨、黄冠等20个品种进行授粉处理，通过对综合品质的比较分析，筛选出上述3个品种的适宜授粉品种；通过对适宜留果量、留果部位的果实品质比较研究，明确了以优质丰产为目标的适宜留果量和结果部位，为花果数字化管理技术研发提供基础数据。通过比较国内不同厂家生产的20种类型的纸袋，研究套袋对梨果实生长发育、品质形成及石细胞发育的影响（图3-4），初步筛选出砀山酥梨、翠冠、红香酥适宜的纸袋类型及合适的套袋时间。制定江苏省地方标准《翠冠梨套袋技术规程》1项。

4．不同树形对梨果实品质形成的影响研究

通过比较研究不同的架式与整形方式如棚架形、疏散分层形、多主枝开心形等树形的冠层结构、光合特性、果实品质指标，评价了不同树形对梨果实品质形成的影响，为确定适宜的可推广树形提供依据，基于以上研究，提出适宜梨树栽培的架式及整形修剪技术2项。

5．梨园丰产树相调研及整形修剪计算机仿真系统研制

以翠冠和黄冠为主要调查对象，对苏州、杭州、南京溧水、石家庄、徐州睢宁、大丰等不同生态和立地条件的梨园，开展了优质丰产树相指标调查。通

图 3-4　果实套袋效果的比较（下图为套装果实）

过对不同枝条类型、生长量、结果枝类型等的数量统计，以及对果实产量、品质的影响相关性分析，探讨梨优质丰产树相特点，从而为树形改良、花果数字化管理技术研发提供基础数据。

通过进行树形调查枝条生长发育规律及典型整形修剪过程等图片拍摄与制作，构建梨树生长特征及其形态特征的资料库、修剪知识库、修剪前图库和修剪后图库。采用Photoshop、DREAMWEAVER、Flash+xml等软件进行后期制作，形成了梨树整形修剪计算机仿真系统（图 3-5）。

图 3-5　梨树整形修剪计算机仿真系统主界面

6．大棚栽培技术的研发

研究了大棚栽培条件下翠冠梨叶片形态、花形态、花粉活力、果皮结构的变化，探明了大棚栽培对梨树生理的影响，并研究了套袋及适宜负载量在大棚梨果实品质形成中的作用。发现大棚梨花期温度管理对控制热害、提高果实品质、增加种子数具有非常显著的作用。研究温室栽培下梨果实发育与品质形成的规律，集成调控果实品质的技术，制定江苏省地方标准《砂梨温室栽培技术规程》1项。

7．化学调控技术的研究与应用

研究了IAA、GA3和苄氨基嘌呤（BA），三种生长调节剂对早熟砂梨品种果实膨大和种子发育的影响，分析了不同生长调节剂对喜水、筑水、寿新水和幸水4个品种果实膨大、成熟期、种子发育和果实品质的影响。同时研究了多效唑和调环酸钙盐等生长抑制剂对砂梨秋梢生长和秋季开花的影响。结果表明，多效唑能有效抑制砂梨秋梢和秋花的发生。

8．梨果实风味物质分析

通过对萃取针、萃取温度，萃取时间、进样量的优化，建立了梨果实香气的测定方法，检测了秋子梨、白梨、新疆梨和砂梨的代表性品种的果实香气组成及含量，在明确了梨果实香气形成特征的基础上，初步开展了主要香气物质成分的相关代谢研究。

9．梨果实中糖分类型光谱特征模型的初步建立

采用近红外（NIR）光谱测定梨果实中果糖、葡萄糖、蔗糖和山梨糖醇含量。通过测定梨样本的高光谱数据和糖含量数据，分析了不同类型糖分光谱特征类型。结果表明，K-S（Kennard-Stone）法是一种有效划分校正集和验证集的算法。果糖、葡萄糖、蔗糖和山梨糖醇在奇异值剔除前模型预测值和实际值之间的决定系数分别为0.937、0.925、0.901和0.712。在波长910nm附近，高、中、低糖含量的二阶导数光谱之间有明显差异，将该波长选作定标的第一波长。通过化学计量学分析，得到梨果实中4种主要糖分的近红外光谱模型，表明NIR光谱法在实际应用中可满足完整梨果实中糖含量的测定精度。对进一步研究NIR光谱技术在田间梨果采收期品质及最佳采收期检测的应用有一定的参考价值。

（三）梨省力化栽培模式及轻简化技术研究与示范

1．密植省力化栽培模式及配套管理技术研究与示范

从梨树育苗与建园、地下管理、整形修剪、花果管理、田间作业方式5个

方面进行了技术变革，总结出"梨密植省力化栽培模式"综合管理技术，并在天丰公司以及邯郸临漳、沧州泊头、衡水阜城等地新建"密植省力化栽培模式"示范园 3 个，面积 2 000 余亩。此外，还指导山西、新疆、甘肃等地建立了示范园。

①建园技术研究。在河北高阳、临漳、泊头等地对大砧建园技术进行了研究，提出大砧园地育苗标准：秋季落叶时苗高达到 2.5 m 以上，生长势弱的品种也要达到 1.5 m 以上。同时，编制出梨大苗培育技术规程。通过大砧培育强壮苗木，利用坐地苗建园，采取多位重刻芽技术是培养圆柱形树形的有效途径。创立了有利于圆柱形树形培养的大砧建园和多方位刻芽促枝组合技术。

②栽培管理技术研究。采用圆柱形树形。树高 2.5 ～ 3.0 m，干高 60 cm 左右，主干上着生 22 ～ 26 个大、中型结果枝组，枝组分枝角度 70° ～ 90°。土壤管理采用行间人工与自然生草相结合的制度。采取以果压冠技术：不同树龄均应达到预定产量；每年都应根据树势和产量要求，确定合理负载量；有条件的梨园可采用壁蜂授粉；选择适宜品种无袋栽培。尽量多使用机械代替人工作业。如弥雾机、播种机、割草机、旋耕机、施肥机、翻堆机以及灌溉管道化等。

③密植省力化土壤管理技术研究。重点开展了省力高效栽培模式、培肥地力模式及效果研究，即前期种植黑麦、后期自然生草、秋季施用有机肥的研究。此外，还明确了树盘覆盖对梨园土壤营养及梨树生长发育的影响：不同覆盖物均能提高土壤保水性能，其中以覆盖秸秆保水效果最好；透明地膜覆盖增温效果最为明显；紫花苜蓿的降温效果最明显；高羊茅覆盖土壤有机质及全量养分含量增加最多；不同覆盖物对土壤酶活性的影响效果有所差异：紫花苜蓿处理土壤蔗糖酶活性最高；早熟禾处理有利于土壤脲酶活性的提高；高羊茅对土壤磷酸酶活性的提高效果最好。

④密植省力化施肥技术及肥料产品研发。明确了水肥耦合施半量肥处理对花后 0 ～ 50cm 土层的全氮和全磷及有效磷含量的增加影响较明显，全钾含量下降而速效钾含量增加。水肥耦合处理条件下，黄冠梨果实可溶性糖和可滴定酸与对照相比分别提高了 25.5% 和 164%。提出不同区域的适宜肥料配方，已委托河北武邑鑫明科技有限公司试制出梨有机–无机复合肥样品。

基于上述研究结果，在河北高阳、枣强、泊头、临漳、威县、昌黎及山西太谷等地的示范园以及新疆生产建设兵团农二师、甘肃景泰条山集团、辽宁领运农业发展有限公司的示范园推行省力化综合配套技术，包括高标准建园、地下管理、花果管理、整形修剪、梨园喷药、施肥、割草、土壤旋耕机械化等。树立了适合当地条件的省力高效栽培样板示范园。

2. 双臂顺行式新型棚架栽培模式与配套整形修剪技术研发与示范

①架式栽培新树形创制。创新研发出双臂顺行式棚架栽培模式，并在湖北省中日友好梨园等地示范，取得良好效果。双臂顺行式棚架栽培模式实现棚架梨园枝梢管理平面与立体结合，克服了我国现有平棚架上架难（树、架分离）、上架后枝梢生长弱以及日益严重的鸟害问题。

②架式品种特性研究及棚架梨适宜品种筛选。在青岛莱西市千千结梨园（丰水）和莱阳市照旺庄梨园（黄金梨）开展架式品种特性研究，在丰水梨和黄金梨之间，黄金梨营养生长势好，同时紧凑型结果特性好，初步判断两个品种相比较而言，黄金梨更适合作为架式栽培品种。

以 5 年生双臂顺行式新型棚架栽培梨树为材料，测定翠冠、黄花两个品种的生长特性和产量。黄花在枝梢生长量、产量上具有明显的优势，而且结果枝组寿命较长，拟将黄花梨可以作为南方适宜棚架栽培的模式品种。

③双臂顺行式新型棚架栽培模式配套技术研发。研发出 F 形、"7"形两种新型结果枝组，能够在当年形成直径 1 cm 以上、长度 1.2 m 以上的长枝，形成腋花芽 6～10 个，用于来年结果，填补棚架基部漏斗形空间，树冠利用率提高 20%；研发出结果枝组原位更新技术，对待更新的结果枝组基部进行缺刻，在控制过旺结果枝组的同时，做到当年产量不减，当年在缺刻下形成粗 6.5～12 mm，长 110～155 cm 的长果枝，拉平后翌年结果，使结果枝组的更新技术更为简化。探索出双臂顺行式新建棚架园配套技术 1 套，将双臂顺行式棚架栽培模式归纳为采用"抬—疏—绑"三步快速修剪法，实现当年生长量 2 m 以上，最高达到 3.5 m 的效果，且修剪方法利于实现分工协作，技术进一步简化，易于推广。

在双臂顺行式棚架条件下，明确了不同枝条角度 90°（直立）、45°（斜生）、0°（水平）对梨树结果枝组光合产物运转的影响（图 3-6）。结果表明，枝条水平着生时，光合产物更多、更快地向梨果实运输。

④开展新型架式栽培技术研究。开展抬高诱引式新型拱棚架研究，克服现有拱棚架、V 形架在产量和操作上的不足；研发适应不同地势条件的顺行式树形——单臂顺行式棚架树形，配套研发出伞形架式，除供单臂顺行式新型棚架树形试验示范外，还可以作为一种树形角度试验装置，为深入开展树形研究奠

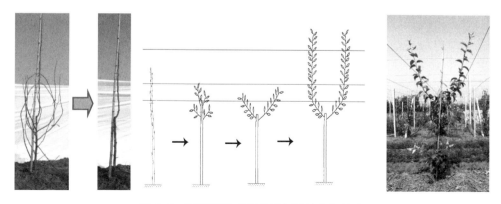

图 3-6　双臂顺行式新型棚架栽培上架技术

定了基础。

3．大棚梨省力化栽培技术试验与集成

①大棚栽培对梨物候期的影响。通过梨大棚栽培特性研究，发现棚内栽培翠冠和黄冠梨萌芽早，但落叶晚，整个营养生长期延长；果实发育期虽然比露地栽培长，但能提早采收 10 d 以上，且外观品质有所提升，早熟梨品种保护地栽培将取得预期效果。

②大棚生态条件下梨发育的调控研究。在打破梨休眠方面，研究发现不同浓度单胺氰对翠冠及黄冠梨休眠的解除均有促进作用，但由于单胺氰对树体具有较大毒性，在实际生产上需要综合树体长势及其需要提早解除休眠的时间来确定合理施用浓度。

在梨果实品质方面，研究发现CPPU诱导的单性结实果实全部花萼宿存，果实重量可以达到人工授粉的水平，但果形不好甚至畸形，不能达到商业生产的目的；而诱导剂GA4+7 在坐果率上明显高于液体授粉，达到了商业果园的人工授粉坐果率；其中GA4+7 在 500 mg/L 浓度下的果实无籽、果心小，成熟后品质与人工授粉的果实无明显差异。

此外，设施栽培条件下不同浓度配比的生长调节剂处理均能影响果实石细胞、可溶性蛋白质及可滴定酸的含量。而在不同品种、不同栽培模式比较中，翠冠、黄冠、玉冠均表现出设施内栽培可滴定酸含量高于同品种露地栽培。

③单性结实配方的优化。上海梨树研究所大棚梨试验。供试品种为2004年定植的翠冠梨树，南北行向，株行距 4 m×4 m，树形为棚架开心形。不同处理所用的诱导剂或膨大剂的组合不同，以人工授粉作为对照。盛花后第 115

天采摘果实并对单果重、横纵径、硬度、可溶性固形物含量（TSS）等进行测定，并将果皮与果肉分别取样，进行果实糖酸测定。结果显示，为了获得外观较好，内在品质优异的单性结实翠冠梨，诱导剂GA4+7的浓度以100 mg/L为最佳，而福星或PBO单独施用可在一定程度上改善果实外观（图3-7、图3-8）。

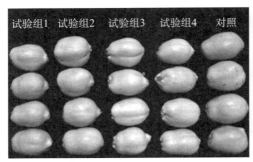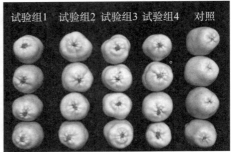

图 3-7　不同诱导剂处理对果实外形的影响

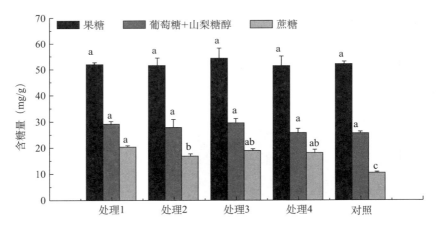

图 3-8　不同诱导剂处理对果实糖组分含量的影响

　　甘肃景泰露地早酥梨的试验。试验在兰州综合试验站基地甘肃条山集团梨园进行。供试品种为6年生早酥梨树。试验设4个处理，以人工授粉作为对照。盛花后95 d采摘果实，测定品质相关常规指标。试验表明单性结实的果实果重较对照有所下降，但没有显著差异，果形指数大于对照。各处理间果实硬度没有显著差异。单性结实果实的可溶性固形物、可溶性糖、含水率等指标显著高于对照，果心比和可滴定酸含量均低于对照。诱导单性结实果实的蔗糖含量均高于对照。

由于早酥梨为萼片自然宿存，赤霉素对萼端突起的影响小于其他萼片脱落的梨。从试验效果看，福星或PBO抑制早酥梨萼端突起的效果有限。从成本等角度考虑，单独施用 100 mg/L GA4+7 或 100 mg/L GA4+7+福星或PBO可以作为诱导早酥梨单性结实的诱导剂。

④大棚梨化学疏果技术研究。按施用药剂种类和浓度分为 13 个处理，均以清水为对照。试验区配置授粉树，并进行人工点授补充。盛花期后 7 d 施用乙烯利和ABA后整个花序脱落的情况较普遍，且施用浓度越高，坐果率越低。高浓度乙烯利（500 mg/L）的坐果率显著低于对照。盛花期后 18 d、21 d 施用化学药剂不能达到疏果的效果，坐果率均与对照无显著差异。NAD 20 mg/L 处理的果实比对照果形略大；NAA 20 mg/L 处理组则比对照果形略小，且NAA 20 mg/L 和 30 mg/L 组均造成果重比对照下降。400 mg/L 乙烯利和 150 mg/L 6-BA 处理组果实硬度较对照有显著下降。其余处理在果形指数、坐果率、硬度、可溶性固形物含量与对照无显著性差异。

⑤完善适合大棚栽培的高光效树形及其树相指标。提出适宜大棚栽培的高光效树形，与常规树形相比，该树形不仅光照充足均衡，而且修剪量小，简便省工，符合省力化栽培的要求，初步提出该树形的修剪技术规程。

⑥大棚栽培条件下不同品种的品质形成与综合性状调查。大棚栽培条件下，翠玉、初夏绿和翠冠 3 个品种的可溶性糖积累模式相同，但硬度相差不大，且随着果实的生长，果皮绿色均逐渐变淡。综合比较认为翠冠和翠玉均具有成熟期早、品质优良、经济性状高等特点，适合大棚栽培，并初步提出了 2 个品种的大棚栽培特征参数和栽培技术要点。

⑦大棚栽培条件下不同果袋对梨果实品质的影响。通过对 3 种不同果袋的套袋效果比较，认为翠玉和初夏绿在大棚栽培条件下可以实行无袋栽培；如果从无公害生产角度看，可以用小林NK-15 果袋进行套袋栽培。

4．主要树形量化评价及梨树简化修剪技术研发与示范

①六种架式栽培树形对比研究。以圆黄梨为材料，集中对比双臂顺行式、单臂顺行式、三主枝平棚架、四主枝平棚架、两主枝棚架（架下结果式）、三主枝棚架（架下结果式）6 种树形。采用不同整形方法后，芽苗定植 4 年生梨树相指标与生长结果特性开始呈现一定的差异。定干后选择单主枝延伸的单臂

顺行式单株总生长量最小，树势较弱，单株产量偏低，但栽培密度较大，早期产量稍高；双臂顺行式生长量中等，但主枝生长快，果实单果重大，树势均衡；架上结果的三主枝平棚架和四主枝平棚架生长量较大，但长梢偏少；架下结果的两主枝棚架由于定干矮，主枝延伸快，但基部枝修剪量大，总枝量偏少；架下结果的三主枝棚架生长量和早期性较好，结果量多导致果实偏小。同一树形的不同整形方法对生长结果影响较大。单臂顺行式的两种整形方式：一边倒和定干式对生长与结果有显著影响。一边倒树形生长的总体积大，但对苗木质量和肥水管理要求高，上架不整齐。定干后只选择一个旺枝上架，对树体削弱较多，导致树势弱；定干后多留辅养枝，可以缓解树势变弱的问题，但不及双臂顺行式树势健壮。

②六种无架栽培树形冠层特征、产量及不同冠层的果实品质测定。纺锤形树形的田间产量较高，定植第五年田间产量即进入盛果期，亩产为 2 165 kg；小冠疏层形田间产量次之，三主枝开心形产量最低，折合田间产量仅为 186 kg。

③确立了双臂顺行式 1～6 年生树标准树相指标。提出了该栽培模式的主要树相指标参数，为该技术的标准化生产提供了依据。双臂顺行式栽培模式获得国家授权发明专利，发表论文 2 篇。

④架式栽培简化修剪技术方案研究。围绕 3 种主要架式栽培树形（三主枝开心形棚架、三主枝平棚架、两主枝拱棚架），重点试验大枝修剪技术和单轴长放结果技术。同时开展幼年树整形修剪试验。

开展了不同程度单轴更新先端抬高修剪法研究。强调主从分明，采用大枝基部更新，单轴长放式结果，产量增加 23.7%，品质改善。表明大枝修剪与先端抬高相结合对于提高开心形棚架树形的产量具有重要意义。

开展了丰水梨 V 形拱棚两主枝树形大枝修剪与单轴长放修剪研究。通过大枝修剪疏除花芽数量 518 个，花芽疏除率 49.4%，比对照疏除数量提高 16.8%。疏果用工量减少 25.8%，产量与对照持平。

完善了棚架梨树幼树整形修剪技术方案。定植后 20～100 cm 不同程度短截梨苗，其生长势差异较大。在棚架梨园建园过程中，应在 20 cm 左右重截，待其重复抽生壮枝后再定干，这样主干尖削度小。定干后当年仅抹除距地面 60 cm 以下枝梢，保留 60 cm 以上至主枝分枝点的枝梢作为辅养枝效果最好。60° 拉枝成花数量最多，但多集中在顶部，0° 拉枝（水平状）成花在基部的比例较高，但过于抑制反而不利于形成腋花芽；30°拉枝花量适中，基部成花量多，先端成花量少，对于基部容易抽生徒长枝的棚架梨结果枝组最有利。

⑤不同树形光合产物运转试验。有开心形梨树由于顶端优势的作用，枝干所获得的糖类略高于Y形，根系所获得的糖类两种树形比较接近，中心干在根系的有机营养供应方面扮演着重要角色；而无中心干的Y形树形，光合产物向果实分配的比例较高。

⑥两种典型树形梨树干物质积累差异研究。双臂顺行式梨树地上部分干物质量比疏散分层形多。分析其原因：一是双臂顺行式整形过程中保留了较多的辅养枝；二是疏散分层形结果早，可能对营养生长产生了一定抑制。从根系上看，疏散分层形根茎稍粗，根系向下稍深，但水平根范围不及棚架形的广，而且20～60cm的根系集中分布区的根系数量不及棚架形，可能与棚架形主枝分枝点徒长枝的抽生有关。

⑦成果转化，新技术示范推广。录制双臂顺行式技术视频，已完成拍摄，正在制作中。积极与郑州、烟台、太谷、兰州等试验站联合开展技术示范协作，并联合试验站及地方农技推广部门全国17个省市建立双臂顺行式棚架栽培模式试验、示范基地。在湖北举办梨双臂顺行式栽培现场会，来湖北观摩考察的人员达到2 000多人，产业影响进一步增强，湖北垄上频道进行了专题报道。另外，"砂梨省力化栽培"项目2015年被列入国家引智示范基地。中央农村工作领导小组成员和湖北省政府有关人员到湖北省农业科学院就"农业科技创新和农业科技推广"开展专题调研，对梨体系研发的果树与农机农艺结合的双臂顺行式新树形高度评价。湖北省农科院领导亲临双臂顺行式棚架梨园检查指导。

5. 轻简化花果管理技术研究与示范

①梨树液体授粉技术研发与示范。研究形成包含花粉采集、液氮冻存花粉、花粉复苏三个关键技术步骤的梨花粉长期贮藏技术。获得国家发明专利1项——"长期贮藏梨花粉种质的方法"。

此外，在库尔勒及兰州试验站的协助下，调查比较了液体授粉与传统授粉方法之间的差异，液体授粉节省了花粉用量和劳动力，显示出良好的效果，达到生产要求。获得国家发明专利1项——"一种节本增效的梨树液体授粉方法"。

基于对液体授粉后果园的坐果率、果实品质，以及梨农在实际操作中遇到的问题等进行调查，对授粉营养液配制和喷施技术进行了多次调整和改进，使该方法进一步熟化，形成便于梨农在生产中应用、操作的技术。该技术在甘肃、江苏、辽宁等地区的应用示范也初见成效。

②梨树花期昆虫传粉技术研究与集成。首先，通过观察比较分析发现，虽然蜜蜂和壁蜂在自然条件下，数量方面不具优势，但在传粉行为上比其他访花昆虫具有积极的作用，可作为有效的梨花传粉昆虫；而从访花目的来看，在梨树盛花期和谢花期蜜蜂的访花目的是采集花粉，壁蜂的访花目的则是采食花蜜。其次，对蜜蜂和壁蜂的传粉效率进行调查发现，蜜蜂在盛花期和谢花期的传粉效率都明显高于壁蜂，同时也高于人工授粉和自然授粉，但壁蜂传粉也能够满足生产的需要。基于以上实验，发现虽然蜜蜂授粉效率高于壁蜂，但由于壁蜂具有活动早、耐低温、繁育率高、活动范围小、访花速度快、授粉效果好、不用饲喂、管理简便，以及在雨天等恶劣天气也能出巢访花等特点，比较适合于梨树授粉。起草完成《梨树蜜蜂授粉技术规程》1项，提出对于初次放蜂梨园每亩放蜂600～700头，连续多年放蜂每亩梨园放400～500头即可。

在辽宁海城市王石镇朱葛村开展南果梨挂授粉枝蜜蜂授粉试验。授粉枝采用花盖梨和白小梨两个品种。结果发现，挂授粉枝蜜蜂授粉花序坐果率97.03%，显著高于对照54.8%；蜜蜂授粉花朵坐果率24.17%，极显著高于对照9.23%；而挂花盖梨和白小梨两个品种花枝进行蜜蜂授粉，花序坐果率分别为97.03%和83.41%。认为挂花盖梨和白小梨花枝进行蜜蜂授粉都有助于提高南果梨坐果率，保证授粉效果（图3-9）。

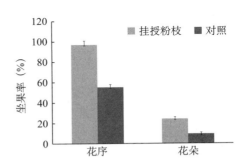

图3-9 梨树挂授粉枝及蜜蜂授粉后坐果率比较

在库尔勒、北京、兰州、郑州、烟台等产区开展蜜蜂授粉及人工授粉、自然授粉效果的对比试验。总体来看，蜜蜂授粉在南方显示出良好的效果，其花序坐果率和花朵坐果率比人工授粉和自然授粉提高，果重、可溶性固形物含量等也显著高于自然授粉果树。分别采集授粉固定时长后的花柱，通过荧光染色等手段观察分析不同授粉方式对花粉管生长特性的影响，观察发现，蜜蜂授粉柱头花粉量大，由于群体效应的影响，花粉萌发早，在授粉后 2～3 h 开始萌发，且生长较快，授粉 10 h 后已有部分花粉管长至花柱底部。

继续开展蜜蜂授粉与人工授粉坐果率和果实品质比较试验研究。人工辅助授粉和蜜蜂授粉之间梨树坐果率差异不大，可以用蜜蜂授粉取代人工授粉。蜜蜂授粉的单果重最大，横向膨大更加饱满。蜜蜂授粉可溶性固形物含量显著高于人工授粉的梨果实，均值为 13.97，蜜蜂授粉的总糖含量高于人工授粉。可滴定酸含量蜜蜂授粉和人工授粉间无显著差异。人工授粉的果形畸形率高，蜜蜂授粉相对人工授粉果形发育较圆润，外观品质较好。在相同的管理水平下，蜜蜂授粉比人工授粉种子发育较饱满完全，人工授粉种子部分败育、不完全（图 3-10）。

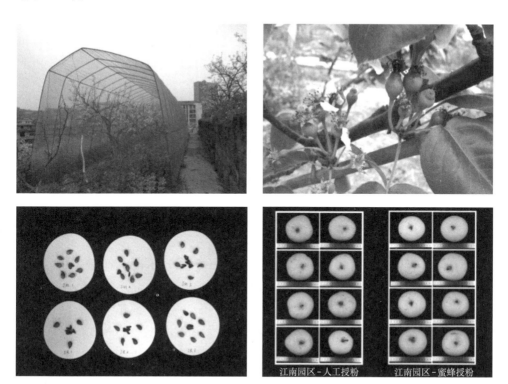

图 3-10　人工授粉所用网罩以及蜜蜂授粉后的坐果率、种子及外观品质比较

联合蜂产业体系分别在四川苍溪县孙坪村进行了苍溪雪梨蜜蜂授粉增产技术集成与示范、在辽宁海城市王石镇的朱葛村建立了面积 100 亩的南果梨蜜蜂授粉提质增效技术示范基地、在吉林省延吉市朝阳川镇德新村建立面积 150 亩的苹果梨蜜蜂授粉试验园、在江苏省宝应县子婴河果园场建立了面积 150 亩的丰水等砂梨蜜蜂授粉示范园。在学生参加劳动期间对学生进行宣传教育，使蜜蜂授粉技术更深入人心，影响力更持久。这一期间，四川科教频道"田园四川"栏目对蜜蜂授粉示范宣传项目进行报道，苍溪县人民政府网站登载了梨树蜜蜂授粉的报道。

③梨树化学疏花疏果剂筛选与应用。比较了不同温度下几种药剂的疏除效果，综合分析来看乙烯利 300 mg/L + GA3 50 mg/L 与乙烯利 300 mg/L+CFA 10 g/L+BA 100 mg/L 的疏除效果在两种温度下，较符合人工疏除效果，疏果率达到 57.7% ～ 68.9%，而乙烯利 400 mg/L + GA3 50 mg/L 在温度较高时易出现疏除过量的现象，会造成严重的不良后果。

从疏果剂对果实品质的影响来看，在丰水梨与黄金梨中，乙烯利 300 mg/L+ GA3 50 mg/L 与乙烯利 300 mg/L + CFA 10 g/L+BA 100 mg/L 的药剂处理在单果重、可溶性固形物与维生素 C 的含量方面均比对照高，有机酸含量比对照低。乙烯利 300 mg/L + CFA 10 g/L+BA 100 mg/L 处理的维生素 C 含量显著高于对照。

此外，经过乙烯利 300 mg/L +GA 50 mg/L 药剂处理的果实内部钾、锰、铁、硼、铜、镁、磷、钙的含量均高于对照，在丰水梨中效果更显著。

研究表明，盛花后 2 周喷施 400 mg/L 乙烯利 + 50 mg/L 赤霉素混合液，疏果效果比较稳定，疏除率都达到 50% 以上，且多为单果花序和双果花序坐果，对果实品质影响不大。对京白梨每隔 1 周调查疏果率发现，疏果 3 周后趋于稳定。

④梨果实萼片发育机制及其化学脱除技术研发与示范。研究了不同植物生长调节剂处理对库尔勒香梨果实萼片发育的影响，结果表明福星乳油 6 000 倍液 +PBO 300 倍组合效果最好，脱萼率达 98.2%，并以此作为实验处理，对梨果实萼片发育生理进行了研究。经福星乳油 6 000 倍 +PBO 300 倍处理的梨果实为脱萼果，萼片和子房中（IAA+GA3）/ABA 显著低于未处理的对照果及 GA3+BA 处理果实。

开展梨果实萼片发育分子机制研究。克隆得到库尔勒香梨 *JOINTLESS* 基因序列，长度为 694 bp，编码 224 个氨基酸残基；克隆 ZFP 基因，长度为 587 bp，编码 158 个氨基酸残基。通过对不同部位 JOINTLESS、ZFP 基因的相对表达量进行分析，发现经脱萼处理的梨果实中 JOINTLESS、ZFP 基因表达量高于宿萼处理。进一步经农杆菌介导转化番茄植株，验证基因的相应功能。利用转录组（RNA-Seq）表达谱测序技术和生物信息学方法，筛选出可能参与萼片脱落的基因，明确了萼片脱落过程中差异表达基因和相关代谢通路。克隆获得与脱萼相关的基因 PsIDA 和 PsJOINTLESS，证实了超表达 PsIDA 和 PsJOINTLESS 促进转基因番茄花柄脱落的调控特征（图 3-11、图 3-12）。这些基因为今后分子技术在"母梨"生产中的应用有重要的指导意义和实践价值。

图 3-11　转 PsJOINTLESS 基因的番茄表型观察

注：A 和 C 为野生型；B 和 D 为转基因株系。

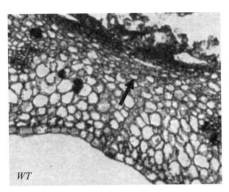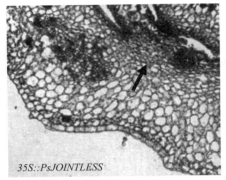

WT　　　　　　　　　　　　　　　　*35S::PsJOINTLESS*

图 3-12　转基因番茄植株细胞学分析

基于上述研究，形成以福星 6 000 倍液和 PBO 300 倍液为组合，分别于梨花露白期和盛花期单独喷施以提高梨果实脱萼率的方法，获得授权发明专利 1 项——"一种提高梨果实脱萼率的方法"。该方法节约了劳动力和时间成本，显著提高了梨果实脱萼率（达 98.2%），使果实的外观品质得到明显改善（图 3-13）。

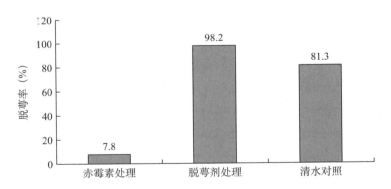

图 3-13　不同处理对脱萼率的影响

⑤梨树花期防冻剂的筛选与应用。通过离体培养的方式，分别在 15℃、20℃、25℃、27℃、30℃、35℃恒温条件下，研究不同温度对翠冠梨花粉萌发及花粉管生长长度的影响。结果表明：温度在 5 ～ 27℃时，翠冠梨花粉萌发率及花粉管生长长度随着温度的升高而增加；当温度为 27℃时，花粉萌发率和花粉管生长长度达到最大，分别为 67.5% 和 235.46 μm；随后随着温度的升高，花粉萌发率和花粉管生长长度下降（图 3-14）。

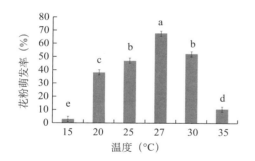 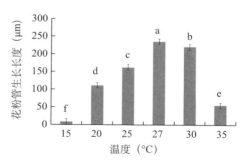

图 3-14　不同温度下花粉萌发率与花粉管生长长度比较

进一步对梨花期抗冻性进行研究发现，盛花后 2 周喷施 0.2 g/L ALA+0.5%KH$_2$PO$_4$，可以起到一定的防冻效果，其电导率和丙二醛（MDA）含量均比对照低，但超氧化物歧化酶（SOD）、过氧化物酶（POD）和脯氨酸（Pro）含量与抗寒性之间没有相关性；但盛花后 1 周喷施上述试剂，效果不显著。

⑥梨树僵芽发生与防治措施研究。在南京、郑州、石家庄、太谷、秦皇岛等地调查玉露香梨的僵芽发生情况，并采样分析了不同地区同一品种叶片内矿质元素含量、土壤内矿质元素含量、气象因子变化规律等相关因素。

以新高梨为试验材料，于花芽萌发前后采集僵芽和正常芽样品，分别对其内源生长调节剂、矿质元素、酶活性和游离脯氨酸等进行测定。发现在萌芽期，新高梨正常芽中含有较高水平的 IAA、GA3 和玉米素（ZT），而 ABA 含量相对较低；正常芽的硼元素含量、POD、SOD 活性以及游离脯氨酸含量均显著高于僵芽，而钙元素含量则相反。通过两类花芽萌芽期各项生理指标的差异分析，可以得出：僵芽本身营养物质含量低、抗性弱，从而使得其在萌芽期具有内源生长调节剂调节紊乱，硼、钙元素含量异常，POD、SOD 活性降低，以及游离脯氨酸含量较少的特点。这些指标的动态变化规律对于减少僵芽发生的方案提出具有一定的指导意义。

对花芽萌发前 10 d 左右玉露香梨的正常花芽和僵芽进行转录组分析，得到 4 579 条差异基因在僵芽样品中相对表达上调，3 814 条差异基因在僵芽样品中相对表达下调。通过 GO 功能富集分析得出，氧化还原酶活性这一分类显著富集，一些非生物因素促使了僵芽的形成，使得其中的 POD 和 SOD 活性发生了改变。在 KEGG 富集分析后，14 条代谢途径显著富集，其中包括植物生长调节剂信号转导途径，认为僵芽的形成受内源生长调节剂的调控。通过qRT-PCR和生理方法验证了相关基因表达情况和酶活性以及内源生长调节剂含量，与转录组结果一致（图3-15）。

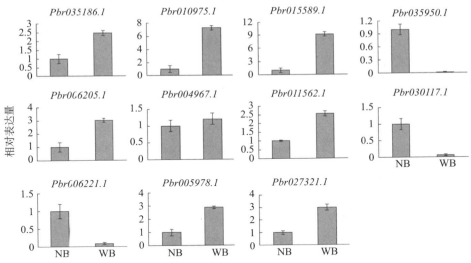

图3-15 正常芽与僵芽发生状况及差异基因的相对表达水平比较

于花芽生理分化期和花芽形态分化期，选取外源植物生长调节剂（IAA、GA3、6-BA）和矿质元素（硼、钙、锌）先后在北京大兴区玉露香梨园进行叶面喷施处理，在2016年花芽露白期，调查处理下的僵芽率，筛选出防控僵芽发生的最佳处理方案。

⑦梨果实表皮蜡质合成及成分研究。通过对砂梨、秋子梨、白梨、西洋

梨、新疆梨以及种间杂交的 35 个梨品种蜡质含量以及化学成分进行检测，发现西洋梨的蜡质含量整体最高，达到 1.53 mg/cm^2。砂梨蜡质含量最低，仅为 0.62 mg/cm^2；在检测的 146 种化合物中，主要是烷烃、伯醇、脂肪酸、酯类、醛类、萜类化合物。扫描电镜结果显示，中梨 2 号、鹅梨、阿巴特、早红考密斯、玉露香五个梨品种蜡质出现裂缝。研究结果为指导开展梨果实无袋化栽培奠定了理论基础。

⑧梨树花序分枝差异原因及调控措施研究。通过对 300 多个梨品种花序分枝数目调查，发现花序分枝数目在梨上呈正态分布。从中选出了花序分枝数目比较多的品种和花序分枝数目比较少的品种，进一步研究了花序分枝数目差异的生理基础，并进行了人为调控技术的探索。花序分枝数目少的品种疏花疏果相对容易，甚至可以不进行疏花疏果，相关结果可为今后开展免疏花疏果品种选育和技术研发提供数据支持。

⑨梨单性结实配方优化。通过比较不同植物生长调节剂处理，调查翠冠坐果率、单果重、果实硬度、成熟期、可溶性固形物含量、可食用率等指标，结果显示，GA3 处理或在 GA4+7 中添加萘乙酸（50 mg/LGA4+7 + 20 mg/L NAA）可有效改善果实外观品质，同时与对照相比能够显著提高果实品质和食用率。通过转录组文库建立和差异表达基因分析，从分子水平对梨单性结实机理进行探讨，结果表明，生长素、赤霉素、细胞分裂素、油菜素甾醇促进坐果，乙烯、脱落酸抑制坐果。植物生长调节剂的信号转导、合成分解、运输相关基因的表达在赤霉素诱导的单性结实过程中起着十分重要的作用。

6．土肥水管理轻简化技术研发与示范

①省力化砂梨"施肥枪"的肥料最佳配方研发。通过配方肥对梨树生长的影响（膨大期测定）研究发现，不同肥料配方处理间的新梢长度差异较大，其中含有硝态氮的处理整体比尿素态氮好，其他指标如 SPAD 值（与叶绿素含量相关的指标）、叶面积和百叶重均差异不显著。

不同配方施肥处理对土壤酸碱度的影响各处理间差异不显著；尿素+鱼蛋白处理能够维持土壤有机质的含量；尿素+氨基酸处理可以提高土壤速效钾含量。

梨亩产量以硝酸铵配施腐殖酸最高，而硝酸铵配施氨基酸处理梨果中可溶性固形物含量最高。此外，含硝酸铵态氮肥的配方对可滴定酸含量的影响也较大，因此糖酸比以尿素处理较高。

通过研究比较，确定配施有机物料有助于土壤微生物量碳的形成，但在微生物量氮上没有较大的规律性。

②建立"梨园营养循环模型"，研发"平衡施肥系统"模块。在以砀山酥梨为例进行"平衡施肥系统"试运行的同时，由全国各综合试验站的鼎力协助，收集梨样品果实 119 份、枝条 112 份、灌溉用水 78 份，测定获得各类样品矿质元素数据 4 700 个。

结合各地优质丰产园果实产量、品质分析指标，计算丰水、黄冠、巴梨、鸭梨等 4 个主栽品种优质丰产叶分析标准值，确定其中产、低产及优质丰产梨园平衡施肥方案。

研究结果已经通过"梨树生产管理专家系统"的"平衡施肥系统"发布共享，实现了梨树平衡施肥的省力化指导。

通过"梨树生产管理专家系统"的"平衡施肥系统"，确定相应品种优质丰产平衡施肥技术方案。根据近三年试验处理——系统推荐配方施肥用量、种植户常规施肥量、"系统推荐－种植户施肥"中间量——所得结果，应用"系统推荐－种植户施肥"中间量进行示范。

③建立一种基于可见/近红外光谱技术的梨树叶片氮含量无损诊断研究方法。在南京市高淳区 12 年生寿新水梨园设置不同氮梯度处理，运用 4 种化学计量方法与 3 种植被指数法将梨树叶片光谱值与氮含量进行拟合建模。结果表明，针对同一品种的梨树叶片，偏最小二乘法建模效果最好。将两年收集样本利用偏最小二乘法划分建模集和验证集，建模集和验证集的决定系数（R^2）相近且均大于 0.85，相对误差小于 6%，偏最小二乘法回归为单一品种梨树叶片氮含量无损诊断建模较优方法，能达到无损快速测量梨树叶片氮含量的目的。

④开展肥水一体化技术研究与示范。研发出一个甘肃地区适用的高氮、低磷、中钾的滴灌水溶肥配方，并由南京宁粮生物工程有限公司生产 10 t，在张掖开展了梨园肥水一体化试验。对田间株高、茎粗、叶片叶绿素相对含量调研结果表明，肥水一体化处理下梨树株高及叶片 SPAD 值明显高于漫灌梨树，茎粗度处理间差异较小。2017 年继续在张掖开展梨园肥水一体化试验，滴灌肥由南京宁粮生物工程有限公司生产。对漫灌与滴灌梨园株高、节间长度、径粗、百叶干重与鲜重等进行了测定，并采集叶片进行养分元素含量分析。结果表明，与滴灌园梨树相比较，漫灌园梨树株高、节间长度、百叶鲜重均偏高，

但百叶干重和径粗偏低，表明漫灌园可能存在大水、大肥促进营养生长的现象，滴灌园由于控水、控肥，抑制了营养生长；两种处理下叶片养分含量差异不显著。

在宁陵县石桥乡石桥村开展肥水一体化施肥适宜量研究与示范，品种为砀山酥梨。根据"梨树生产管理专家系统"的"平衡施肥系统"，获得建议施肥方案，分系统推荐施肥用量、种植户常规施肥量、系统推荐+种植户施肥中间量 3 个处理进行。果实成熟前，对相关指标进行统计分析，结果表明，3 种处理的枝条生长、坐果与产量无显著差异。

（四）梨园机械装备研究与示范

针对我国梨园地形、栽培、管理模式多样的特点，在深入梨园调研基础上，通过地面植保机械与航空植保机械结合、移动植保机械与固定植保机械结合、化学防治与物联网预测预报绿色防治结合，研发试制了适用不同梨园种植模式以及梨树不同生长期的系列植保作业装备。

1. 梨园植保机械创制与应用

针对果园施药劳动强度大、劳动力投入多、作业环境恶劣、农药有效利用率低下等产业问题，通过核心技术突破，关键部件的创新及机型加工与装配工艺优化，创新研发新型高效果园风送喷雾机 2 种。采用三维建模、CFD 模拟与动态仿真相结合的方式，突破基于果树冠层特性调整雾量垂直分布的精准仿形喷雾技术，研发的 3WQF-1000 牵引式风送喷雾机，具有风场均匀对称、风量雾量可调、雾流场与树冠仿形匹配等先进技术性能，适应于大规模标准化果园。针对低缓丘陵地区果园立地条件，研发的 3WGF-300A 履带自走式风送喷雾机，采用独立控制的风送系统和液压无级变速履带行走系统，送风稳定强劲，田间适应性强，配备专门研发的射流搅拌喷头和负压回流装置填补了国内空白（图 3-16）。新机型作业效率均达 20 亩/h 以上，农药有效利用率高达 60%。两种新机型及系列已实现批量生产，并成功进入国家农机购置补贴目录，累计推广 1 500 余台，应用范围覆盖全国 22 个省（自治区、直辖市）。在示范应用的基础上，制定《果园风送式喷雾技术规程 DB32/T2246-2012》，实现了农机农艺融合。

研发出标准化果园适用的果园自动仿形精准变量喷雾机。该果园变量喷雾机靶标探测准确率≥90%，变量喷雾决策响应时间≤0.5s，识别距离 1.0～10 m；最小识别间距 0.3 m，与传统果园风送喷雾机相比，节省施药量

图 3-16　3WQF-1000 型果园喷雾机（左）和 3WGF-300A 型果园喷雾机（右）

约 43.8%，飘移损失减少 23.2%。

研发了郁闭果园适用的大、中、小系列遥控低地隙履带式底盘风送喷雾机。该机续航时间≥1.5 h，行进作业速度 1 ～ 5 m/s（可调），遥控距离≤100 m，爬坡度≤15°。

研发了地面机具难进入的果园适用的果树立体空间喷雾系统。该系统农药雾滴沉积变异系数＜25%，雾滴覆盖密度＞30 个/cm²，满足病虫害防治要求。

研发出梨园植保无人机低空低量喷雾应用技术。该机载药量≥10 kg，续航时间≥15 min，作业高度 1 m，飞行速度 2 ～ 4 m/s，每亩药液量≥2L。

研发出物联网病虫害实时监控风吸式太阳能诱虫灯系统。该系统可通过 PC 端和移动端实时对果园环境条件、气象、病虫状况和作物生长情况实现远程监测与诊断。每台诱虫灯作业辐射有效面积 50 亩。

2．梨园枝条粉碎机创制与应用

①中小果园枝条处理的粉碎机筛选。对国内市场上常用的三种机型 FZFS665Y、TFS1008Y、FS1524G 进行全面对比试验和分析，中型 TFS1008Y 粉碎机能满足中小果园使用，并对其进行改进设计，逐步完善结构功能，提升工作性能，已应用推广 4 台。

②梨园枝条粉碎机研发与创制。采用三维立体设计软件对关键部件进行实体建模、虚拟装配，进行了结构和参数分析，实现了枝条运动及调节的数字仿真，完成喂料与粉碎部件的数字化设计。

选用镍铬合金改进制作动刀和定刀，刀口锋利耐磨损，开刀处理的锤片在击打物料的同时产生切削力，增加物料粉碎力度。同时，对底刀进行了开刀处理，增加了底刀剪切锋利度和耐磨度，减少了粉碎枝秆过程中产生的跳动和噪声增大情况。

试验发现经开刃淬火处理后的锤片，锋利程度提高，且边角不易磨损，锋利保持时间长。锤片数量越少、厚度越薄，粉碎均匀度越差，因此本机型选用的锤片厚度 5 mm，共 6 组，每组 7 片，交错间隔。申报江苏省地方标准《果树枝条粉碎技术规程》1 项。

在第一轮样机基础上，对切碎装置等关键部件进行了优化设计，既保证了硬质与高纤维枝条物料输送的均匀性、连续性，又能实现主动、安全、连续和均匀切碎喂料，解决了在粉碎稻麦等软秸秆物料时容易缠绕和堵塞的难题。样机切碎装置、粉碎装置和风引出料装置由一台电机驱动，根据不同物料的特性，既可单独分别进行切碎或粉碎作业，也可进行先切后粉的组合式作业。粉碎室下部安装有集料和风引出料装置，利用风引机构在粉碎室内形成的负压，不但提高了生产率，还减轻了人工喂料的劳动强度，大大降低了进料口的粉尘；利用布袋接料有效降低了出料口的粉尘浓度。通过田间生产考核性试验，样机具有较强的适应性、较高的生产率，能满足各种软、硬农作物秸秆及树枝等的粉碎要求，且操作方便、环境污染小。

以梨树枝条、麦秸秆、玉米秆、油菜秸秆、棉秆、桑枝条等 6 种不同质地原料为材料，对组合式粉碎机第二轮样机进行了生产考核性试验。表明物料平均粉碎直径小于 5 mm，完全满足堆肥、发酵床垫料、菌基质等处理要求，工作中粉尘浓度平均在 4.0 mg/m^3，完全符合《饲料粉碎机质量评价技术规范》（NY/T1554—2007）标准要求，工作环境大幅改善。基于多年作业经验和研究，依据动力粉碎机械安全作业标准，制定了江苏省地方标准《果树枝条粉碎技术规程》。

开展牵引式枝条粉碎机研制。根据用户使用反馈，枝条粉碎后多用于堆肥和还田处理，对粉碎颗粒的大小要求降低，同时考虑果园电力设施、机具转移等因素，对原有配置电机的中型枝条粉碎机型（TFS1008Y）进行改进，采用了汽油发动机、牵引轮式底盘，在三维制图设计、动态仿真分析的基础上，研制了牵引式枝条粉碎机。

开展悬挂式枝条粉碎机研制。简化粉碎机构，只保留旋切功能，通过拖拉机PTO驱动工作。该机型通过35马力[①]以上拖拉机悬挂驱动，可在田间边行进边进行粉碎作业，将行间修剪的果树枝条直接粉碎还田。抛料口可旋转，根据实际需要调整粉碎颗粒撒落方向，适用于枝条粉碎直接还田作业。

在江苏省农业科学院溧水科学基地进行田间生产考核性试验，两种机具田间转移方便、操作简单、动力满足实际生产需求。通过实际测量，牵引式枝条粉碎机枝条粉碎平均粒度为12.7 mm，满足堆肥处理（颗粒小于15 mm）要求，生产效率为453 kg/h；拖拉机悬挂式枝条粉碎机的平均粒度为23.5 mm，满足直接还田（颗粒小于30 mm）要求，生产效率为630 kg/h。

《果树枝条粉碎技术规程》于2014年11月29日发布实施。该标准明确了枝条粉碎机的选型、使用、维护等注意事项，对于果树枝条粉碎后用于发酵床垫料、食用菌基质的，建议选用大型的组合式枝条粉碎机，或大型固定式电动枝条粉碎机；对于枝条量较小、对粉碎颗粒度要求不高的，建议选用燃油发动机驱动的中小型枝条粉碎机。

③批量化生产与示范应用。针对筛选定型的悬挂式、牵引式枝条粉碎机，以轮式、手扶、履带拖拉机及其配套作业装备系列产品生产厂家——盐城盐海拖拉机制造有限公司作为合作加工企业，完成悬挂式、牵引式枝条粉碎机生产线建设，形成了批量生产能力。

悬挂式枝条粉碎机可与拖拉机配套，直接将修剪的枝条粉碎还田，枝条粉碎粒度满足还田与基质堆肥处理要求，且价格成本相对较低，能满足一般用户需求，为目前国内外园林维护、枝条粉碎的首选机型。2018年度共计生产销售悬挂式枝条粉碎机218台，并实现出口创汇。

针对桃、葡萄、梨三种果树枝条，从纯小时生产率、噪声、轴承温升、运行时间、颗粒平均直径5个因素进行了测试分析，结果表明，牵引式枝条粉碎机枝条粉碎平均粒度均小于15 mm，满足堆肥处理要求；拖拉机悬挂式枝条粉碎机只带旋切功能，粉碎枝条的平均粒度为20～25 mm，满足直接还田要求。两款枝条粉碎机的生产效率受枝条规整度、柔韧性影响，同时，喂入速度、喂入量也会影响粉碎细度，因此实际操作时，应注意枝条喂入连续性，尽量减少机器空转时间，以提高粉碎效率。另外，两款机型在徐州、高淳、泰

---

① 马力为非法定计量单位，1 马力=735.499W。

兴、溧水等核心试验基地示范应用，在试验示范基础上，完善了枝条粉碎机应用技术。组织参加了各类农机展会、现场展示会 12 场次，发放宣传资料 5 000 份。

二、梨早期落叶成因及综合防控技术研究与示范

1. 梨早期落叶的发生范围与程度调查

在福建、湖北、江西、贵州、四川、重庆、江苏等 8 省（直辖市）41 个县（市、区），对梨早期落叶及返花返青的发生范围和程度进行调查，共调查 389 个梨园、104 个梨品种，面积 49 701 亩。其中，发生早期落叶的梨园共 194 个，面积 17 362 亩，分别占调查梨园总数及调查总面积的 49.9% 和 34.9%。不同产区、不同气候条件、不同品种梨早期落叶的发生程度与发生时期存在较大差异。南方梨产区发生早期落叶的平均株率达 52.6%，发生返花返青的平均株率达 31.0%，发生时期较正常落叶平均提早 62 d。

2. 梨早期落叶的主要诱因类型调查

梨早期落叶的诱因十分复杂，不同地区、不同年份有差异。调查结果显示，南方梨产区早期落叶的主要诱因共有 6 种不同类型，所占比例分别为：水分失调型占 12.3%，营养失调型占 5.2%，病害为害型占 79.7%，虫害为害型占 7.8%；郁闭寡照型占 5.1%，肥害药害型占 1.2%。不同梨区发生的病害有异，主要有梨炭疽病、梨黑斑病、梨黑星病和梨轮纹病 4 种，其中，梨炭疽病和梨黑斑病所造成的早期落叶与返花返青发生范围最广、为害程度最重。

对梨早期落叶病病原菌种类的鉴定研究，明确了我国梨产区梨炭疽病和梨黑斑病的病原菌种类。梨黑斑病鉴定出 6 种链格孢属（*Alternaria*）的已知种，其中 5 种是首次在梨上分离获得；梨炭疽病鉴定出 8 种刺盘孢属（*Colletotrichum*）的已知种，并在国际上首次发现 4 个刺盘孢的新种，分别命名为翠冠梨刺盘孢（*C. cuiguanense*）、武汉梨刺盘孢（*C.wuhanense*）、砂梨刺盘孢（*C.pyrifoliae*）和金水梨刺盘孢（*C. jinshuiense*）。建立梨早期落叶病病原菌菌种库 1 个，保存梨炭疽病菌 480 个和黑斑病菌 300 个，共 780 个菌株。

3. 梨早期落叶的主要影响因素分析

不同梨品种间早期落叶的表现存在明显差异，发生较重的品种有二十世纪、翠冠、金二十世纪、早生二十世纪、新水、早生新水、筑水、幸水、丰水、雪青等，不发生或极少发生早期落叶的品种有苍溪雪梨、金花梨、崇化大

梨、台农 2 号、蜜雪梨、明福、清香等。

对梨早期落叶造成影响的气候因素主要包括温度、湿度与光照，其中梨早期落叶发生迟早、程度表现与雨量多少最为密切。雨量大、雨季持续时间长，尤其是 7 月以后台风雨频繁的年份发生早、程度重。在一定区域范围内梨早期落叶发生程度与海拔高度呈显著或极显著负相关。低海拔夏秋闷热、昼夜温差小的区域，梨早期落叶发生时间早、程度重；高海拔夏秋凉爽、昼夜温差大的区域，发生时间迟、程度轻。

4. 影响梨早期落叶的梨炭疽病病原种类鉴定

调查确认我国梨主产区发生的梨炭疽病有 5 种主要症状类型，包括叶片可扩展坏死斑、灰斑、不扩展黑点、果实凹陷坏死斑、不扩展黑点。分离获得梨炭疽病菌 821 个菌株，从中鉴定出 12 种炭疽病菌，有 4 种在梨上属国内外首次发现。12 种梨炭疽病菌在不同产区的分布有差异，其中果生炭疽病菌分布最多，占分离菌株的 63.6%。研究确认了 7 个省份的炭疽病菌优势种群，为产区早期落叶的防控提供了依据。系统研究确认在我国南方造成梨早期落叶的黑色斑点病，由果生炭疽菌所致，同时研究发现果生炭疽菌存在两种不同的致病型，Ⅰ型在梨叶和果实上产生可扩展的凹陷坏死斑，Ⅱ型在梨叶、叶柄和果实、果柄上产生不扩展的黑点，为国际上更多了解植物病原炭疽病菌提供了新的有用信息。

5. 梨早期落叶形成机理及其防控技术研究

通过早期落叶后芽萌动机制研究，推测蔗糖有可能作为信号物质在翠冠梨二次开花过程中起了重要作用；发现ABA在诱导梨休眠中起着重要的作用，用外源ABA处理树体可能有助于抑制落叶后枝条芽的萌发；通过基因表达谱分析确定了与砂梨二次开花相关的基因，并且绘制了砂梨二次开花相关基因表达模式图。田间试验表明青鲜素、磷酸氢二钾、多效唑、矮壮素、丙环唑、ABA 6 种调节剂和营养剂，复混 8 种组合均能有效防控早期落叶引起的砂梨二次开花。

通过分析不同发病程度的梨园土壤性状与开展不同的施肥处理，初步发现施肥处理有减少土壤中放线菌数量的趋势，尤其是生物有机肥与土壤改良剂联合处理下对放线菌数量的减少较为显著。初步研究发现福州地区叶螨类的为害程度与异常早期落叶发生程度相关，比较了不同生物源与化学杀虫剂对梨木虱和梨瘿蚊的防治效果，已筛选出防控梨木虱的高效安全生物农药 1 种。

6．抗早期落叶的优良品种筛选

通过对 34 个梨品种的盆栽苗接种胶孢炭疽菌分生孢子悬浮液，筛选出 4 个抗早期落叶品种（清香、幸水、翠玉和黄金梨），病叶率均不到 1%。

7．梨早期落叶防控技术集成与示范

通过室内生物测试试验和田间药效测试试验，筛选获得防治梨黑斑病的最佳药剂 3 种（HSAF 与苯醚甲环唑 3:1、HSAF 与咪酰胺 4:1 和 1:2 复配）、防治梨炭疽病的最佳药剂 1 种（氟硅唑与苯醚甲环唑 1:3 复配）。筛选出防治梨瘿蚊的最佳化学药剂 2 种（螺虫乙酯和噻虫·高氯氟）、梨木虱的有效天敌 2 种（异色瓢虫和东亚小花蝽）、二斑叶螨的触杀毒性植物 3 种（墨旱莲、蓝刺头和木香薷）。大田对比试验结果表明，施用生物有机肥及生物有机肥配施硅钾钙土壤改良剂或腐殖酸灌根，可显著减轻梨树的早期落叶。通过对翠冠梨摘叶后进行药剂喷施处理的试验结果表明，生长素类物质（0.01% 的 2,4-滴和 0.05% 的 NAA），能明显抑制早期落叶后短枝芽的萌发。

8．早期落叶综合防控技术示范与推广

组装集成"福建省梨树早期落叶综合防控技术""四川盆地梨树早期落叶综合防控技术"各 1 套，示范面积达 1 000 亩。在福建建宁、四川成都梨产区建立早期落叶综合防控技术核心示范园 800 亩，在湖北、江苏、贵州、江西、福建、四川、云南、安徽、重庆南方梨产区辐射推广早期落叶综合防控技术 5 万亩。

三、梨园土壤培肥及节水技术研究与示范

1．不同草种生物量和营养元素含量研究

河北地区的生草试验显示，鲜草高度黑麦草最高（145 cm），紫花苜蓿最低（57 cm）；草覆盖率早熟禾最大（35%），紫花苜蓿最小（12.67%）；鲜草年产量以聚合草最高（299 093 kg/hm²），黑麦草最低（22 560 kg/hm²）；干重聚合草最高（32 906 kg/hm²），黑麦草最低（4 987 kg/hm²）；鲜草、干草质量比以聚合草最大（9.09），黑麦草最小（4.52），其余依次为紫花苜蓿、早熟禾、高羊茅。

比较梨园种植黑麦草、早熟禾、三叶草，清耕对土壤肥力、树体营养水平及果实品质的影响，结果表明生草后土壤容重和含水量均降低，其中三叶草和早熟禾处理容重较低；与清耕的梨园相比，生草区不同土层土壤有机质含量均

有增加，其中种植黑麦草最为明显，但随着土壤深度的增加而减少。种植黑麦草与早熟禾能有效提高土壤有效氮、有效磷、速效钾等速效养分含量，并且能对不同深度土层的脲酶、磷酸酶活性产生较大影响。通过对种植黑麦草的雪青密植梨园叶片营养元素含量进行测定，结果表明，在维持连年优质高产的情况下，随着树龄的增加，除钙、镁、锰元素降低外，其余元素含量均呈增加趋势，仍能保持在较高水平，且果实可溶性固形物含量、总糖含量等果实品质指标均有所提高。

2．不同优势产区梨园草种筛选及生草覆盖技术研究

（1）南方梨园生草与覆盖技术试验与示范

对南方梨区试验站及浙江生草梨园的生草量、土壤养分变化和果实品质变化进行跟踪调查。开展优势产区梨园适宜草种的生草和覆盖技术示范。在浙江富阳新登梨园、四川成都试验站梨园、贵州贵阳试验站梨园进行了试验，对各草种的产量、行间生草对梨根际生长的影响、行间生草对果实品质的影响进行了对比研究。

浙江富阳新登梨园供试品种为2010年定植的翠冠梨树，南北行向，株行距3 m×3.5 m，棚架整形，2013年10月在行间撒播白三叶、红三叶、黑麦草、高羊茅、紫花苜蓿，免耕为对照。不同草种鲜草的生长特性及生物学产量之间存在较大差异。就株高而言，高羊茅最高；不同草种鲜干草重和年产鲜干草重均存在差异，年产鲜草以白三叶最高，年产干草量以黑麦草最高；和其他草种比，白三叶覆盖地面后具有很好的抑制杂草的作用。四川成都试验站梨园供试品种为2003年定植的翠冠梨树，东西行向，株行距3 m×4 m，试验地土壤为黄壤黏土，微酸性。2011年秋季在行间撒播白三叶、红三叶、黑麦草、紫花苜蓿，2012年秋季撒播鼠茅草、早熟禾，免耕为对照。2015年6—8月对牧草进行刈割，刈割后的草种均匀覆盖于果树树盘周围。所调查的四种草种的株高存在显著差异，紫花苜蓿最高，且年产鲜、干草量均最高。贵州毕节朱昌示范基地供试品种为树龄3年的爱宕梨，南北行向，株行距3 m×3 m，树形为倒"伞"形，试验地土壤为黏壤土，2014年春季在行间撒播白三叶、紫花苜蓿、高羊茅和黑麦草，免耕为对照。2015年6—8月对牧草进行刈割，刈割后的草种均匀覆盖于果树树盘周围。草种中紫花苜蓿和高羊茅的株高显著高于白三叶和红三叶；紫花苜蓿年产鲜、干草量最高，其次为高羊茅，黑麦草最低。

2015 年 10 月中旬在浙江富阳新登梨园的试验分析统计了不同生草处理对梨树根系生长的影响。分析可知，在 0 ～ 20 cm 土层中，白三叶生草处理的土壤中梨根的鲜重显著高于对照和其他多数处理；黑麦草和高羊茅并不能促进梨树根系的生长；而在 20 ～ 40 cm 土层中，各生草处理差异不明显。2015 年四川成都各生草处理区梨果实单重、果形指数、果实硬度、可溶性固形物含量无显著差异。白三叶、红三叶和鼠茅草生草处理区梨果总糖含量显著高于对照。所有生草处理区果实可滴定酸含量均小于对照。

在浙江富阳新登梨园的试验中，梨果实单重除高羊茅区较高外，其他生草区与对照相比无显著差异；白三叶生草处理区显著提高了果实可溶性固形物含量和总糖含量；除高羊茅外，各生草区梨果实可滴定酸含量与对照相比，均有所提高。在四川成都试验站梨园，梨园生草明显提高了株间 0 ～ 20 cm 土壤的有机质和有效氮的含量，白三叶同时也提高了行间 0 ～ 40 cm 土壤的有机质含量。在贵州毕节朱昌示范基地，各生草处理区梨果实单重没有显著差异，但是白三叶生草处理区果实单重显著高于对照；各生草处理间的果实果形指数、果实硬度、可溶性固形物含量均没有显著差异；紫花苜蓿区可溶性糖含量高于对照；高羊茅区果实可滴定酸含量最高，而白三叶区和黑麦区草果实可滴定酸含量显著低于对照。

（2）北方梨园生草与覆盖技术试验与示范

根据不同品种果实品质性状表现、果实各种矿质元素含量水平，进一步确定毛叶笤子、鼠茅草作为黄河故道地区生草栽培适宜草种。推荐早熟禾、紫花苜蓿为延边苹果梨产区生草适宜草种。

建立梨园生草和覆盖技术示范园 3 000 亩以上。包括甘肃静宁 300 亩、吉林龙井 600 亩、北京大兴 200 亩、山东蓬莱 500 亩、安徽砀山 300 亩、安徽萧县 1 500 亩。

2015 年与兰州综合试验站联合继续开展了"梨园高垄覆膜集雨保墒水肥高效利用技术""干旱半干旱地区梨园膜下滴灌技术"试验示范，建立示范园 300 亩（景泰黄冠梨 200 亩、静宁早酥梨 100 亩）。

3. 北方梨区优化土肥水综合管理技术及肥水耦合效应研究

通过对省力高效栽培模式下 5 ～ 8 年生雪青梨园诊断施肥技术研究，形成了雪青梨优质丰产叶片营养水平标准，并作为河北省地方标准——《梨省力高效栽培模式〈第 3 部分：雪青梨叶片营养水平标准〉》，于 2014 年颁布实施。

以盛果期黄金梨为试材，研究了树盘覆盖对果园土壤性状和黄金梨生长发育的影响，从中筛选出了效果较佳的覆盖物种类和覆盖技术。通过连续 8 年实施新型土壤管理制度（生草＋有机肥）后，土壤有机质含量较对照均有不同程度提高。其中，0 ～ 20 cm 土层有机质含量提高最为明显，提高 1.36 个百分点；土壤中营养元素含量较对照均有不同程度的增加，其中 0 ～ 20 cm 土层速效钾含量增加较多，为 35.82 mg/kg；雪青梨叶片在维持连年优质高产的情况下，叶片中除钙、镁、铁元素外，其他元素含量仍保持较高水平，果实品质指标得到明显改善，其中，可溶性固形物含量提高了 0.89%，总糖含量提高 0.87%。通过调查和研究，优化了树下管理技术，完成了河北省地方标准——《梨省力高效栽培模式〈第 5 部分：土壤管理技术规程〉》。

以盛果期黄冠梨为试材，探讨水肥耦合方式对梨园土壤和叶片养分含量的影响，并参照对梨树生长发育的效应，从而筛选出最佳的水肥耦合方式，为制定合理的节水、节肥栽培技术措施提供了参考。

4. 梨园新型生物有机肥的研究与应用

开展促生、解磷、氨基酸等生物有机肥对土壤性状、树体营养及果实品质的影响研究，发现施肥在一定程度上可增加梨的叶面积、百叶重和新梢长度，在溶磷微生物有机肥处理下新梢长度和叶面积均较高，与对照差异显著，而百叶重处理间无显著差异。

有机−无机复混肥（CF）处理下土壤速效钾和有效磷含量最高，施用有机肥显著提高了土壤有效磷含量，而土壤碱解氮含量则表现为促生有机肥处理与溶磷微生物有机肥处理显著高于其他处理。

从对土壤微生物量碳、氮含量的影响来看，两种微生物有机肥处理下土壤微生物量碳、氮含量均显著高于其他施肥处理及对照。

辛集试验点结果表明，相较于空白处理及传统施肥处理，促生生物有机肥和有机−无机复混肥对产量的影响较大；烟台试验点，促生生物有机肥也显著提高了产量。对果实品质指标，如可溶性固形物含量、果实硬度、糖酸含量等的影响均不显著，而糖酸比结果表明，辛集和烟台试验点有机肥的施用均显著提高了糖酸比，辛集以促生生物有机肥、鸡粪肥处理较明显；烟台试验点以促生生物有机肥处理效果较好。

自 2011 年开始在兰州景泰条山农场进行羊粪配施少量促生生物有机肥

4 年定位试验，结果表明少量配施促生生物有机肥，果实可溶性固形物、可溶性糖和可滴定酸含量均有增加趋势，单果重和产量也都有增加趋势，产量可增加 22%。

5．梨园水分管理与节水技术研究与示范

在河北高阳天丰集团有限公司、河北省梨工程技术研究中心、河北泊头亚丰公司、甘肃景泰条山集团梨园，研究和推广了生草、滴灌、小管出流技术，取得了良好效果。完成并颁布了河北省地方标准——《梨省力高效栽培模式〈第 2 部分：梨园黑麦种植及利用技术规程〉》。2013 年与兰州综合试验站联合在确定了农艺节水、工程节水技术的基础上，2014 年继续开展了"梨园高垄覆膜集雨保墒水肥高效利用技术""干旱半干旱地区梨园膜下滴灌技术"试验示范。

2015 年在河北高阳、枣强、威县、泊头、保定、临漳等地，示范优化地下管理技术。高阳示范园主要示范种植黑麦草地下管理制度、施用生物动力有机肥；枣强示范园主要示范种植绿肥作物、施用梨有机–无机专用配方复合肥；威县示范园主要示范梨园生草制度；泊头和保定示范园主要示范梨园种植黑麦草、早熟禾、紫花苜蓿、高羊茅以及梨有机–无机专用配方复合肥；临漳示范园主要示范梨园种植油菜和黑麦草土壤管理制度；在威县、枣强、泊头、辽宁葫芦岛等示范园，示范了小管出流、滴灌以及微喷灌溉带等节水灌溉技术，采用水分张力计指导灌溉，并总结提出了适宜不同梨园的节水灌溉模式。这些示范园均在当地起到了良好的引领和示范效果。

6．梨园土壤与树体养分 GIS 系统研发与示范

中国优势产区梨园土壤与树体营养 GIS 系统 V1.0，2013 年 6 月 12 日申报国家版权局授予的计算机软件著作权。

四、梨园废弃物资源化利用技术研究

1．修剪枝条高效粉碎机研发与枝条粉碎试验

针对粉碎还田、堆肥处理和炭化（木质生物能源）三种用途对葡萄藤、梨枝、桃枝进行了粉碎处理，为粉碎机的优化提供可靠的依据。通过测量分析，牵引式枝条粉碎机（配置网孔直径 15 mm）枝条粉碎平均粒度均小于 15 mm，满足堆肥处理要求，由于旋切带粉碎环节，生产效率略大于500 kg/h；拖拉机悬挂式枝条粉碎机只带旋切功能，粉碎枝条的平均粒度为

20 ～ 25 mm，满足直接还田要求，生产效率为 700 ～ 850 kg/h；然而牵引式枝条粉碎机（配置网孔直径 10 mm），枝条粉碎平均粒度均小于 7.5 mm，对于炭化处理木质粉末粒度的要求，粉碎颗粒尺寸依然偏大，因此需要更换孔径更小的筛网进行粉碎作业，直接导致的结果是减少喂入量、降低工作效率。增加筛网筛选，大直径颗粒需反复喂入粉碎室进行多次处理，只有直径小于 5 mm 的木屑才能满足高温高压炭化处理的要求。针对粉碎还田、堆肥处理和炭化三种用途的具体要求，对梨枝进行了粉碎处理试验，从滤网孔径、生产效率等方面进一步设计出枝条粉碎机的优化方案。

2．修剪枝条高效堆肥技术研究

筛选得到高效分解枝条木质素的真菌 1 株、细菌 2 株。筛选的细菌和真菌均有分泌 Mnp 和 Lip 的能力，在苯胺蓝褪色试验中，这株真菌在第 8 天褪色；可以分泌胞外酶的木质素降解细菌种类较少，目前筛选到的 2 株细菌，其苯胺蓝褪色圈的效果也远不及真菌明显。褪色效果最明显的菌株是 X7 和 L2，X7 的褪色圈为 7 mm，而 L2 可达 20 mm（图 3-17）。筛选出高效分解枝条木质素的微生物 5 株，其中 1 株效果最明显的细菌经鉴定为巨大芽孢杆菌，获得国家专利授权 1 项；另外 4 株菌在微生物菌种保藏管理委员会登记。

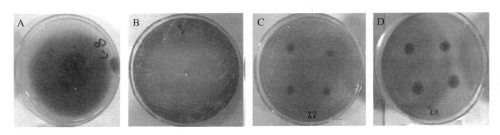

图 3-17 真菌（A，B）与细菌（C，D）的平板显色反应和褪色反应

3．调研现有木质压缩燃料生产工艺与设备

目前市场上木质颗粒燃料加工设备主要依据主轴方向不同分为立式和卧式 2 种。判断压缩炭化燃料的一个重要指标是容积密度，容积密度越大越好，一般要求大于水的密度（1 g/cm³）；当粉碎颗粒含水量超过 30% 时，大量水蒸气聚集在压缩模具内部，形成较大压力，有原料从模具缝隙中快速喷出，造成"放炮"现象，不能成型。固体燃料压缩成型时原料的合理含水量为 5% ～ 13%，但过低的含水量（7% 以下）在实际生产中较难实现，而且人工

干燥会增加生产成本。

调研发现，木质颗粒燃料的颗粒度越大，压缩炭化燃料的容积密度越低；粉碎木质颗粒的含水量显著影响粉碎效率和压缩成型效果；粉碎木质颗粒的含水量显著影响压缩块耐久性，其变化趋势与成型密度变化一致；固体成型燃料成型加工的最佳温度范围为 80 ~ 150℃，过低，成型效果不佳，过高则会引起原料炭化。

4. 修剪枝条制备生物炭技术研究

以粉碎梨树枝条为原材料，在惰性气体包围下，通过不同温度（300℃、400℃、500℃、600℃、700℃、800℃、900℃）热裂解制备生物炭，发现梨树枝条原始pH为5.36，而制备成生物炭后pH均呈碱性，且随温度的升高而增加。比表面积及孔径分析表明，在700℃下制得的梨树枝条生物炭的比表面积和体积均最大。对不同温度下制备的生物炭阳离子交换量（CEC）进行分析，发现在300℃时处于最高，随着热解温度的升高CEC逐步下降。原始枝条中存在大量纤维素，300℃低温炭化下生物炭有少量大孔隙，随温度的升高生物炭内的孔隙逐渐减少，并且微孔数量逐渐升高。

利用热重分析仪进行成型颗粒燃烧特性研究，生物质压缩颗粒燃料相比粉碎颗粒的着火温度要高，但仍低于实验煤粉的着火温度，因此生物质成型颗粒燃料仍极易着火。从燃尽温度和燃尽时间看，颗粒直径增加，半焦燃烧速度明显降低。生物质颗粒所需的燃尽温度和燃尽时间与实验煤粉基本相当，颗粒尺寸的增加最主要是影响了半焦燃烧速度，且影响不大。因此，生物质成型颗粒具有良好的燃烧稳定性。但其在固定床中进行燃烧时，炉内停留时间不宜过短，以减少机械不完全燃烧损失。

5. 开展技术试验示范

在武汉综合试验站开展了修剪枝条直接还园覆盖施入土壤的最佳用量、施用方法的研究。建立梨园修剪枝条粉碎后覆盖栽培示范园 1 个。联合昌黎、徐州、烟台综合试验站开展梨树枝条粉碎堆肥还田试验示范。其中，徐州站核心示范园梨树枝条粉碎后的粉碎物翻耕混入土壤中，对当年的梨园杂草生长有一定的抑制作用，对当年梨树的生长、结果无明显影响。在烟台站文登、莱阳示范园使用粉碎枝条堆肥或枝条生物炭后，新高梨果实单果重有所增加、可溶性固形物含量提升 0.6% ~ 1.3%。

第四节　梨果贮藏及加工

一、贮藏生理病害的防控及货架期品质维持关键技术研究与示范

1．库尔勒香梨采后品质提升及顶腐病防控技术研究与示范

对库尔勒香梨贮藏期顶腐病果、采前果园顶腐病果及与库尔勒香梨同一果园的砀山酥梨病果进行病原菌分离、形态和分子鉴定，并比较了病果与健果间矿质元素含量差异，提出库尔勒香梨顶腐病发生主要是果实萼端缺钙造成 *Alternaria alternata* 侵染所致，提出通过提高果实中钙含量来防控顶腐病的发生。研究发现，茉莉酸甲酯（Methyl Jasmonate，MeJA）处理不但可以直接抑制 *Alternaria alternata* 的生长，采前用 7 mmol/L 的处理对抑制库尔勒香梨成熟果实顶腐病发生有明显的效果；而且能够激活库尔勒香梨果实的防御机制，提高一系列抗病相关酶的活性，从而增强果实的抗病性，为生产上控制库尔勒香梨成熟和贮藏过程中顶腐病发生提供了安全、有效的方法。

通过气调和自发气调试验，明确了库尔勒香梨为较耐二氧化碳的梨品种，确定库尔勒香梨适宜气调贮藏参数为氧气 3% ～ 5%，二氧化碳 1% ～ 3%，气调贮藏温度为 -1 ～ 0℃，相对湿度为 90% ～ 95%。提出自发气调处理方式：果实采收后经充分预冷后，采用 0.03 ～ 0.04 mm 的聚乙烯（PE）袋或聚氟乙烯（PVC）袋扎口贮藏，其中每袋果重量不宜超过 10 kg，否则会增加二氧化碳伤害风险，并提出了根据贮藏期限确定库尔勒香梨精准冷藏温度结合 1-MCP 的处理技术。

2．鸭梨黑心病综合防控技术研究与示范

鸭梨动态气调贮藏需要进行一定时期超低氧处理，为明确低氧诱导果实积累有害因子种类和伤害阈值，利用 0.5% 超低氧和 10% 超高二氧化碳对鸭梨进行诱导试验，初步结果表明：伴随着鸭梨组织褐变（黑心、果肉褐变、虎皮）的发生，丙二醛、乙醇及乙醛等指标与组织褐变呈线性相关，可作为动态气调预判指标；明确其伤害阈值即可针对性地制定气体成分调整期。

提出果实采前黑心病的发生与果实成熟度和果园环境有一定相关性，果实生长期延长，相对成熟度提高，种子颜色加深，果实黑心发生率相对增加；此

外，果园环境温度与黑心发生关系密切，初步结果表明不同栽培模式、不同地理条件果园其通风透光条件差异很大，进而造成果园日平均温度和果实果心温度存在较大差异，在极端高温的气候条件影响下，持续较高的果心温度一定程度上诱发了果实采前黑心病的发生。在上述研究基础上，制定"鸭梨黑心病采后综合防控技术"1套，并申报河北省地方标准。

3. 黄冠梨褐斑病综合防控技术研究与示范

分别在晋州和赵县的3个果园进行了不同叶面调节剂喷施试验，系统分析了通过喷施钙制剂，调节黄冠梨钙、镁和钾含量变化及其果实贮藏期间生理病害的变化，进一步证实氯化钙联合生长促进剂可显著增加果皮钙含量，减少果实采后生理病害的发生。

另外，不同钙配方试验发现，与喷清水相比较，所有施钙处理均降低了果面黑斑病的发生率；与仅在幼果期施钙处理相比较，幼果期和膨大期均施钙可以显著降低发病率；以钙＋甲壳素处理降低发病率最明显，可能与其显著提高果实POD和SOD活性、显著降低多酚氧化酶（PPO）活性有关。

深入研究了不同采收期结合调温处理对黄冠梨采后生理病害发生的影响，综合分析表明：盛花后124 d为黄冠梨贮藏的最适采收期，结合10℃预冷3 d处理技术，既有利于保持黄冠梨采收品质，又可以减少贮藏生理病害的发生。

预冷处理（10℃、3 d）能明显降低冷藏期间黄冠梨果面褐斑指数。预冷在一定程度上降低脂氧合酶（LOX）活性和MDA含量，降低PPO活性，保持较高的酚含量；同时，预冷处理还明显抑制*LOX*和*CBF*基因表达。进一步证明了预冷处理抑制了果皮膜脂过氧化，减少冷相关基因的表达。

自主研发出2种新型保鲜剂，均能抑制黄冠梨冷藏期间褐斑病的发生，其中保鲜剂A抑制褐斑病达80.5%，保鲜剂B达95.1%。2种保鲜剂均显著抑制了冷反应关键基因*DHN*的表达，暗示着2种保鲜剂通过调控果实冷胁迫信号转导途径，减少黄冠梨褐斑病的发生。

在模拟条件下，自发气调慢镜头联合1-MCP处理的黄冠梨品质明显改善，果心褐变发生减少。该处理显著抑制了低成熟度果实硬度、维生素C含量的下降以及高成熟度果实可滴定酸含量的下降。此技术为生产上大规模应用奠定了基础。

4. 砀山酥梨虎皮病采后综合防控技术

研究表明，气调贮藏虽能抑制砀山酥梨果实的虎皮病，但在极端特殊气候条件和较长的贮藏时间内，气调贮藏也会加重果心褐变程度。建议砀山酥梨长期贮藏适宜气调参数为氧气3%～5%，二氧化碳≤2%。并明确了砀山酥梨贮藏果适宜采收成熟度指标、预冷方式以及精准贮藏温度、湿度、气调（CA）与MAP技术参数和1-MCP处理保鲜技术，制定"酥梨虎皮病影响因素及其监测预警和综合防控措施"1套，并在山西和陕西等地进行推广示范，明显减少了虎皮病的发生率，降低了果农的损失，贮藏企业效益明显。

5．优化了基于物联网的梨果物流管理系统，建立了梨果运输监控技术平台

在模拟运输实景下，优化了基于梨果实冷链运输物流配送监控系统，使果实环境中温度、湿度检测系统更加精准，并可通过设备模块自带的GPS接收器对自身位置进行定位，将环境监测数据和定位数据通过GPRS通信方式传输到远程监控服务系统，真正做到实时、实地监控梨果运输期间的环境状态（图3-18）。同时，实测了梨果运输时果实周围温度、湿度的实际情况，为确保运输安全奠定了基础（图3-19）。

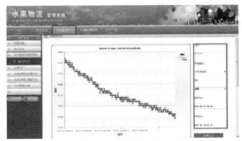

图 3-18　梨物流配送监控系统

6．深化了1-MCP处理技术，扩展梨采后商品化处理技术

研究了1-MCP明显减少常温下鸭梨货架期间果心褐变的内在机制，是由于减少果心组织的氧化伤害，维持较高的保护酶活性和抗氧化物质含量，减少活性氧物质的积累，抑制膜脂过氧化。

研究了1-MCP明显减少货架期五九香梨黑皮的内在机制，其机制在于抑制了乙烯信号传递元件（ETR2、ERS1、ERS2），并抑制了果皮法尼烯合成的关键基因（*HMGR2*、*AFS1*、*GST1*、*GST7*、*GST8*）的表达。

1-MCP（1 mg/L浓度）密封熏蒸24 h可显著降低南果梨果实常温货架（20℃）期间乙烯释放量，推迟乙烯释放高峰，延缓果实硬度的下降，有效维

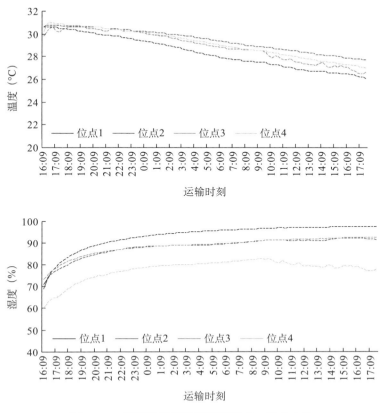

图 3-19 梨运输期间果实周围温度、湿度变化

持货架期间果实维生素C含量。另外与对照相比货架期细胞膜透性较低，显著延长了果实货架期。

7. 集成了自发气调包装和1-MCP处理技术，明显延长货架期

以五九香梨为材料，研究集成了保鲜纸、自发气调包装和1-MCP综合处理技术，有效保持了果实硬度，并明显减少果实褐变，延长货架期，并获得国家发明专利1项。以鸭梨为材料，提出了不同MAP包装调节果心褐变，分析了预冷、自发气调包装和1-MCP综合处理技术，证明了微孔膜包装以及结合1-MCP的处理方式，能有效延长鸭梨货架期。研究提出高二氧化碳浓度导致鸭梨果心褐变及其机制，当二氧化碳浓度＞1%，果心褐变严重，同时明显降低果心绿原酸含量和葡萄糖含量，这一结果在指导鸭梨气调贮藏中发挥了重要作用。

8．进一步分析了梨不同品种常温货架品质特性及其变化机制

比较了 13 个主要梨栽培品种在常温货架期间内在品质指标变化，分析果实呼吸速率、乙烯释放高峰和内在品质变化的关系，初步确定不同梨品种的适宜货架时间，为商品化处理与物流运输技术的研发奠定了理论依据（表 3-1）。

表 3-1　不同品种货架期内在品质指标

品种	硬度 (kg/cm²)	SSC (%)	可滴定酸 (%)	每 100g 维生素 C 含量 (mg)	呼吸高峰出现时间 (d)	乙烯高峰出现时间 (d)	适宜货架时间 (d)
七月红	7.80 ± 0.46	11.71 ± 0.19	0.07 ± 0.003	2.50 ± 0.17	14	14	10 ～ 15
啤梨	11.205 ± 0 25	11.22 ± 0.29	0.35 ± 0.002	5.56 ± 0.26	8	8	6 ～ 10
红香酥	8.19 ± 0.33	11.25 ± 0.36	0.04 ± 0.003	4.83 ± 0.17	15	18	20 ～ 30
早酥红	6.89 ± 0.29	12.98 ± 0.07	0.16 ± 0.001	3.61 ± 0.19	18	18	10 ～ 15
玉露香	6.36 ± 0.16	11.44 ± 0.31	0.09 ± 0.003	3.11 ± 0.10	12	12	20 ～ 30
圆黄	8.55 ± 1.88	11.63 ± 0.60	0.10 ± 0.002	2.72 ± 0.10	15	15	10 ～ 15
粉酪	15.74 ± 0.07	11.85 ± 0.30	0.12 ± 0.001	9.39 ± 0.10	15	15	6 ～ 10
秋月	6.07 ± 0.17	12.98 ± 0.07	0.12 ± 0.01	4.28 ± 0.20	21	24	15 ～ 20
香红	23.05 ± 2.21	14.20 ± 0.31	0.09 ± 0.001	4.94 ± 0.10	6	6	6 ～ 10
南水	6.34 ± 0.41	12.97 ± 0.21	0.09 ± 0.001	2.78 ± 0.05	12	12	10 ～ 15
鸭梨	7.11 ± 0.10	10.57 ± 1.12	0.17 ± 0.05	4.29 ± 0.14	15	15	25 ～ 30
雪花	8.31 ± 0.67	11.28 ± 0.42	0.14 ± 0.04	4.90 ± 0.01	18	18	30 ～ 40
黄冠	5.87 ± 0.48	10.48 ± 0.53	0.13 ± 0.001	3.31 ± 0.21	12	15	15 ～ 25

9．研发设计精品梨采后商品化处理和运输减损技术，提出延长货架期技术规程

研发设计了一套精品梨商品化处理技术规程：果实称量（质量误差 ≤10 g）→果型和色泽筛选（色泽均一，果实直径误差≤5 mm）→糖分测定（利用近红外非损检测技术，糖分误差≤1.0%）→单果网套包装→果实单层摆放→微孔膜包装联合 1-MCP 处理包装→封箱并贴上产品溯源条形码→入库或直接上市销售→低温物流运输（配备监控系统）→周转中心→销售。该技术规程将列入企业标准，在企业中规范使用（图 3-20）。

10．梨果实品质及成熟度无损检测技术研究

借助新无损伤检测设备 DA-meter 分析了 11 个梨品种成熟期果实的 I_{DA} 值

图 3-20　精品梨商品化包装处理

与各品质指标的关系，结果表明：I_{DA} 值与单果重、硬度、可溶性固形物含量、色差（L、a、b 值）、可滴定酸含量、维生素 C 含量和种子褐变率有不同程度相关性。其中与硬度、种子褐变率、色度中的 a 值和色调 H 值（$H=a/b$）显著相关，表明果实 DA-meter 值能够有效反应果实成熟度，可用于果实采后非损检测分级过程，且具有便携、快速判断果实成熟度的优点，可推荐在生产销售及贮藏过程中使用。

　　使用 DA-meter 得出 I_{DA} 值，确认 I_{DA} 值与已有的果实成熟度指标（如硬度、可溶性糖含量、外观色度、种子褐变程度等）密切相关，建立由 I_{DA} 值快速无损检测梨果实成熟度的方法，并明确不同梨品种成熟度对应的 I_{DA} 值（表 3-2）。

表 3-2　不同梨品种的 I_{DA} 值与成熟度

品种	成熟度低	成熟度中	成熟度高	备注套袋类型
绿宝石	0.26 ～ 0.53	0.17 ～ 0.26	0.14 ～ 0.17	灰纸袋
早酥	0.33 ～ 0.42	0.16 ～ 0.33	≤0.16	黄纸袋
黄冠	0.42 ～ 0.58	0.10 ～ 0.42	0.06 ～ 0.10	砖红纸袋
新梨 7 号	1.72 ～ 1.83	1.53 ～ 1.72	≤1.53	塑料袋
西子绿	0.42 ～ 0.60	0.03 ～ 0.42	≤0.03	灰纸袋
雪青	0.43 ～ 1.06	0.04 ～ 0.43	0.01 ～ 0.04	砖红纸袋
玉露香	≥1.97	1.70 ～ 1.97	≤1.70	塑料袋
红香酥	1.58 ～ 1.69	1.15 ～ 1.58	≤1.15	塑料袋

（续）

品种	成熟度低	成熟度中	成熟度高	备注套袋类型
鸭梨	0.22～0.33	0.09～0.22	0.06～0.09	黑纸袋
雪花	≥1.36	1.09～1.36	0.96～1.09	灰纸袋
南水	≥0.18	0.06～0.18	0.05～0.06	砖红纸袋

11．研究提出低乙烯和包装处理为核心的常温货架梨品质维持技术

采用微孔保鲜膜（规格 30 cm×40 cm，通透系数为 CO_2/O_2=6.86）结合 1-MCP（保鲜剂"聪明鲜"每 10～15 kg 果实，使用量为 0.625 g）商品化处理，可延长黄冠、玉露香、红香酥、早酥红、七月红等果实常温货架时间 50% 以上，并减少腐烂和果心褐变。

12．改善黄冠梨果实冷藏品质的简易处理技术研发

研究提出低温调节技术能明显减少黄冠梨果面褐斑，保持果实贮藏品质，其机理在于抑制果皮的 LOX、PPO 活性及其基因表达，有效增加脯氨酸含量，减少果皮 MDA 含量。

100 μl/L 外源乙烯能明显抑制黄冠梨果面褐变，延缓可滴定酸含量的下降，并不会导致黄冠梨果实硬度和 SSC 降低，更好地保持了黄冠梨果实的贮藏品质。

13．技术示范

在山西及陕西蒲城等地示范"酥梨虎皮病综合防控与贮藏保鲜技术"；在河北示范"鸭梨黑心病采前与采后综合防控技术"；在新疆巴州示范"香梨顶腐预测技术"等。在辽宁、山西、河北、云南等地参加或举办各类培训、科技服务、技术指导 20 余场次，累计培训各类技术人员 3 466 人次，其中团队成员 28 人次、农技人员 719 人次、果农 2 719 人次。

2015 年新建立梨果贮藏企业示范基地 6 个。其中"黄冠梨采后生理病害防控技术"示范基地 2 个（河北杏园果业有限公司和河北群强农产品加工有限公司）、"鸭梨黑心病采后综合防控技术"示范基地 4 个（河北辛集市翠王果品有限公司、辛集市裕隆保鲜食品有限公司、辛集市益康果品有限公司及晋州市天洋果品有限公司），示范规模总计 10.2 万 t，辐射规模达 50 万 t。以每千克售价提高 5%（0.20 元）计算，实现技术目标后，受益企业与贮户增加收入约为 1 亿元（50 万 t×0.20 元/kg×1 000 kg/t）；以损耗减少 1.5% 计算，则预计收入增加 3 000 万元（50 万 t×1.5%×4.0 元/kg×1 000 kg/t）。继续跟踪和技术服务的贮藏企业或农民专业合作社 38 家。

在河北进行梨果运输和货架期间品质维持关键技术示范推广，2015 年新建立示范基地 8 个，示范和辐射数量达 150 万 t。梨果贮运过程中损耗的减少、货架期的延长，以及外观品质和内在营养品质的改善，能够提高梨果销售价格。该技术经济效果如下：以 0.10 元/kg 计算，实现技术目标后，受益企业与贮户增加收入约为 7 500 万元（150 万 t×0.05 元/kg×1 000 kg/t）；以损耗减少 3% 计算，则收入增加 13 500 万元（150 万 t×3%×3.0 元/kg×1 000 kg/t）。预期社会效益主要是降低梨果贮藏企业和经营大户的经营风险、稳定收益预期，吸引更多的企业参与梨果采后环节的经营活动（2015 年度梨果收购价格偏低）。

二、梨果精深加工关键技术研究及加工产品研发

1. 研发梨酒和梨醋制备高效菌株以及产品

（1）筛选与鉴定梨酒和梨醋发酵高效菌株

梨酒发酵：系统分析 8 种酿酒酵母在整个雪花梨发酵过程中糖的消耗速率和产酒精速率变化情况，结果表明，酿酒酵母 DV10 糖消耗速度最快，产酒精速率也最快；亚种 6 和 71B 的发酵能力较差，但较为平稳；8 株酿酒酵母转化葡萄糖生成乙醇的能力相当。对 8 种菌种发酵而得的冰梨酒色泽、香气、口感等感官评定，结果显示 71B 酵母发酵而得的冰梨酒在感官上优于另外 7 种酵母菌，可作为梨酒酿造过程的首选菌株。在此基础上，以鸭梨为材料，确定了 71B 酵母酿造冰梨酒的最佳工艺：接种量 5%、初始糖度 26 白利度、pH 3.3、温度 20℃、二氧化硫添加量 80 mg/L、发酵 15 d。在此条件下，得到体积分数 10.5% 的冰梨酒，产生的果酒香味浓郁，无邪味、杂味，感官品质好，酿造过程中不易滋生细菌。冰梨酒可溶性糖以山梨糖醇和果糖为主；有机酸以苹果酸、乙酸、柠檬酸和酒石酸为主；氨基酸以甘氨酸、脯氨酸和丙氨酸为主。冰鸭梨酒香气共鉴定出 64 种，以辛酸乙酯、异戊醇、（E）-5-癸烯-1-醇、1-辛醇、β-苯乙醇、己酸乙酯、辛酸、乙酸异戊酯、3-甲硫基-2-丙烯酸乙酯和乙酸己酯为主。

梨醋发酵：从自然发酵的梨醋中，经过分离筛选得到的 9 株菌，经过复筛、最终筛选出 1 株产酸能力强、耐酒精能力好、酿梨醋风味良好的优良醋酸菌株 KS7，对其进行形态特征、生理生化特征试验和 16S rDNA 分析，最终鉴

定其为醋酸杆菌属中的巴氏醋酸杆菌。菌株 KS7 在传种 10 代的过程中，其总酸含量略有下降，降幅均小于 1%，其遗传稳定性良好。

（2）研发功能性梨醋饮品

富（多）酚梨醋饮料：以雪花梨醋原浆（每 100 mL 含酸量为 4.2 g）为原料，饮料配方最佳组合为梨醋原浆用量 50 mL/L、果葡糖浆用量 100 g/L、梨营养风味剂 20 g/L、海藻酸钠 0.03%。调配得到的饮料酸甜适口，味道柔和，呈浅黄色的均匀浑浊态，具有明显梨果香气，感官评分为 96.8 分。

功能多糖梨醋饮料：以雪花梨醋原浆（每 100 mL 酸量为 4.2 g）为原料，饮料配方最佳组合是梨醋原浆用量 45 mL/L、梨香精用量 0.04%、甘露聚糖 3.0%、果葡糖浆用量 120 g/L。调制得到的梨醋饮料酸甜适口，味道清爽柔和，其感官评分为 95.3 分。

（3）梨酒发酵不同酵母菌株性能比较

以雪花梨榨汁，接种 8 种酵母酿制果酒，果酒主要香气中均含有辛酸乙酯和癸酸乙酯；乙酸异戊酯和己酸乙酯在 7 个菌种梨酒中检出；苯乙醇存在于 5 个菌种梨酒中；癸烯和棕榈酸乙酯存在于 4 个菌种梨酒中；乙酸戊酯和辛酸存在于 3 个菌种梨酒中；甲酸，2-苯乙酯存在于 2 个菌种梨酒中。梨酒中辛酸乙酯含量最高，且存在于各个菌种梨酒中，其中 F33 菌种梨酒中含量最高，达到 10.201 μg/mL；KD 次之，含量为 7.057 μg/mL。在 8 个菌种梨酒中，均含有癸酸乙酯，且含量较高，其中 F33 含量最高，为 3.945 μg/mL；其次是 KD，含量为 2.666 μg/mL。综合比较认为，F33 酵母较为适于香味浓郁梨酒酿造。

（4）梨发酵前处理方法比较

原料：以雪花梨为原料，以 RC212 为发酵菌株，比较不同部位榨汁后发酵制备梨酒的效果。结果表明，果肉所酿梨酒中还原糖含量最高，整果和皮肉所酿梨酒次之，两者差异不显著。整果榨汁的梨酒中含香气物质最多，为 10 种，果肉榨汁所酿的梨酒中含 9 种香气物质，不含月桂酸乙酯；果皮和果肉榨汁所酿梨酒中含 5 种香气物质。总体看来，以果肉酿制梨酒香气物质含量较多。

发酵方式：清汁发酵和加酶带渣发酵鸭梨酒均检测出 38 种香气成分，浊汁发酵鸭梨酒检测出 32 种香气成分，而带渣发酵鸭梨酒检测出 31 种香气成分。四种鸭梨酒的香气成分主要是酯类、醇类、酸类和醛类物质，但这些香气物质的种类及含量却有较大的差异。4 种鸭梨酒的主体香气成分共有 19 种，其中共有的主体香气成分有 11 种。因此，清汁发酵的鸭梨酒酒香浓馥醇厚、柔和爽口，具有梨酒的典型风格，其感官评价最高，为鸭梨酒的适宜发酵方式。

（5）梨酒加工品种比较研究

以鸭梨、雪花、南果、黄冠、丰水、香蕉梨 6 个品种的梨果实为原料，分别榨汁后接入酿酒酵母发酵酿制成梨酒，将发酵好的梨酒放置在 15 ～ 18℃的地下室陈酿 3 个月，分析其理化指标、有机酸含量和抗氧化物质含量等 20 项指标，梨酒的总酸、总酚、酒石酸、可溶固形物、还原糖、干浸出物和单宁的含量是评价梨酒品质的主要指标。聚类分析将 6 种梨酒聚为 3 类，聚类结果与感官评价的结果一致。在 6 个品种梨中，南果梨最适于酿制梨酒。

不同品种梨酒中都含有己酸乙酯（相对含量为 0.2 ～ 1.6 μg/mL，南水梨酒中含量最低）和癸酸乙酯（相对含量为 0.4 ～ 3.7 μg/mL，雪青梨酒中含量最低）。因此，己酸乙酯和癸酸乙酯可能是梨发酵酒特征性香气成分。除雪青外，其他品种梨酒中均含有辛酸乙酯，含量为 2.1 ～ 8.5 μg/mL，鸭梨梨酒中含量最低，早酥红梨酒中含量最高；除雪青、红香酥、新高外，其他品种梨酒中均含有苯乙醇，含量为 0.08 ～ 0.45 μg/mL，南水梨酒中含量最高，早酥红含量最低。红香酥、南水、新高、秋月中含月桂酸乙酯，相对含量为 0.08 ～ 0.5 μg/mL，秋月含量最高。除雪花梨和早酥红外，其他品种梨酒中含有棕榈酸乙酯，含量为 0.08 ～ 0.36 μg/mL，鸭梨梨酒中含量最低。不同品种酿制梨酒的香气物质，以早酥红、南果、秋月、红香酥和晚秀等品种香气物质多，含量较高。

（6）多菌株混合发酵制备梨酒新技术研发

随着生香酵母接种量增加，发酵结束后梨酒香气物质和酸度有所增加，酒精度下降。植物乳杆菌、干酪乳杆菌、FML 酒酒球菌、CH16、Viniflora 在模拟酒中生长良好，酒液浑浊，平底有菌体白色沉淀。其余几种乳酸菌酒液澄清，在模拟酒中不能生长。酒酒球菌 Viniflora 与酿酒酵母同时接种的雪花梨酒总酸含量为 4.59 g/L，先接种酿酒酵母再接种酒酒球菌 Viniflora 总酸含量为 2.23 g/L，普通酿造雪花梨酒的总酸含量为 3.06 g/L。南果梨酒补糖经过苹果酸-乳酸发酵，口感更加柔和，苹果酸的酸涩感降低，总酸含量最后为 5.36 g/L，较南果梨原酒（5.74 g/L）略有减少，增酸效果显著。

2．研究梨汁品质提升技术以及低加工强度和营养强化型梨制品

（1）梨汁品质提升技术

添加维生素C可显著提高雪花梨、鸭梨、黄冠梨和玉露香 4 个品种梨果汁的可滴定酸含量，随着维生素C含量增加，可滴定酸含量也随之升高；降低雪花梨、鸭梨和黄冠梨果汁透射率，并明显抑制果汁褐变，对保护果汁营养品质意义重大。

首次建立不同品种梨汁褐变与组织酚类物质含量的定量关系：梨汁褐变度=1.80ln（绿原酸含量/熊果苷含量）+0.43 r=0.856 8*（r＜0.05），证明酚类物质之间的综合关系在组织褐变中的作用。提出天然抗氧化物质替代维生素C方案，确定最终果汁维生素C含量为5 mg/mL以上时，可基本抑制褐变。

（2）优化梨渣中功能物质提取工艺

以新鲜鸭梨渣为原料，探究不同超声波辅助提取条件对梨渣中功能物质（酯类、多酚和糖类）提取的影响，并采用正交实验对提取工艺进行了优化，获得了超声波处理最佳提取条件，在此条件下，酯类、多酚和糖类提取量得到显著提高。

（3）研发梨干制备新技术

研究结果表明，70～80℃是适宜的干制温度，制品色泽自然、不褐变或褐变较轻，梨香气浓郁。圆黄和黄金梨干香气小，果皮口感涩，褐变较轻；黄冠、雪花梨会发生一定程度褐变，需烘烤前预处理抑制褐变，梨干香气浓郁；五九香褐变较轻，口感偏酸，香气不够浓郁，但得率高；鸭梨褐变最严重，因含水量高、干制困难，制品香甜。综合比较，五九香和雪花梨较适宜制干，黄冠次之。

优化了梨膨化脆片技术，筛选出适于脆片加工的品种为红香酥梨、安梨、雪花梨。进一步比较了梨烘干、冻干产品的功能性物质及其抗氧化性能，初步分析表明，烘干梨干具有较高的抗氧化能力。

（4）提出新型营养强化型梨饮料制备工艺

利用梨富含酚类物质，经浓缩后添加到饮料中，制成具有保健功能的饮料。制作工艺如下：将果皮和果心适度破碎后加入7～10倍体积的食用酒精，同时添加0.01%异抗坏血酸钠迅速粉碎，过滤后去除果渣。将浆液浓缩至原体积的1/10。每500 mL饮料含2%～4%木糖醇、1%～3%蔗糖、0.1%～0.3%柠檬酸、0.03%～0.05%柠檬酸钠、0.1%～0.2%羧甲基纤维素钠、0.03%～0.08%脱氢乙酸钠、5～10 mL酚提取液。上述物料定容后即可灌装，相关工艺仍在进一步完善。

（5）冻梨加工工艺及冻藏技术研究

对 59 个优系品种梨进行分析，分别测定梨果实冻藏后的 13 项品质指标[果皮 $L*$、果肉 $L*$、果肉 $a*$、果肉 $b*$、果肉 H 值、可溶性固形物（SSC）、可滴定酸（TA）含量、SSC/TA 值、出汁率、pH、石细胞含量、乙醇含量、汁液流失率]，并进行感官评价，对所测的各项指标进行相关性分析，揭示各指标间的关联程度；运用主成分分析确定影响冻梨品质的关键指标；运用模糊综合评判法中隶属函数值的大小进行排名，筛选出秋子梨品种更适宜做冻梨，适宜品种为尖把梨、砂糖梨、软儿梨、八里香、晚三吉、白八里香、红南果、热梨等。在此基础上，初步制定冻梨品质评价标准 1 套。

3．梨果与梨制品中芳香成分分析

确定了香气分析时固相微萃取（SPME）最佳萃取条件，萃取头为 50/30 μm DVB/CAR/ PDMS，萃取温度为 40 C°，萃取时间为 40 min。

从 16 个不同品种梨果中共鉴定出 319 种挥发性芳香物质，其中 93 种酯类物质，15 种醇类物质，16 种醛类物质，4 种酸类物质，8 种酮类物质，48 种烯烃类物质，64 种烷烃类物质，其他为 71 种。挥发性芳香物质的总含量范围为 921.46 ～ 9 103.04 ng/g。

不同梨果中主要挥发性芳香物质为乙酸己酯和 α - 法尼烯、己酸甲酯、邻苯二甲酸二异丁酯。以相对含量 10 ng/g 为分界线，分析 16 个品种梨果主要挥发性物质，统计到的酯类物质为 54 种，醇类 5 种，醛类 4 种，酮类 1 种，烯烃类 9 种，其他 6 种。各物质香气贡献还与组分的香气值（Odor Activity Value，OAV）密切相关。己醛、丁酸乙酯、2- 甲基丁酸乙酯、己酸乙酯、乙酸己酯、反 -2- 顺 -4 癸二烯酸乙酯的香气值大于 1，是所测 16 种梨果中检出的特征香气成分。

第五节　梨产业信息分析与产业政策研究

一、开展梨产业基础数据调查工作，定期跟踪梨产业生产成本变化

梨产业体系建立以来，连续开展梨产业基础数据调查工作，从农户层面开始定期跟踪梨产业的生产成本变化情况。

累计在全国 262 个主要产梨县（市、区）进行产业数据监测，调查内容覆盖产前、产中、产后等重要环节，并对应建成 20 个基础数据库。包含了 655 份梨品种和砧木资源，112 种主要病虫害，近 250 个农药产品，近 100 个主栽品种的物候期信息等万余份产业基础数据。开发的"梨产业基础数据管理系统"获计算机软件著作权 1 项（图 3-21）。

图 3-21　梨产业基础数据库填报系统

同时，在全国 11 个省份共建立农户固定观察点 202 户，其中河北 19 户、陕西 19 户、山西 18 户、福建 27 户、新疆 27 户、吉林 19 户、山东 20 户、江苏 15 户、河南 12 户、云南 11 户、四川 15 户，从农户层面跟踪梨产业生产、成本变化，挖掘产业数据。

二、定期跟踪并分析梨果交易品种、数量和价格数据

以我国 7 个梨主栽品种、10 个主要产地市场和 11 个主要消费地市场为核心，收集整理 2010 年以来有关梨的市场行情数据；以南京及周边城市为主要固定样本点，定期检测各主要超市，如苏果、欧尚、金润发等超市梨果零售情况，并开展系统数据分析。

三、分析梨果市场行情变化及其影响因素

为及时把握市场行情，科学指导本年度梨的产销工作，在各岗位科学家和综合试验站的大力支持下，根据试验站和岗位专家填报的快报数据，及时分析梨果市场行情变化及其影响因素，在早熟梨上市后（每年 7 月）起草并上报《我国梨生产动向及市场行情预测》；在新梨大量上市后（每年 10 月）撰写并

提交《我国梨市场行情分析》。

四、开展梨产业经济、政策及安全预警研究，完成相关年度报告

完成各类研究报告和书稿 147 份，其中产业发展报告、产销形势报告、调研报告、专题研究报告 100 多份。连续 10 年撰写并提交《产业发展趋势与政策建议》，连续 9 年撰写并提交《市场行情报告》，连续 9 年撰写并提交《梨产业经济基础数据分析报告》，连续 6 年撰写并提交《年度产业发展报告》，连续 4 年撰写并提交《梨产业安全预警研究年度报告》。提交的部分政策建议被国务院办公厅、农业农村部、人民日报采用，获得中央及江苏省委等领导肯定批示 11 次。

第六节　梨产业技术体系主要研究成果

2008 年以来，梨体系共育成综合性状优良的梨新品种 40 多个，获得新品种权 15 个；创新圆柱形、倒"个"形、"3+1"树形、细长纺锤形、双臂顺行式等新型省力化树形及其配套栽培模式 9 套；研发梨树液体授粉、幼果脱萼、肥水一体化、平衡施肥专家系统、主要病虫害绿色防治、梨果采后贮藏病害综合防控等实用技术 50 多项；研发风送式喷雾机、施肥枪、枝条粉碎机、授粉器、新型肥料、生防制剂等新设备、新产品近 20 项；获得授权发明专利及实用新型专利近 200 项，计算机软件著作权 40 多项；制定梨产业相关的标准和技术规程 80 多项；在国内外重要学术期刊上累计发表研究论文 400 多篇；获国家科技进步奖 1 项、省部级二等以上科研奖励 19 项；建成生产示范园 258 个，面积近 7 万亩，辐射推广 500 万亩，示范贮藏量 5 万 t。梨体系选育的新品种、研发的新模式以及新技术源源不断地输送到全国 20 多个省、市和地区，推动了我国梨产业技术水平的升级。

主要成果清单见本书附录部分。

第四章 技术支撑与产业服务

第一节 开展技术示范与服务

一、总体情况

国家梨产业技术体系自建设运行以来一直高度重视产业科技服务工作，在切实做好本体系 258 个示范基地建设工作的同时，不断加强岗位与综合试验站、国家体系与地方创新团队的对接，认真制订详尽的年度培训计划方案，由首席科学家牵头，以全体综合试验站为依托，岗位科学家和综合试验站积极参与，合理分工，密切协作，注重以"实际、实用和实效"为原则，以基层农业技术推广骨干、种植企业、核心农户为主要对象，以梨产业的"六新"（即新品种、新技术、新模式、新肥料、新农药、新器械）成果为主要内容，在关键环节、关键农时、关键发育期开展针对性的技术培训、现场指导、技术材料发放和示范展示，深入推进梨产业技术进村、入户、到园。

根据产业优势布局，及时将研发的新品种、新技术、新模式等通过 258 个示范园进行示范，总面积近 7 万亩。示范推广的主要品种包括翠冠、翠玉、夏露、宁霞、黄冠、玉露香、中梨 1 号等由体系专家选育或引进筛选出的 50 多个新优品种，为调整各产区品种结构、丰富地方梨果市场、满足消费需求、提高产业经济效益做出了重要贡献。同时，依托各产区的综合试验站建设以及紧密的岗站对接，通过集中培训、现场指导、电视专题片、网络视频、远程教育系统、广播、报纸、电话咨询、短信、发放光盘、书籍、"明白纸"等方式进行全方位的技术示范与产业服务。每年开展培训 1 000 场次以上，培训技术人员及果农约 6 万人次。培训的主要内容包括梨树花期、套袋、采前、采收及采后等关键时期的四季管理技术，包括整形修剪、病虫害防控、土肥水管理、省力化栽培、无公害生产配套技术等在内的高标准示范园建设规范以及突发事件应对和防灾减灾措施等；并无偿发放技术指导资料及高效低毒农药、粘虫板、迷向丝、高效环保肥料、施肥枪等农资，显著减少梨园农药、化肥使用和人工成本，提升梨园产量、梨果品质和经济效益，在生产指导和市场引导等方面均收到了良好的效果，受到地方农技推广部门和广大技术用户的欢迎。

二、科技服务形式

1．在考察交流中及时发现、实地解决产业问题

在梨产业体系的运行中，通过指派岗位科学家与综合试验站进行对接，负责试验站示范园建设及技术指导，并定期组织执行专家组成员、岗位科学家到试验站开展巡查、考察与交流。在考察过程中，岗位科学家与试验站站长、团队成员和技术骨干就梨体系建设的总体情况、产业面临的问题及技术需求等进行深入讨论与经验交流。同时，多次深入田间地头与梨农进行交流，了解发现当地梨产业存在的突出问题与薄弱环节，并针对当地的产业现状，在栽培品种和种植模式选择、种植和病虫害防控技术应用等各方面开展有针对性的技术服务，为梨农和地方技术人员答疑解惑，不仅及时解决了产业问题，保障了梨产业健康、稳定发展，还对深入了解产业现状和技术需求、及时把握体系重点研发方向、高效开展岗位技术研发有重要意义，也为因地制宜制定体系年度科技服务计划提供可靠依据。

2．结合精准扶贫工作开展产业技术培训

积极响应农业农村部产业精准扶贫工作号召，根据实地调研结果，以及梨产区相关贫困片区的产业发展实际情况，针对当地梨树种植的优势条件和不足之处进行深入分析，提出相应的咨询意见和解决办法，并制定年度指导培训计划和实施方案，协同当地农业主管及推广部门等开展集中培训、现场指导和技术展示。开展培训活动前，通过与当地生产一线的技术人员和农户进行座谈，结合梨园实地考察调研，深入了解各地梨产业存在的实际问题，针对当地梨园管理的薄弱环节，科学制定培训方案，做到有的放矢、"对症下药"。尤其在各类重大自然灾害发生时，深入主产区、重灾区，重点开展防灾减灾、稳产增产关键技术培训指导，积极协助地方主管部门、梨农、种植企业应对灾情，切实解决影响当地梨产业发展的主要问题。

3．与地方政府和相关产业单位合作，在人员培训中进行科技推广

通过与地方政府、相关主管部门、梨业协会、园艺站等的合作，联合地方政府、主管部门、基层农技推广部门、机构和组织，对梨农及基层农技推广人员进行培训，更好地实现科技推广，从而带领示范基地以外的梨园、中小企业和农户共同发展。以山东梨产区为例，2013 年体系除了继续联合示范基地所在地市的农技推广部门如青岛市农委、莱西市农业局、莱阳市农业局等联合开展技术培训外，还加大了与山东省农业厅果茶站合作的力度，扩大了服务范围，开展了全省范围的梨产业技术培训，并由体系专家编写培训教材，极大地提高了国家梨产业技术体系在山东省的影响，解决了地方农技骨干对梨产业发展知识的需求，得到了山东省果茶站、地方农业部门、技术人员和梨农的一致好评，并受到高唐县农业局的邀请前去指导。

三、机制创新与典型事例

1．在科技推广过程中探索新的机制

坚持以产业需求为导向，在开展技术服务前充分进行产业调研，通过和当地生产一线的技术人员和果农进行座谈和梨园实地考察，深入了解各地梨产业存在的实际问题，并根据区域特征、实际需求和培训对象，有针对性地制定培训计划，做到有的放矢。对于产区面积大，梨园分布广，果农较为分散的地区，首先集中对当地技术人员进行培训，提高骨干技术人员的素质水平，再由他们为果农进行持续有效的培训和咨询服务。同时通过与地方政府、相关主管部门、梨业协会、园艺站等的合作，借助地方政府、主管部门的政策支持和相关部门、机构和组织在地方的影响力，更好地实现科技推广，从而带领示范基地以外的梨园、中小企业和农户共同发展。

以北京市大兴区庞各庄镇梨花村为例，该村拥有梨树面积 3 000 多亩，由270 户农户分散经营，梨树种植是该村的支柱产业。但这些年由于病虫害防治不统一，防治技术主要靠经验，病虫害发生逐年加重，特别是不套袋梨果的食心虫为害严重，每年造成大量梨果损失，同时果品的安全生产水平也比较低，严重制约了产业水平和经济效益的提升。针对产业存在的实际问题，2012 年，国家梨产业技术体系以北京综合试验站为依托，进行了深入调研和分析，在北京市大兴区园林绿化局和梨花村领导班子的大力支持下，积极争取项目、筹措资金并组织人员，推广了以三安植物保护剂为主的，零农残生物防治生产

技术。北京综合试验站对这项技术的推广和应用进行了全程指导，先后开展了3次集中培训，并在技术实施的关键时期进行8次现场指导，共培训技术人员40人次、果农300人次，显著提高了果农对梨果品质和安全性的认识，帮助他们掌握了生物防治的技术和方法，并及时解决了新技术推广过程中出现的各种问题。在试验站和相关专家的指导下，村里统一建立了300 m³的发酵池，统一进药，专人负责三安植物保护剂的发酵。在对虫情、病情进行监控的同时，采用杀虫灯、黄色粘虫板等物理防治技术并结合诱芯、释放赤眼蜂等生物防治技术对病虫害进行有效防治，形成"预防为主、综合防治"的技术体系。此外，村里还出台价格优惠政策，调动了果农采用三安植物保护剂防治病虫害的积极性。随着综合防治效果的显现，越来越多的果农接受了这项技术，使用三安植物保护剂的农户数量由最初的130户增加到180户，使用面积达到2 000多亩。至8月下旬，梨树的主要病虫害得到有效控制，不套袋梨的虫果率仅有2%，大大低于往年，同时对梨果中62项农药残留的检测结果均为未检出，果品的安全水平实现了质的飞跃。果品质量和安全性的提高进而直接带动了梨果价格的提升，采用零农残生产技术的园区京白梨出园价格达到4元/kg，高于一般化学防治的2.6～3.2元/ kg。病虫害的统一防治还保证了产品质量的规范性，该村已由村果品合作社统一收购优质梨果，并和香港日昇公司等商家洽谈销售事宜，以提高产品档次，扩大销路。2012年全村梨果收入与2011年相比增加了200万元。

2．创新基层技术骨干及种植大户培训形式，提高科技传导能力

　　培训活动以基层技术骨干、大型种植户、贮藏加工企业骨干及梨农为主体，在充分了解培训对象的实际困难和接受能力的前提下，针对梨园管理中不同生长时期的不同问题和不同需求，因人、因地、因时地制定培训内容。同时，根据接受培训者的作息习惯，在培训方式上积极创新，进行集中讲演培训、小组研讨培训、技术疑难点专题培训、播放科技视频、田间地头现场培训等多种方式的实践，掌握了不同培训方式的方法和规律。开展科技服务的主讲人不仅有梨产业技术体系的专家、地方科研院所的专家，还有当地梨园管理经验丰富的农技人员。将关键农时、关键环节的针对性培训与农闲时的系统性培训相结合，除了白天进行集中培训或田间指导外，还根据果农的实际情况，利用晚上的时间，在果农经常聚集的院落或场所进行培训，克服了部分农民白天没有时间参加培训的实际问题。

3．利用各种培训形式转变梨农观点促进地方产业发展

采用现场参观示范梨园、田间现场培训等直观方式，结合集中讲课的培训形式，让果农切实感受到"看得见、学得会、用得上"的梨新品种、新技术、新模式，变被动接受为主动学习和应用，从而实现梨农观念的积极转变，促进地方产业的稳步、健康发展。比如，福建省建瓯市玉山镇从2008年起受梨叶早衰脱落引起的返花返青影响，梨园产量、经济效益持续走低，甚至出现连年投入产出倒挂的情况，极大地挫伤了果农生产积极性，部分梨农甚至开始挖梨树改种其他作物。为扭转这一局面，国家梨产业技术体系相关专家在深入研究梨叶早衰脱落原因的基础上，以福州综合试验站为实施主体，从2009年开始，在当地连续举办了多次专题技术培训，但由于果农将信将疑，也缺乏学习意识和兴趣，技术措施始终落实不到位，防控效果没有明显起色。针对这一实际情况，2011年起体系专家改变了单一课堂培训的做法，立足于组装集成深翻扩穴改土、增施有机质肥料、调节土壤酸碱度、加强以叶斑病为重点病虫防控等技术措施，建立了梨叶早衰脱落防控技术示范园，并以此召开以现场观摩为主、配合室内课堂讲解的技术培训方式，从而有力地推动了梨叶早衰脱落防控关键技术的全面落实，效果日趋显现。据实地调查，2012年梨叶早衰脱落严重发生面积由之前的87%急剧降到10%以下，其中5户果农防治效果显著，45亩翠冠梨园亩产实现3 000 kg，亩收入超万元，创产量、效益最佳纪录，极大地重振了广大果农发展早熟梨的信心。

4．提炼管理技术要点进行针对性培训

通过总结提炼梨园季节性、阶段性管理技术要点，及时印发与培训内容相应的技术辅导材料，增强培训的针对性和可持续性，为广大技术用户提供"跟踪式"技术服务，切实解决梨农在生产实践中遇到的问题和困难。以库尔勒香梨产区为例，在总结近年来专项成果、遴选轻简化实用技术的基础上，根据年度培训内容，平均每年编印《库尔勒香梨综合管理技术手册》《库尔勒香梨病虫害防治技术》维语版1 000余份、汉语版数百份，加快推进了农业科技成果转变为现实生产力。同时，开通"协同通信"业务，将库尔勒香梨管理关键时期的技术要点，通过手机短信、微信等及时发给各示范县市的技术负责人、技术骨干及示范区的主要果农，取得良好的实时指导效果。

5．抓好培训与跟踪、巩固培训效果

利月电话、短信、网络等现代通信手段，做好培训后续跟踪服务，巩固科

技培训效果。通过总结提炼梨园季节性、阶段性管理技术要点，及时印发与培训内容相应的技术辅导材料，增强培训的针对性和可持续性；并充分利用电话、短信、网络等现代通信手段，为广大技术用户提供"跟踪式"技术服务，并定期进行各种形式的回访，加深与梨农的感情，巩固科技培训效果。同时，从基层技术骨干及梨农的反馈中了解当地的产业需求，从而进一步改进梨树科技培训的方法，达到良性循环的可持续发展，切实解决生产实践中的问题和困难。如在浙江地区，通过与衢州市农技 110 合作，在疏果期为龙游县主要梨区举办砂梨新品种与新技术模式、疏果技术培训后，通过电话、短信等形式提供培训后续技术咨询、指导，受到了当地梨农、技术人员及农技推广部门的热烈欢迎。

第二节　为政府及产业提供决策咨询与信息服务

梨产业技术体系在全国 260 多个主要产梨县（市）建立固定观察点 200 多个，开展由点到面，定点、定员，长期、稳定、动态地进行产业数据监测，追踪国内外梨产业技术研发进展，关注中国梨种质资源、栽培品种和砧木、梨病虫害发生情况、诊断与防治等信息，调查内容覆盖产前、产中、产后等重要环节，并对应建成 20 个基础数据库，累计调查、录入各类产业基础数据逾万条，为国家和农业主管部门提供了第一手的产业数据。

同时，梨产业体系密切关注国内外梨生产及贸易概况、产业技术发展动态及存在问题等，并进行深入剖析，向国家及地方农业主管部门提供相关调研及产业研究报告，如《产业技术发展报告》《产业发展趋势与政策建议》《我国梨生产动向及市场行情预测》《我国优势特色重点农产品（梨）国内外市场及竞争分析》等，并结合推荐相关专家参加产业发展规划论坛等方式，为相关部门（单位）及产业提供立项建议与生产指导决策咨询，至今已累计提供梨产业发展报告、产销形势报告、政策咨询等 200 多份，其中 8 份受到国家及省部级领导的肯定批示。

此外，通过定期印发《工作简报》《技术简报》、汇编梨产业实用技术，以及创建"中国梨在线""梨病害绿色防控网""梨树授粉品种自动配置系统""梨品种指纹图谱鉴定系统"等专业网站和计算机软件专家系统，建立地方梨产业微信交流群，搭建和维护良好的公共信息咨询服务平台，利用现代网络通信技术，更高效、便捷地为社会公众提供公共信息咨询服务，使广大果农在学习生产关键技术的同时，也及时了解和把握体系以及整个梨产业的重大进展和发展动态。

第三节　积极协助解决梨产业突发性事件

国家梨产业技术体系密切监测并积极应对各地梨生产和市场的异常变化，以及各类突发性事件和农业灾害，及时提出切实可行的解决方案，以确保梨产业的稳定、健康和可持续发展。例如，在应对西南地区连年干旱，吉林、新疆、山东、甘肃等省（自治区）遭受严重冰雹灾害、新疆轮台县库尔勒香梨顶腐病、湖北吉丁虫害、安徽砀山酥梨炭疽病暴发等重大灾害发生时，梨产业技术体系都在第一时间做出响应，迅速派出专家工作组进行实地指导、提出解决措施，并协助当地产业主管部门做好减灾防损工作。迄今，已在全国 24 个省，近 200 个主产县（市、区）开展调研，累计监测、上报各类突发性事件和农业灾害 160 多次，发现不明病虫害约 40 起，并及时查找发生原因、提出相应的防治措施，已发布预警、预案、指导性技术方案 40 多份，减少梨农经济损失逾 17 亿元，受到广大梨产区政府和主管部门及梨农的广泛好评，同时也树立了梨体系为产业保驾护航的良好声誉。

以甘肃省景泰县为例，该县是甘肃省梨果生产的重点区域，以生产优质早酥梨和黄冠梨著称，其梨果生产情况对甘肃省梨果价格有举足轻重的影响作用。2013 年 4 月 6 日及 4 月 9—10 日，该县突然遭遇 -8 ～ -6℃ 的持续低温，梨园遭受严重冻害。体系依托兰州综合试验站，在冻害发生后，迅速协同示范县技术骨干，对景泰县各类梨园花朵受冻情况进行深入调查，调查结果显示，早酥花蕾受冻率平均达 54%，黄冠花蕾受冻率 48%，苹果梨花蕾受冻率 45%，且存活花蕾多为中心花或弱花，受灾情况严重。为降低霜冻灾害，防止预期效益下降出现大量梨园弃管、梨农外出打工等不利于产业发展的情况发生，兰州综合试验站通过举办培训班及田间演示，指导梨农采用蜜蜂授粉、液体授粉、人工点授等多种授粉方式加强花期授粉，并探索开发了利用蜜蜂携粉器提高蜜蜂授粉效率技术，有效提高了坐果率，最大限度地降低了梨农的损失，极大地重振了梨农的信心，避免了梨园弃管现象的发生。梨果成熟期调查结果显示，景泰县示范园黄冠梨亩产 3 500 ～ 3 900 kg，与 2012 年持平，早酥梨亩产 3 000 ～ 3 600 kg，较 2012 年减产约 25%；黄冠梨批发价 3.2 元/kg，早酥梨批发价 2.6 ～ 2.7 元/kg，亩产值均达到往年水平，保证了灾害年份的稳产增收。

2018 年 4 月 4—7 日，由于冷空气平流南下，我国北方多省份突遇大风降温，部分地区出现了雨雪天气和持续低温霜冻，河北、甘肃、山西等主产区低温普遍达到 -2℃ 以下，甘肃张掖等局部地区最低温度降至 -13℃。由于此时正值梨树花序分离期至盛花期，花序冻害严重。灾情发生后，国家梨产业技术体系第一时间组织相关区域的岗位科学家及综合试验站站长深入一线开展灾情调查，通过微信群、电视、广播等渠道发布防灾减灾措施及灾后补救方案，通过技术培训协助受灾地区主管部门及种植户积极应对灾情，采取充分利用中心花、腋花芽、晚花结果，提高坐果率，保花保果，预防病虫害发生等补救措施，并提醒种植户不要丧失信心，及时采取相应的技术措施，以便获得少部分产量，将冻害的损失降低到最小程度；同时建议在冻害较重、难以有经济产量的情况下，对郁闭园趁机进行间伐，或对临时行或临时株进行重回缩，给永久株或永久行留出发展空间。在灾害发生后，梨体系一方面依托梨果加工岗位在受灾地区开展梨酒、梨醋加工技术培训，并向当地企业及梨农传授梨酒、梨醋加工技术，发放技术材料 200 多份、梨果保鲜材料和加工用酵母菌 1 200 余份，为残次果找到了出路，降低了梨农因自然灾害导致的经济损失；另一方面组织专家积极开展梨花果防冻剂、单性结实技术研发攻关，为后续对抗花期冻害做好技术储备。

第四节　扶贫攻坚

自 2016 年起，国家梨产业技术体系根据农业部相关通知精神，在各综合试验站及岗位科学家的共同努力下，与其他多个体系密切联系、沟通，在贫困县确定了 34 个梨产业优势区域，并确定了各片区的联络人。一方面深入梨产业相关的 9 个贫困片区，围绕当地梨产业布局和现状、存在的主要问题以及产业发展的技术需求等，对地方政府主管部门、技术推广部门、行业协会、龙头企业、农民合作社、种植大户等各类技术用户开展面对面的调研和交流；另一方面，积极与当地主管部门和农技推广部门对接沟通，针对各片区的具体情况，因地制宜编制扶贫任务实施方案，结合体系已有的技术成果，开展有针对性的科技扶贫。基于前期实地考察、调研结果，进一步讨论确定了6个具有代表性的重点扶贫县，包括：隰县（吕梁山区）、阜平县和平泉县（燕山-太行山区）、泸西县和台江县（滇桂黔石漠化区）、宣恩县（武陵山区）。

一、贫困片区面临的主要产业问题

经过调研发现，梨产业相关的9个贫困片区涵盖地域广、地型地貌复杂、生态类型多样，不同区域的特点各不相同。与主产区、发达地区相比，这些贫困地区大多在偏远山区，普遍存在农业生产条件欠佳，青壮年劳动力缺乏，信息、交通闭塞，种植的梨品种老化、结构不合理，栽培粗放、技术落后等问题。在扶贫工作中遇到的比较突出的共性问题有以下几点：

1．梨品种老化、结构不合理

主栽的梨品种多为老品种或传统地方品种，如早酥、长十郎、湘南、黄花、砀山酥梨、苍溪雪梨（地方品种）、八盘梨（地方品种）等，这些品种品质欠佳，成熟期过于集中，品种结构不合理，采后商品化处理、贮运保鲜技术欠缺，鲜果销售压力大。

2．栽培技术落后，梨园管理粗放

受交通、资金及教育程度等限制，各贫困片区从事果树专业技术的人员极少，梨农不能及时接受技术培训，梨园管理粗放，栽培模式、技术落后，梨园树体早衰现象普遍，病虫害发生严重，对于病虫害等突发性事件的应急处理能力差，部分区域梨产业萎缩。

3．梨园基础设施薄弱，生态环境脆弱，资源匮乏，产业发展乏力

贫困片区的梨园大多处于山坡地，土层较薄，水资源等生态资源有限，管理不便，农业生产自然灾害严重；灌溉、排水、道路等基础设施薄弱，交通不便利，缺乏吸引城市资本和外来资本投资的潜力，市场和资本等资源匮乏，制约了产业的发展和壮大。

4．梨园经营管理人员接受能力有限

贫困片区的青壮年劳动力多外出打工，梨园多由老人和妇女管理，接受新品种、新技术的能力有限。因劳动力缺乏和梨园效益较低，梨园管理粗放和弃

管现象严重。

5．组织化程度低，销售渠道单一

梨产业区域集中程度、组织化程度低，行业协会、龙头企业极少，成立的合作社也多在松散管理状态，缺乏带动作用。梨农多为一家一户分散经营，加入专业合作社比例不高，生产的梨果一般由梨农自行在当地销售或者由周边果贩上门收购，很难形成适度规模效益。

6．信息物流发展缓慢，商品经济和品牌意识淡薄

由于地区偏远，农业信息资源开发程度低，物流产业发展缓慢，农户普遍对新技术、新产品、新观念接受度低，对梨产业的发展潜力认识不足，缺乏市场竞争意识、品牌意识和包装营销手段，导致梨产业的资源优势难以发挥。

根据相关岗、站提交的扶贫工作总结材料，截止到 2018 年 10 月 15 日，梨体系 2016—2018 年度累计在 9 个梨产业相关的特困连片地区 100 余个县市，协同当地农业主管及推广部门、企业、专业合作社等，制定地方梨产业发展政策建议及扶贫工作方案 20 多份，累计示范、推广梨新优品种约 68 个、省力化栽培新树形 12 个、新技术 70 多项，协助贫困县区新建示范园 66 个，示范面积 3.27 万亩，辐射推广面积约 12 万亩，累计培训技术骨干及梨农约 3 万人次，发放技术资料和农资 4 万多份。

二、梨产业扶贫工作及成效

1．深入贫困片区开展梨产业调研

国家梨产业技术体系依托河南、湖北、重庆、四川、陕西、甘肃、湖北、贵州、云南、河北、山西、新疆等省（自治区、直辖市）的综合试验站及岗位科学家，分别于 2016 年 1 月、2017 年 3 月、2018 年 6 月和 8 月多次走访秦巴山区、武陵山区、乌蒙山区、滇桂黔石漠化区、滇西边境山区、燕山－太行山区、原中央苏区、吕梁山区、新疆南疆四地州等 9 个梨产业相关的特困连片地区 100 多个县市，共获得调查样本 300 多份。其中，包括政府主管部门 70 多份，技术推广部门 80 余份，行业协会、农民合作社、龙头企业近 100 份，种植大户 80 多份。

2．协助贫困县区制定梨产业发展规划及科技扶贫方案

协助四川苍溪，河北阜平、魏县、滦平，山西隰县，湖北恩施、宣恩，云南泸西，江西峡江、金溪等地方政府和主管部门，围绕当地梨产业发展现状、存在的问题、产业需求和发展规划等提供政策咨询，提出有建设性的发展建议，并有针对性地制定科技扶贫方案。

例如，2017 年 5 月，梨产业技术体系首席科学家张绍铃教授组织多名岗位科学家，赴四川省阿坝藏族羌族自治州金川县进行梨产业调研，实地开展技术指导和操作示范，并针对当地产业现状和技术需求，制定金川雪梨的产业复兴发展规划。

依托武汉综合试验站，向湖北省宣恩县政府建言献策，提出打造当地特色梨果品牌，拓展电商销售渠道，同时构建以黄金梨为主体，集休闲观光旅游、农家乐于一体的产业发展模式，促进当地梨产业链的拓展与增值，加速一二三产业融合发展。目前，当地生产的优质黄金梨已树立了"武陵梨"地方品牌，进入电商渠道，单个售价达 10 元以上，供不应求，梨农人均收益从 2 000 元提高到 5 000 元。2017 年 8 月，宣恩县椒园镇政府、黄坪村黄金梨专业合作社成功举办"黄金梨采摘节"，活动当天成功吸引县内外游客商家 4 000 多人，黄金梨销售额达 10 多万元，带动了大批梨农增收致富，湖北日报、网易等新闻媒体进行了专题报道。

3．低效梨园改造与新优品种示范、推广

针对河北平泉、阜平，山西隰县、汾西，河南洛宁，湖北咸丰，四川金川，福建建宁、清流、建瓯，新疆乌什等贫困片区的大量低效老梨园，开展树盘修整、土壤改良、树形改造、间伐等措施，将高大郁闭的树形改造成低矮、简单的高光效树形，如倒"个"形、Y 字形、圆柱形等，解决了低效老梨园树形郁闭、光效利用率低、产量低、果实品质差等问题；同时，引进适宜不同产区栽种的新优品种（翠冠、中梨 1 号、玉露香、红香酥、南红梨、佛见喜、中农酥梨、中农 1 号等），通过高接换种的技术手段，促进贫困片区品种更新换代，显著提高老梨园的生产效益。

以山西隰县为例，梨体系依托太谷综合试验站，在国家级贫困县隰县推广自育的新品种玉露香，将当地原来梨树栽培面积不足 1 万亩发展到现在的 20多万亩。2017 年，梨体系与隰县政府密切配合，以玉露香梨高效优质安全生产为主攻方向，以示范园建设为中心，全力推进郁闭园改造，增施有机肥，果园生草和种草，病虫害综合防控，精细采收、包装、贮运保鲜等技术措施，从标准化生产、示范园建设、技术培训指导、防灾减灾、品牌营销五大重要环节推动隰县玉露香梨产业健康稳步发展。2017 年度全县玉露香梨挂果面积为

4.5 万亩，产量 15 000 t；商品果率达到 85%～90%；梨果平均售价 8 元/kg，最高售价达 20 元/kg，生产效益达到常规梨品种的 3 倍以上。

4．梨优质安全高效生产技术示范与示范园建设

围绕贫困片区普遍存在梨园管理粗放、栽培模式、技术落后，以及梨园树体早衰现象普遍、病虫害发生严重等问题，通过示范园建设、技术培训、发放技术资料等方式，在河北、新疆、河南、甘肃、安徽、湖北、江西、四川、重庆、福建、云南、贵州等省（自治区、直辖市）的贫困片区广泛开展梨优质安全高效生产技术示范与推广。2017 年，新建示范园 29 个，示范推广的主要技术包括省力化树形及配套整形修剪技术、梨园生草、配方施肥、节水灌溉、液体授粉、疏花疏果、果实套袋、采摘、病虫害绿色防控、早期落叶二次开花防控等，总示范面积达 1.97 万亩，辐射推广面积达 5.61 万亩，对各片区及周边地区起到了良好的辐射带动作用。

以河北省平泉县为例，针对当地栽培品种和授粉品种较为单一、多采取自然授粉、坐果率普遍较低、果实品质不佳等问题，梨体系依托花果管理岗位、昌黎综合试验站，在当地示范梨树液体授粉技术 100 亩，不仅显著节约了授粉耗费的人工成本，坐果率和单果重也分别提升了 20% 和 15%，梨果品质得到明显改善。

5．梨果贮藏保鲜及采后增值技术示范、推广

针对贫困片区均为传统种植区、对梨产业的发展潜力认识不足、缺乏市场竞争意识、品牌意识和包装营销手段等现状，在河北、山西、湖北、云南、江西等产区通过技术培训、发放技术资料、对接企业建设技术示范基地等方式，重点强化贫困片区梨果采后分等分级、商品化处理与精深加工、品牌创建与营销意识，以缓解鲜果销售压力，促进梨果采后升值。

例如，针对 2018 年春季河北省梨产区低温冻害严重、梨果产量低、残次果较多等问题，梨体系依托梨果加工岗位，在魏县和阜平县开展了多次题为"梨采后分级与商品化处理"的技术培训，并向当地企业及梨农传授梨酒、梨醋加工技术，发放技术材料 200 多份、梨果保鲜材料和加工用酵母菌 1 200 余份，为大量的残次果找到了出路，降低了梨农因自然灾害导致的经济损失。

同时，梨体系依托采后保鲜贮运岗位、武汉综合试验站、昌黎综合试验站等，与湖北、河北相关企业积极对接，在湖北仙桃阿尔迪、河北承德建立了技术示范基地，并进行全程跟踪监测及指导，定期测定库内温度、气体组分等核

心参数，并抽查果实品质，提高企业预警监控能力，最大限度降低企业风险，保障贮藏果实品质，从而进一步辐射带动周边地区采后保鲜技术提升，促进了落后贫困地区梨果采后保鲜贮运技术水平的运用，提升了翠冠、黄金梨、圆黄等梨果采后贮藏品质，显著降低了梨果采后烂损率，延长了货架供应期，对企业提质增效和果农脱贫致富起到了积极的促进作用。

6．搭建梨产业信息与技术咨询服务平台

针对各贫困片区梨生产者普遍知识水平较低、专业技术人员少、信息闭塞等问题，梨体系依托贵阳综合试验站、昆明综合试验站、太谷综合试验站，在贵州、云南、山西等地区，牵头召集相关企业、专业合作社、种植户等梨产业的主要管理者、生产者和经销商等，建立地方梨产业微信交流群，及时发布梨新品种、新技术及产业动态信息，并对优质、安全、高效生产技术和主要病虫害识别与防治措施等进行实时指导交流，及时了解并解决各片区梨生产上遇到的问题，极大地提升了技术培训及咨询服务的效率，为贫困片区梨产业健康发展提供了有力的技术支撑和保障。

下 编
体系认识与工作感悟

十年携手梨园路，推梨厚生铸辉煌

张绍铃

国家梨产业技术体系首席科学家　南京农业大学

　　光阴似箭，岁月如梭。自 2008 年 12 月受聘为国家梨产业技术体系首席科学家以来，已十余个年头。犹记得，梨体系成立之初，我与本体系 38 名专家开展广泛的产业调研，并围绕产业存在的关键问题和重大技术需求开展热烈讨论，为制订体系任务和工作方案反复推敲，一起制订梨体系建设的五年计划和建设目标，"推梨厚生，求实致远"的誓言仿佛仍然回响在耳畔。十余年来，在农业农村部、财政部的正确领导下，在各地方主管部门以及各岗站建设依托单位的大力支持下，在梨体系全体专家和团队成员的不断努力下，梨体系从"十一五"的初具雏形，"十二五"的茁壮成长，到"十三五"的成熟完善，各项工作都取得了重要进展，向国家、梨产业和社会交出了一份漂亮的成绩单。

　　2008 年以来，梨体系共育成综合性状优良的梨新品种 30 多个，获得新品种权 14 个；创新圆柱形、倒"个"形、"3+1"树形、细长纺锤形、双臂顺行式等新型省力化树形及其配套栽培模式 9 套，研发梨树液体授粉、幼果脱萼、肥水一体化、平衡施肥专家系统、主要病虫害绿色防治、梨果采后贮藏病害综合防控等实用技术 40 多项；研发风送式喷雾机、施肥枪、枝条粉碎机、授粉器、新型肥料、生防制剂等新设备、新产品近 20 项；获得授权国家发明专利 80 项，实用新型专利约 20 项，计算机软件著作权 20 多项；制定梨产业相关的省级地方标准 44 项；在国内外重要学术期刊上累计发表研究论文 460 多篇；获国家科技进步奖 2 项、省部级二等以上科研奖励 16 项；建成生产示范园 258 个，面积近 7 万亩，辐射推广 500 万亩，示范贮藏量 5 万 t 等一系列令人欣喜的成果。梨体系选育的新品种、研发的新模式、新技术源源不断地输送到全国 20 多个省份，推动了我国梨产业技术水平的升级。

　　作为国家梨体系的首席科学家，能够作为一个亲身经历者，参与了我国农业科技领域一次革命性的机制改革与创新，见证了梨体系的成长和发展历程，体会到科技进步对我国梨产业技术水平提升的强大支撑和推动作用，心里感慨万千，欣慰和欣喜之情难以言表。同时，作为一名工作在产业一线三十余年的科研人员，比起新一代的青年科研人员，我也更加深切地体会到今天的一切是多么来之不易。

一、困境：缓慢的梨产业步伐与举步维艰的梨科研

在体系建设成立之前，我国梨产业的处境十分尴尬。虽然我国是梨的发源地，拥有得天独厚的品种资源、悠久的栽培历史和广泛的地域分布等优势。但由于市场行情不佳，果农种植梨的热情不高，长期以来，我国的梨产业发展缓慢，无论在品种更新、栽培技术水平方面，还是产品开发方面都相对落后。在当时国家科研经费（尤其是农业科研经费）十分紧张的大背景下，各领域的科研人员都在四处奔走寻求项目支持，对于梨这样效益相对低、研究周期长的果树作物，基本上不可能获得大的项目资助，相关配套扶持也很少。因此，能够潜心专门从事梨研究的专家比较少，人员主要集中在高等院校和省级及以上的科研院所，且多数是在育种领域开展相关研究（因为育种相对比较好申请项目），梨的研究可以说是举步维艰。

二、契机：体系建设让梨产业发展迎来春天

2007年，农业部和财政部为全面贯彻落实党的十七大精神，提出加快现代农业产业技术体系建设步伐，提升国家、区域创新能力和农业科技自主创新能力，给现代农业和社会主义新农村建设提供强大的科技支撑，在实施优势农产品区域布局规划的基础上，决定在水稻等10个农产品的产业链中开展现代农业产业技术体系建设实施试点工作。到2008年底，共启动了50个农产品产业链的现代农业产业技术体系建设，梨正是其中之一！

梨体系的建设仿佛一阵春风，让一度缓慢发展的梨产业与科研重新焕发了生机，也大大提升了梨科研人员的工作热情和信心，我与体系中的所有专家一样，抑制不住内心的激动与兴奋，铆足了劲，下定决心要为产业发展做出些实实在在的贡献来，唯有这样，才能对得起国家和产业的信任和嘱托。

三、发展：专家与体系在探索中共同成长

体系工作和管理模式与以往的科研项目截然不同，工作内容关系到整个产业的发展，每一项工作都可能在产业和社会中造成广泛的影响。没有进入体系之前，专家们往往仅关注与自己最相关的一小块领域和研究内容，可以说是得心应手，但在体系这样一个"新生事物"面前，我们都是新手。体系建设伊

始，摆在我和各位专家面前的是一连串的问题。专家团队怎么组建？人员如何分工？研究课题怎么制定？

1. 分工协作组建团队

由于过去长期以来梨的研究比较薄弱，研究人员相对较少，基本上没有什么团队，涉及的领域主要集中在育种方面，而在栽培、病虫害防控方面有经验的专家寥寥无几，采后加工、产业经济方面的专家就更是凤毛麟角。考虑到产业优势布局，同时兼顾产业的各个环节和体系岗位设置，有部分专家只能从原来从事人员较多的研究领域调整到研究基础相对薄弱的领域，但是我们的梨体系专家丝毫没有因为研究重点的转变而被难住，即便是原来完全没有从事过梨研究的农学领域专家，也纷纷表态自己愿意努力，为后来人打好基础，做好铺垫，当好梯子！各位专家的热情和支持也让我更有信心组建好梨体系的大团队，并带领团队全面开展体系建设工作。

2. 转变工作思路和定位

体系作为一个大团队，每位专家无论之前是从事什么研究，进入体系之后都意味着必须按照体系的分工来开展工作，在工作思路和定位上都需要及时转变。其中，面临最大的挑战是综合试验站，体系对综合试验站的要求是全身心地投入到产业调研、示范园建设和新品种、新技术、新模式、新产品等的试验示范中，为地方梨产业提供技术支撑，几乎没有时间精力再搞其他的研究工作。刚开始要让一些站长丢掉自己多年来的研究重点，改变工作思路和定位，难免有些不舍，毕竟依托单位还是要看研究成果、看文章的。经过几年在体系工作中的适应和调整，站长们渐渐找准了自己的定位，抓住了工作的重点，并在体系新技术、新品种、新成果的试验示范和应用中获得了喜人的成绩，也从中体验到为产业发展做出了贡献而获得的成就感和荣耀感。

以昆明综合试验站站长舒群研究员为例，自从担任梨体系的试验站站长以来，将工作重心由育种逐渐转向梨新品种、新技术的试验示范工作。联合梨体系多名岗位科学家，在云南泸西引进多个早、中熟红色砂梨品种，并在泸西县建立示范园 5 个，示范面积 3 000 余亩，在园区积极引进、示范体系最新研发的土壤改良、肥水管理、整形修剪、花果管理、病虫害综合防控等新技术，定点定期对种植大户、合作社等进行针对性的培训和指导，使梨农生产技术显著提升，加上云南适宜的气候和土壤条件，泸西从一个种植低效益老品种的贫困县，摇身一变成了享誉中外的"中国红梨之乡"，生产的优质红梨品种，平均亩产可达到 1 500～2 000 kg，亩产值可达 5 000 元，果农户均可增收 2 000 元以上，可观的经济效益吸引了越来越多的农户投身红梨种植产业、实现了脱贫致富。

3．到生产一线去找课题

在以往的项目课题中，专家们几乎都是埋头做研究，很少真正深入到生产一线，了解产业需求和发展动态的机会并不多，研究的内容主要是通过查阅文献，坐在电脑前想出来的，自然容易出现科研内容与生产实际脱节的问题，因为不知道产业中存在的关键问题是什么，产业发展需要什么样的技术。而我们的体系在设置任务内容时，首先是要求专家们走出实验室，开展广泛的产业调研，让专家亲自了解相应领域存在的瓶颈问题，再考虑要做什么研究内容，才可以解决这些关键环节的问题，从而满足产业发展的需求。在体系建设的这几年，我们每位专家都做到了转变过去做项目的科研思路，学会以产业为出发点考虑开展什么研究？怎样做研究？虚心向生产经验更为丰富的其他专家、技术人员甚至果农请教，掌握了一手数据，在生产中发现新的研究课题，找到了好的研究内容。

例如，近年来梨秋季早期落叶及异常开花较为普遍发生，危害日益严重，特别在低海拔、高温多湿的长江流域及其以南的早熟梨产区，以福建、四川、浙江、广西、江西、湖北、安徽、江苏等地尤其突出。叶片早衰导致叶片脱落，对第二年梨的产量、品质构成较大影响，叶片脱落面积比例轻的占15%～30%，严重的超过50%，梨园产量和经济损失分别高达70万t和240亿元以上，对南方梨产业可持续发展构成了严重威胁。由于梨早期落叶在不同产区的发生机制尚不明确，对其主要诱因和发生规律缺乏深入了解，没有形成有效的防控手段。梨体系针对这一产业新问题确定了"十三五"重点研发任务"梨早期落叶成因及综合防控技术研发与示范"。从2016年起，通过相关专家的共同努力、协同攻关，基本明确了梨早期落叶并发生的主要区域和基本规律，鉴定出引起早期落叶的相关病原菌和害虫，筛选出防控药剂和抗早期落叶的优良栽培品种，以及减少病害发生的配套栽培模式，取得了阶段性的重要进展。

四、成效：体系建设成果初步显现

近年来，梨产业与科研水平显著提升，也取得了有目共睹的成效，这些成果的取得与近年来梨产业受到重视、梨的科学研究得到稳定的资助密不可分。

体系建设的十年，正是我国梨产业腾飞的十年。

1. 持续支持稳定研究方向和团队

体系为专家们的研发和试验示范工作提供了足额、连续、稳定的经费支撑，与过去"短平快"的科研项目相比，更符合果树科研周期长、见效慢的实际情况。专家们能够沉下心来，踏踏实实、系统深入地做研究，再不用四处申报项目，给什么课题做什么研究，三天两头换研究方向。

2. 产业导向使研究落地生根

由于体系的研究课题来源于产业，考核机制也由"论文导向"改变成"产业导向"，一些产业实际问题不会因为"层次低"而不能立项、过不了验收关而被搁置。例如，自 2010 年 5 月起，梨体系病虫害防控研究室的多名岗位科学家联手开展了梨腐烂病的调查研究，在体系 21 个综合试验站的积极协助下，分别在黑龙江、新疆、河北、北京、安徽、福建、云南等 15 个省（自治区、直辖市）采集梨腐烂病病样，分离获得 168 份梨腐烂病菌株。除了实地调研、实验室分析之外，岗站的各位专家经常通过网络、电话、邮件随时开展讨论交流，并不断在体系管理平台共享文件中发布最新的研究结果。集思广益，通过多位专家历时近三年的协同攻关和联合作战，初步确定我国各产区梨腐烂病病原菌的菌落类型，为准确把握及预测我国梨腐烂病发生、流行规律以及制定防治策略奠定了坚实的基础。

3. "小团队"变为"大协作"，集聚科技资源激发创新活力

体系集聚了全国梨科研界的主要专家队伍和人才，与过去单打独斗的竞争式研究相比，分工协作的"团队式作战"更有利于整合优势资源，多单位联合开展共性技术和关键技术的研发、集成与试验示范，避免了条块分割、资源分散、低水平重复、协作不力等问题。近年来，我国梨的基础理论与应用研究水平和实力提升较大，在国际上的影响力稳步上升，在部分领域的研究和成果已经引领了国际研究前沿。据统计，截止到 2018 年，国内选育的梨新品种约 80% 都是来自于体系，梨研究领域的 3 项国家科技进步奖中的 2 项是由体系专家独立完成，另外 1 项由体系专家参与完成，体系专家获省部级二等以上奖励约占国内同领域 90%。梨研究相关的国家自然科学基金约 70% 由体系专家主持，其中包括了梨研究领域仅有的 2 项重点基金项目。从各类成果的完成单位来看，多数为梨产业技术体系的依托单位，且多岗位协作、岗站协作完成的研究成果比比皆是。

比如，针对梨树人工授粉费时费工、效率低下，且易因授粉不均匀、花期不良气候条件影响造成减产等问题，梨体系花果管理与品质生理岗位围绕高效授粉技术开发，通过一系列试验研究和田间应用，提出了 1 套梨树液体授粉新技术，并在库尔勒综合试验站的协助下，将该技术在库尔勒香梨产区进行试验示范。通过对液体授粉后梨园的坐果率、果实品质观测，以及梨农在实际操作中遇到的问题等进行调查，及时发现存在的一些实际问题，如黄原胶溶解不充分、蔗糖用量大、价格高等。随后，针对实践应用中发现的新问题，岗位团队对授粉营养液配制和喷施技术进行了多次调整和改进，不仅提高了授粉溶液的配置效率，替代蔗糖的萝卜糖还进一步降低了成本，简化了操作方法。同时，在示范推广的过程中，库尔勒综合试验站不断总结、积累技术推广经验，并与岗位专家共同探讨，将该液体授粉专利技术进一步熟化、形成便于梨农在生产中应用、操作的技术，在此基础上获得了 1 项新的国家发明专利授权。

4. 构建梨产业网络，踢好产业科技成果转化的"临门一脚"

梨体系的 24 位岗位科学家分别来自于 7 所高校、2 个国家级研究所和 6 个省级研究所；23 个综合试验站分布于 20 个省（自治区、直辖市），2 所高校、19 个省、市级研究所，1 个企业。全面覆盖产前育种，产中病虫、栽培、土肥、机械，采后贮藏、加工、产业经济，以及区域试验、示范等产业环节，形成了良好的产业网络。

既然是产业体系，就不能仅仅是搞研发，还得将成果进行示范、转化、应用。在体系建设这十年中，体系通过大量努力与探索，逐步形成了一套"岗位科学家研发—综合试验站试验、示范—地方农技推广部门/企业推广、应用"的良好对接机制，通过岗站双向对接、互动新模式，加快岗位研发的新成果试验示范，推动示范园的标准化建设，重点强化示范园的"窗口"作用，在区域试验与示范过程中进一步完善和熟化体系新品种、新技术，形成更多的确实在产业可用的新品种、新技术。同时，通过技术培训、在示范园举办观摩活动、汇编《实用技术手册》等方式，加强试验站与地方创新团队、农技推广部门和企业之间的良好对接、互动，借助地方农技推广部门和企业等对新成果进行转化、应用，促进体系新成果在生产中有效应用和推广，产生了良好的社会、经济效益。

目前，梨体系培育、筛选的新品种已被全国 24 个省、市、地区引种试栽，辐射推广面积约 500 万亩。研发的新模式、新技术已在全国 20 多个省、市和地区的主要梨产区集成示范、应用推广，示范园亩产平均达 2 000 kg 以上，优质商品果率 80% 以上。建立优势产区重要病虫害综合防控技术试验基地 9 个，示范点（区）19 个；建立梨果贮藏生理病害的采前和采后综合防控技术、梨果货架期品质维持技术示范基地 20 多个，累计示范和辐射数量 1 500 万 t 以上，获得经济效益数百亿元。研发的新产品，如梨树病害生防制剂、植物源药剂等已在湖北、河南、甘肃、陕西、辽宁、山东、新疆等地进行田间试验、示范，成效显著。风送式喷雾机、施肥枪等梨园机械新产品累计示范推广 1 000 多台套，作业面积达 3 万余亩。筛选的部分小型实用便捷果实品质测定、温湿度及气体成分检测仪器设备已在贮藏企业推广应用，技术指导规模 20 万 t 以上。

十年风雨，十年征程，说起体系建设与发展中的感悟和体会一时半会儿是说不完的，当中涌现的典型案例和典型人物也数不胜数。回首体系成立前的徘徊和迷惘，体系成立之初的激情澎湃，到如今的踏实从容，体系在成长，体系的专家们也在不断的探索中成长。作为梨体系的首席科学家，我深知，梨产业的稳步前进，梨体系的不断发展、壮大，离不开体系全体专家及其团队成员的辛勤耕耘和紧密合作。为把梨体系建设好、实现产业健康稳步发展的目标，我们同舟共济，一同为体系建设和产业发展中遇到的困难寝食难安，也一同为我国梨产业的蓬勃发展欢欣雀跃。我比任何人也更清楚，专家们在这 3 500 多个日日夜夜的辛勤付出和汗水，在解决梨产业问题的过程中，我们互为良师益友，彼此切磋，互相促进，已经成为了同一战线上的好同志和好战友。

道阻且长，行则将至。梨体系的专家们就是秉承着这样的信念在梨产业一线不惧困苦、砥砺前行，使梨产业焕发出勃勃生机。我也深知，我国的梨产业发展水平与世界发达国家相比还有一定的差距，产业中的新问题仍不断浮现，但我坚信，只要大家继续不忘初心，时刻牢记"想产业之所需，急梨农之所急"，齐心协力，脚踏实地为产业做实事，就一定能开拓前进，攻坚克难，共同创造我国梨产业更加辉煌的明天！

与体系相伴十年，精心培育砂梨品种

施泽彬

砂梨品种改良岗位科学家 浙江省农业科学院

我国是世界上人口最多的国家，也是农业大国。我国农业科技长期处于相对落后状态，国家粮食安全、食品安全、生态安全以及"三农"问题一直备受关注。为了实现饭碗端在自己手上这一目标，必须认真思考我国农业产业健康与稳步发展问题。在这样的大背景下，围绕农业产业振兴，国家投入巨资建设现代农业产业技术体系。通过十年的努力，体系内的科技人员为 50 个相关农业产业培育了一大批良种，开发出了大量相配套的新技术、新模式，农产品总量及品质都有了显著的提高，为实现饭碗端在自己手上打下了坚实的基础，形势总体良好。梨作为多年生果树，不仅育种周期很长，而且品种更新的难度大。一般果农对新品种选择会很慎重，在原有已结果的果园更新品种则会更慎重。但基于目前我国果农受教育程度与专业知识水平，对品种特性的判断力较弱，为此，育种者必须提供优良的品种，同时也必须有与之相配套的技术，才能让果农实现高效益生产。否则，多年生果树品种种植后就会造成比大田作物更大损失。体系建设项目的设立、长期稳定的资助，为适合南方砂梨产区栽培的品种选育工作提供了很好的平台。

国家梨产业技术体系由研发中心与综合试验站组成的模式，决定了岗位科学家与各大产区的综合试验站站长等一批专家会分布在全国各地，相互之间的技术交流、资源共享方面就与以前以区域性、个别单位为主的研究项目有非常大的区别。通过跨地区、跨专业的大交流、大协作、大联合，达到了事半功倍的效果。如品种改良研究室现有 8 位岗位专家，分别来自 8 个省份的大学、国家级研究院所、省级研究院所，各自的研究重点都有较大差异，通过学术、技术、资源、信息等多方面的交流与合作，实现了资源共享，拓宽了思路，减少了重复研究。目前，育种岗位专家共同配置杂交组合，群体在不同生态地区种植，成果共享的模式已非常普遍，提高了育种效率。国家现代农业产业技术体系搭建的平台极大地促进了同行间的技术交流。

梨体系成立以来即开展的体系内岗岗、岗站对接活动工作模式对新品种选育的促进作用也很明显。体系成立之前，育种单位之间的协作主要停留在资源交换这一层面；体系成立后，岗位对接活动有利于新品种区域试验的完成，使品种的适应性评价更加准确，同时也有利于新品种与新技术的推广，以及各地生产经验的分享。就综合试验站这一层面来说，以前不易得到的新品种，尤其是没有通过审（认）定的新品系或受国家植物新品种保护的品种，通过体系内交流体系内优先使用等方式可以在各产区试用，一旦试验成功就可迅速推广应用，提高梨生产的经济效益。

近年来，体系专家开发出的新栽培模式、新技术等也是通过岗岗、岗站对接后快速推广的。梨宽行密株的圆柱形整形修剪模式、双臂顺行式棚架整形修剪模式等的快速推广应用都是典型的例子。

体系内研究室的设定充分考虑到了农业产业的实际需求，6个研究室涵盖了整个产业的方方面面，有利于专家之间的协作。以解决突发事件或体系的应急任务为例，在梨体系成立之初，南方梨产区就有梨早期落叶现象发生，当时不知引起早期落叶的原因，果农没有针对性的防控手段，落叶现象越来越严重，导致严重减产。体系专家接到协作解决梨早期落叶现象任务后，组织植保、栽培、育种相关的专家8人到实地进行考察并取样分析，探究原因，寻找措施。通过多方协作，植保专家研究明确了主要发病原因与发病规律，提出了化学防控的具体方法；栽培专家开展了延缓落叶及落叶后延缓开花的技术研究，提出了在认真防控炭疽病的基础上，增强树体长势与抗性，结合后期药剂处理的综合防控措施；育种岗位专家从筛选不易引起早期落叶品种的角度出发，提供适应的品种供果农参考。通过近几年的实践，南方梨早期落叶现象明显减轻，得到了果农的认可。体系建立提高了全国范围内解决产区实际问题的能力与效率。

梨体系的成立，工作范围扩大了。原来，作为省级科研院所，主要服务对象以本省的果农为主，接触到的问题也主要是省内出现的。加入梨体系这个团队后，工作任务就是进行全国范围内的砂梨品种选育，要求站位更高。为了完成好这一任务，不仅需要了解国内外本领域的研究基础与进展以及产业现状，同时还必须了解今后的发展趋势。为此，在这十年间，我们走访了体系内的所有岗位专家团队、21个综合试验站，基本掌握了全国梨产业与研究现状，对我国梨产业的情况有了更进一步的了解。同时，为更好地了解国外本领域的研究内容与产业现状，访问了日本、美国和韩国，耳闻目睹了先进国家的梨树科研、生产与消费，增长了见识。

进入体系以来，知名度也相应提高了，不仅原有的技术培训、现场指导次数明显增加，许多与梨相关的活动也会应邀参加。在参加这些活动的过程中，会碰到涉农企业员工或果农拿着病树、病果、病叶等到现场请专家诊断，寻求解决方案，但单从拿到现场的病叶、病果看，无法诊断出具体病因。为了更好地服务涉农企业、果农，同时建好本岗位的试验基地与示范园，进入体系这十年间，本人一直是基地一线的操作人员，走遍了本省梨产区的梨企业和种植大户，掌握了梨育种、生产、销售的第一手资料。目前，生产上最容易出现的问题是病虫害及食品安全问题。为提高对该问题的应对能力，我常年与本院植保专家团队保持紧密的联系，遇到自己没有把握的问题总会请他们协助诊断，并提出建议。时间长了，耳濡目染，我在植保方面的"短板"也有所"加长"，解决生产上实际问题的综合能力有了较大提高。

岗站携手共促梨种业发展

曹玉芬

种质资源收集与评价岗位科学家　中国农业科学院果树研究所

　　国家梨产业技术体系 2008 年启动，自己非常荣幸能够成为我国现代农业产业技术体系中的一员，加入这个令人羡慕的大家庭当中。十年来，作为梨体系的岗位专家，先后承担种质资源评价与种质资源收集与评价的岗位任务，在岗位上为我国梨种质资源的研究及发展尽微薄之力。

　　国家梨产业技术体系布局合理，在我国梨的许多分布区域均有综合试验站或岗位专家，为梨种质资源的考察及收集工作提供了非常便利的条件。我国是梨属植物的起源中心和世界栽培梨的三大多样性中心之一，梨种质资源在我国分布极为广泛，全国除海南省及香港、澳门地区外，均有梨的分布。然而，要了解我国梨种质资源分布，并将濒危、特异的梨种质安全保存起来，离不开当地专家的密切配合与协助，梨体系的成员为这项工作的圆满完成发挥了巨大作用。野生豆梨主要分布在我国华东、华南各省份，为了解浙江省豆梨资源情况，体系岗位专家施泽彬研究员及滕元文教授放下各自的工作，与本岗位团队共同跋山涉水、行程 2 000 公里，基本摸清了浙江省豆梨的野生分布现状；武汉综合试验站协助完成鄂东地区幕阜山和大别山区资源考察，行程 1 000 公里以上；福州综合试验站站长黄新忠研究员协助完成闽东地区及闽西地区豆梨及砂梨野生资源考察工作，并将福建珍惜地方品种及野生资源入国家梨种质资源圃保存。甘肃省木梨野生资源多样性较为丰富，兰州综合试验站李红旭研究员协助完成甘肃省兰州市、临夏回族自治州、甘南藏族自治州等地木梨资源考察，摸清了木梨的分布区域及多样性水平。云南是我国川梨野生资源多样性最为丰富的地区，在昆明综合试验站舒群站长与云南省农业科学院园艺作物研究所李坤明研究员的协助下，完成云南省石林彝族自治县，红河哈尼族彝族自治州个旧市、蒙自市，文山壮族苗族自治州砚山县、丘北县，曲靖市马龙区，大理白族自治州市洱源县、巍山彝族回族自治县野生川梨资源考察，考察范围涉及云南省 6 个市共 8 个县，基本摸清了川梨在云南省的分布。在成都综合试验站邓家林站长的协助下，完成甘孜藏族自治州藏梨资源考察。在站长及专家协助下，我国梨野生资源分布图绘制工作顺利完成。种质资源是我国的战略性资源，尤其是野生资源，其中蕴藏着珍贵的抗性基因，这个工作的圆满完成，得益于体系创造的高效而便捷的工作网络，以及体系人对于梨工作发自内心的热爱。

由于农村劳动力大量向城市转移，推广省时省力、节本、优质高效的轻简化栽培技术已成为目前我国现代农业产业技术体系需要完成的重要任务。"十三五"期间，体系重点任务"梨轻简化生产关键技术研究与示范CARS-28-02A"由首席领导，栽培与土肥研究室、病虫草害防控研究室、产业经济研究室、机械化研究室、加工研究室与遗传改良研究室相关岗位专家及试验站参与完成。本岗位任务为轻简化高效栽培适宜品种评价与筛选，根据任务要求及我国梨的优势产区分布，针对轻简化高效栽培适宜品种的评价与筛选任务，计划先后完成北方梨优势产区、西南梨优势产区、长江流域及以南梨优势产区、黄河故道及黄土高原梨优势产区、西部及特色梨优势产区轻简化高效栽培适宜品种的栽培模式、生物学特性等的调研工作，结合数据分析，提出不同栽培模式下适宜轻简化栽培的品种以及不同品种适宜的栽培模式。优势产区内的所有试验站及有关岗位专家对体系的重点任务均高度重视，联合攻关的气氛非常浓厚，截止到 2018 年底，在泰安综合试验站、昌黎综合试验站、营口综合试验站、延边综合试验站、北京综合试验站、哈尔滨综合试验站、成都综合试验站、重庆综合试验站、贵州综合试验站、云南综合试验站、福州综合试验站、武汉综合试验站、襄阳综合试验站、南昌综合试验站以及花果管理与品质生理、砂梨品种改良岗位、架式栽培与整形修剪岗位协助下，北方梨优势产区、西南梨优势产区、长江流域及以南梨优势产区任务已经完成，所到之处，共同开展数据调研，共同探讨相关的参数，并根据调查中发现的问题及时作出调整，为梨轻简化栽培品种布局及栽培模式选择提供数据支撑。

1988 年我大学毕业参加工作，2008 年起作为岗位科学家参与体系工作，在体系工作的这些年感触颇深。在本单位，自己从事的是梨资源与育种工作，在工作中遇到问题，首先想到的是体系的岗位专家和站长，而且都能够在第一时间得到回复和解决。体系大家庭是协同、创新、共同发展的大家庭；是取长补短、共同进步、共同成长的大家庭；是凝练产业问题、共同谋划、联合攻关的大家庭；是培养人才、锻炼队伍、引领未来的大家庭。在体系温暖的大家庭中，在年复一年、不辞辛劳的工作中，时间过得总是很快，欣慰的是自己为我国梨的产业发展还做了一些实实在在的事情。感谢体系，感谢这个温暖的大家庭！

十年科研路，一路"梨"相随

吴 俊

育种技术与方法岗位科学家 南京农业大学

时光荏苒，转眼间国家梨产业技术体系已经建立十周年了，我作为一名相对年轻的青年科技工作者非常有幸加入了这个"国家队"，引以自豪的是可以与国内这么多从事梨产业及相关研究的专家直接交流与学习，得到了稳定的科研资助，可以不用为开展研究找经费而四处奔波了。可以说，这十年是我职业生涯中学习产业知识最扎实、得到锻炼机会最多、成长进步最快的十年，同时也让我树立了为梨产业发展和梨农服务的坚定目标。回顾十年来梨体系的建设，总体有以下几方面体会。

一、体系是一个布局合理的有机体，岗站设置、岗位间协作、岗站对接，形成全国协作网络，成为支撑我国梨产业发展的坚强后盾

体系的岗站设置是一个创新体制，与以往承担的项目不同的是，从整个产业链的关键环节考虑，而每个岗位专家结合自己的专长主攻产业链的一个重要节点，试验站配合各岗位专家做新品种、新技术和新模式的试验示范，既有明确分工，也有相互协作，共同解决产业突出问题、应对产业突发事件，为产业发展保驾护航。十年中，大家有问题一起考察、有想法一起讨论、有工作一起落实，全体成员携手攻关多个产业棘手问题，例如砀山梨的炭疽病、新疆梨的枝干腐烂病、南方梨的早期落叶病等，共同应对了部分产区发生的干旱、涝害、冻害等极端气候灾害。在涉及调研、采样、试验示范时，也充分体现了全国协作网的优势，可以在短期内快速实现全国范围的覆盖和布局。

十年间，大家已经形成了"有难同当、有喜同乐"的团队精神。作为梨体系其中的一名岗位专家，我深刻地感悟到，梨产业中发生的很多生产实际问题，往往靠少数人是无法解决的，需要更多人和更大范围内的联合才可能有所突破。这就需要我们充分发挥团队协作精神，同一体系的专家和试验站需要充分利用和发挥各自的优势和专长，相互配合，做好对接和联合工作；不同体系的相同岗位间也需要进行相互交流与学习，取长补短。在充分了解国内生产现状和技术水平的情况下，也要全面了解和及时掌握其他发达国家梨的生产模式、技术水平和发展动向，特别是高新技术在育种领域的应用方面，学习先进经验，发挥我国的资源优势，推动技术创新和应用，为具有自主知识产权的种质创新提供技术保障，从而在国际竞争中抢占市场先机，取得优势地位。

二、体系确立了以解决产业问题为导向的研发目标与活动宗旨，彰显了扎根在产业土壤中的科学研究和技术研发才更加具有生命力

随着国家农业产业体系的建立，科学研究与产业实践的结合得到了很好的应用。虽然，建立之初两者衔接并不是十分顺畅，但毕竟是架起了桥梁。随着不断的疏通，两者结合的紧密程度越来越强化。在体系建设之初，曾有人说"做产业，怎么还要找大学的教授来做？这是耽误科研！做产业怎么可以出大论文？成大科学家呢？"可是，实践证明，通过体系的多年建设，各位专家不仅在解决产业问题上有了很多的技术创新，同时，在不断深入研究的基础上，其基础性研究的领域也在不断拓展，知识创新能力得到了提升。梨产业体系队伍中，在大学中从事自然基础研究的专家不在少数，其中的很多专家由于曾经具有从事产业一线工作的经历，他们往往很容易结合产业中的实际问题和各自的研究领域，凝练出好的科研课题，并且将研究成果反过来指导生产、解决产业问题，给果农和整个梨产业带来很大的收益。

对于这一点，作为一个相对年轻的科研工作者，我的体会更加深刻。记得博士刚毕业的时候，大多是坐在办公室里查资料，各种构思、设想以及做什么课题，为科研如何持续开展而苦恼和迷茫。加入产业体系后，在考虑研究课题时，总是会先从产业需求方面考虑，将产业需要解决的问题凝练到具体的科学问题上，这样提出合理的研究方案就容易多了，所以连续获得了项目的资助。这样的经历告诉我，走进产业、了解产业、立足产业，是获得更多研究设想和思路的源泉，扎根在产业土壤中的研究才是具有生命力的！

三、体系建设不仅着眼于现在，还充分考虑前瞻性研究和技术贮备，成为具有产业应用前景的创新技术孵化器

"十二五"与"十三五"期间，我先后承担了"分子育种"与"育种技术与方法"岗位的任务，结合自己的专业特长，为推进分子育种技术在梨产业中的应用尽了一些微薄之力。在体系建立之初，很多人都会觉得在果树生产实践中实现分子育种遥遥无期，甚至有人认为那只是科学研究，与产业无多大关系。在这个岗位上任职感觉压力比较大，因为就当前来说，要想实现分子育种在梨产业上有直接应用难度很大。而我既然接受了这个任务职责，也真的希望通过自己的努力，摸索出一套可以推进梨育种进程的分子选择策略，提高育种效率，从而选育出优良的梨新品种，满足消费者的多样化需求。

近年来，结合分子育种岗位的工作，作为第一执行人，完成了由梨体系首席科学家张绍铃教授牵头的国际梨基因组计划，绘制了以砀山酥梨为试材的国际上第一个梨全基因组图谱，并对113份代表性梨品种资源进行全基因组变异图谱分析，发现了亚洲梨与西洋梨的独立驯化事件，明确了梨不同种的遗传背景和分化关系，为全面发掘和利用梨的优异资源开展育种工作奠定了理论基础，同时也为实现基因组指导下的高产、优质、低投入梨新品种培育提供了全新的科技支撑平台。在此基础上，我们开发了基于梨序列的SSR、EST-SSR、IRAP等多种分子标记，构建高密度遗传连锁图谱，开发性状连锁标记，建立分子辅助育种技术体系，在新品种选育中应用并取得初步成效。例如，作为技术骨干，在首席科学家张绍铃教授的带领下，结合杂交育种和分子辅助选择，育成了红梨新品种宁霞，为分子育种在梨产业上的应用提供了范例，也展现了高效育种技术应用的前景。同时，所搭建的梨基因组研究平台，为挖掘优异基因提供了极大的便捷。近年来，不仅本课题组已陆续筛选到控制红梨色泽、果实可溶性固体物与石细胞含量、成熟以及抗寒性等性状的重要功能基因，国内外的研究团队也成功利用构建的梨基因库挖掘到重要的功能基因。随着更多农艺性状关键基因的发掘，将为实现梨的定向遗传改良提供大量的优异基因资源。此外，我们也尝试开展了一些新兴技术，例如，梨的基因芯片、基因编辑等技术研发，希望将来可以在梨的种质创新中得以利用和发挥作用。

四、体系建设为团队成员提供了更多了解和接触产业一线的机会，锻炼和提高了应对产业突发事件和解决问题的能力，也培养了优秀的产业后备人才

通过全面的产业调研，对试验站和生产一线进行调查与走访，在具体研发中强调针对产业问题，使我们团队中的成员特别是很多青年成员更多地了解产业现状、生产问题以及梨农的需求。在产业调研和基地考察中我们发现，不同地区的梨生产技术水平良莠不齐，多数产区缺乏系统性的配套技术；不同地区梨农对梨园标准化管理的认识程度差别很大。市场和果农对于优良品种的渴望程度高，但缺乏新品种来源，而我国各省份单位审定的梨新品种推广面积和数量非常有限，两者之间缺乏桥梁，存在新优技术的推广和应用难度大的现象，迫切需要一个有效的成果转化机制。同时，体系的工作是全方位的工作，除了研发任务，还需要全面掌握梨生产中的各个环节和技术要求，为果农提供相应的技术服务。梨产业技术水平的提高是一项系统工程，从品种选择、配套栽培技术、病虫害防控，到采后贮藏保鲜和加工增值，任何一个环节的不足都会产生较大的影响，从而成为提升整个产业水平的瓶颈。作为梨体系的专家和团队成员，不仅要有专长，还要掌握产业相关的一些生产技术。多年来，我们的团队通过讲座、室内培训、田间指导、电话和网络咨询等方式开展了各类技术服务和培训工作，并协助梨农解决突发问题。例如，协助河南、山西产区开展梨果鸡爪病的发病机制调查，收集发病果园的样品进行相关测定和比较分析；针对江苏地区的夏季洪涝灾害，提出切实可行的防灾减灾技术措施，组织梨农做好排水及喷药工作，以防止灾后病虫害暴发，为梨农及当地主管部门提供技术支撑。因此，逐渐锻炼和提高了自身应对产业突发事件和解决问题的能力；同时，也增强了团队青年骨干和学生们为产业服务的意识，培养了一批优秀的产业后备人才。

总体来说，十年的体系建设路程，点点滴滴，历历在目，仅仅几点体会是不能概括全的。我非常感激得到梨体系的信任，感受到团结互作的精神和力量。"路漫漫其修远兮，吾将上下而求索。"相信十年只是我们梨体系建设征途中的一个驿站，新的征程即将开始，美好的未来即在前方。

合作共赢，梨香四海

王迎涛

白梨品种改良岗位科学家　河北省农林科学院石家庄果树研究所

十年的体系工作使我对体系的概念与实质有了更深刻的认知，国家梨产业技术体系由国内从事梨树科研与推广的诸多单位参加，在一定程度上是一个有组织、有领导、有纪律，并有宏伟目标的统领全国梨产业的大型团队，是以振兴我国梨果产业为共同目标的团队。且实现这一宏伟目标的关键是全体之间的密切合作，十多年的亲身经历更加体会到了体系平台建设及体系内岗位之间、岗位与综合试验站之间合作的重要性，正因如此才取得了诸多成效。本人为遗传育种室白梨品种改良岗位专家，通过体系内交流发现砂梨品种改良近年育成的早熟优良新品种翠玉，除具熟期早、果肉细腻、汁液丰富、风味甘甜等优良特性外，更具果形美观、果点稀小等特点，为此设计了黄冠×翠玉、冀蜜×翠玉等组合，以实现改良目前主栽品种外观品质及培育早熟优质新品种的目的。但当时尚未引进翠玉，虽可引种上述组合，但待其形成花芽亦需 3～4 年，为此借助体系平台与浙江省农业科学院园艺研究所施泽彬团队开展了合作研究，结合各自育种目标提出理想组合，由施老师团队提供父本花粉，本团队提供黄冠等母本资源，并于本岗位实验地进行，所取杂交种子分别于石家庄与杭州培育实生苗，目前该批实生苗已陆续结果，选出优良单株指日可待。例如，2013 年山西中部地区砀山酥梨的授粉品种雪花梨果发生严重的面花斑病，且面积较大，对当地梨果产业影响重大，并引起了农业部领导的高度重视。恰逢国庆节前夕，首席办公室第一时间组织植保、栽培、土肥、产后等相关体系专家赶赴现场，本人因多年从事套袋黄冠果面花斑病防控研究并已取得一定成绩而有幸随行。通过实地调研、梨农走访及不同肥水管理条件发病水平调查，经病原菌分离、主要营养元素分析等系列工作，初步认定该病害与黄冠梨套袋栽培出现的花斑病虽然病斑症状略有不同，但同属于生理病害，并提出了来年的综合防控技术要点，有效地控制了病情的发生，减少了果农损失。

就本岗位而言，借助体系平台，综合各岗位科学家、试验站站长对产业的分析与研判，以满足梨产业品种结构改良的资源需求及市场多元化需求为宗旨，以培育兼具抗黑星病、品质优良、适宜省力栽培或果面带红晕的新品种为育种目标，10 年内共完成 83 个组合的杂交授粉工作，获杂交种子 28 000 余粒，培育杂交实生苗 8 600 余株。在现有实生单株经济性状鉴定的基础上，又分别于 2013 年、2014 年、2016 年各新建立实生选种圃 1 个，定植 50 余个组合实生苗 6 600 余株。筛选出综合评价为上及中上的优系 125 个，其中早熟优系 55 个、中熟及中晚熟优系 48 个、晚熟优系 22 个。除对新品种（系）于河北省建立中试园外，还与诸多综合试验站合作，于北京、山西、山东、云南、贵州等省份进行了试栽，有效地缩短了对其遗传稳定性的掌握及配套栽培技术的形成时间。虽然体系内依工作性质及内容有着明确的分工，但对产业中发生或存在的问题不应受到分工的限定，而应广泛涉猎、协同攻关，以解决共性突出问题，促进梨产业健康持续发展。就育种岗位而言，对自己选育的品种在生产中出现的问题更应积极面对。如本岗位育成的黄冠梨应用区域已遍布大江南北，据 2018 年对 15 个省份的统计，栽培面积达 160 余万亩，且已取得了极为显著的社会、经济效益，但套袋栽培果面花斑病发生严重，很大程度上影响了梨农的种植积极性，且各梨产区反应强烈，反馈电话暴增，团队成员压力也随之增加。为解决这一全国性难题，向首席办公室寻求帮助，在张绍铃首席科学家的指导下，连续多年从流行病学、组织结构、植物矿质营养和生理生化等方面系统研究，证实套袋黄冠梨花斑病是由于套袋后果皮钙素营养的缺失和果袋内特殊环境（温度、湿度、光照）的影响，使果皮在皮孔部位形成较大的不规则龟裂纹，龟裂纹缺少角质层的保护而激发的一种酶促褐变反应；确定了病害发生和流行的因素主要是果袋、氮肥、果实膨大速度、气候和土壤水肥状况；建立了以控氮控钾、增施有机肥、选择适宜纸袋及幼果期补钙肥、硼肥等为核心内容的防控技术，有效解决了当前黄冠梨生产中的关键问题。该技术已于河北省黄冠梨主产区推广，经济、社会效益显著。

人才培养方面，本岗位自进入体系以来，育成中晚熟新品种冀玉、冀酥等新品种 3 个，获得国家科学技术进步奖二等奖 2 项（合作完成），制定地方标准 1 项，授权新型实用专利 3 项，成立套袋黄冠梨果面花斑病成因及综合防控技术多项。正因如此，本团队人员的培养方面亦取得可喜进展，岗位专家王迎涛研究员在取得国务院特殊津贴的基础上，又于 2014 年获河北省第七批省管优秀专家殊荣，团队成员李晓等 2 人晋升为研究员，王永博晋升为副研究员，并逐步成为科技骨干。同时，团队与河北晋州、辛集、赵县、藁城、深泽、泊头、衡水、阜城、宁晋、魏县等 10 余个县（市）的政府林业部门建立了良好的合作关系，对各县（市）梨果业发展规划提供了意见和建议，培训各县（市）林业技术干部、果品企业技术人员、合作社及种植大户 1 000 余人次，为农业增效、农民增收和区域梨产业发展做出了积极贡献。

其实团队之间、人与人之间的相互帮助亦是做好体系诸项工作的基础。正如盲人夜晚出行打灯笼的故事所折射出的人生哲理：与人方便，其实就是与己方便；帮助别人，实际上也就是帮助了自己，正所谓"赠人玫瑰，手留余香"！

体系运行筑牢产业研发基础，岗站合作促进产业水平提升

张茂君

秋子梨品种改良岗位科学家 吉林省农业科学院

一、体系建立促进小作物和非优势作物产区产业发展

随着国家现代农业产业技术体系建设，一些小作物和农产品非优势产区相关产业发展得到有力的科技保障。以吉林省梨等果树产业为例，作为我国粮食主产省和国家商品粮生产基地，以往吉林省的农业科技投入主要用于保障粮食生产安全，果树生产一直未得到重视，有关梨等果树的科技投入在项目数量和经费额度方面长期处于较低水平，导致吉林省果树科技工作难有较大突破，拥有的抗寒果树资源优势始终没能转化成行业发展优势，有关梨的科技奖励成果近二十年为零。体系启动后，极大地促进了抗寒梨科技创新和成果转化工作，十年来，无论品种育成质量、奖励成果数量，还是产业发展面积水平较以前都有了很大提高，这一切都归功于国家梨产业技术体系秋子梨品种改良岗位和延边苹果梨综合试验站的建设。

二、体系设置结构合理，目标明确

国家梨产业技术体系按照国家现代农业产业技术体系建设方案，在"十一五""十二五"建设的基础上，于"十三五"体系建设过程中进一步整合了全国梨科技资源，紧密结合产业实际，调整和增加岗站科学设置，合理布局及岗站对接，为全国不同区域梨产业高效可持续发展提供技术支撑。体系构建的全国梨科研协作网络，由于加强了同行间合作交流，不仅能有效地避免低水平重复研究，加速新品种、新技术的推广和科技成果的转化，而且能集全国各研究领域梨专家之力，协同攻关，解决生产中共性问题、技术难点和突发事件，对我国梨产业整体水平提升具有重要作用，促进了产业健康、稳定、可持续发展。

三、稳定支持，促进团队建设及科研创新水平的提高

产业体系建设以来，改变了科研人员跑项目、要项目的局面。在体系持续支持下，改变了本岗位育种技术研发条件较差和基础设施较薄弱的现状，同时稳定了科研团队。体系建设十年来，完善试验室建设 100 平方米，购买小型仪器（单价低于 5 万元）40 余台套，新建果品低温冷藏库 1 个，团队人员稳定在 5～6 人，使科研创新能力有了较大提高。同时，通过体系内岗位间、岗站及体系间联合，在破解产业发展所需的关键技术、基础研究及应用基础研究等方面形成科技创新能力，搭建集人才、资源为一体的技术研发与成果转化平台，在抗寒鉴定、分子辅助育种、梨系统亲缘关系进化等前瞻性研究方面，新品种（系）区试评价及配套栽培技术研究等方面，使团队自身优势得以充分发挥，提高了本团队在相关研究领域的知名度和学术水平。

四、结合区域产业发展，促进体系成果转化

依据岗位目标，本岗位围绕我国北方寒冷地区秋子梨产业需求和问题，开展了高抗逆性、不同熟期配套的秋子梨品种选育及配套栽培技术研究，新配置杂交组合 100 余个，选育出寒酥、寒露、寒雅等新品种，筛选出优系 30 余个。在本岗位新品种选育及示范推广过程中，由于以前新品种区域适应性评价体系不够健全，除在品种审定省份内开展区试评价外，缺少全国范围内相似生态区域评价结果，进而影响了梨新品种示范推广面积。体系成立后通过体系建立的协作网络，在相关区域岗位专家、试验站的配合下，以建立标准示范园为基础，统一品种区试评价体系，规范品种区试示范，通过标准园的示范展示作用达到带动周边发展的目地。目前，本岗位培育的梨新品种在北京、河北、辽宁、内蒙古及吉林等地得到示范和推广，在河北北部、辽宁西部、内蒙古赤峰地区部分品种已成为当地主要栽培品种。品种示范推广过程中，在促进区域梨产业发展的同时，展示了体系成果及形象，使广大果农能够接受体系、欢迎体系。

回顾体系十年来的工作，开阔了眼界，增长了见识，进一步明确了本岗位与体系其他岗位之间的差距和不足。通过体系的持续支持，使团队基础建设、人才团队建设、科研创新能力得到稳定提高。但团队也存在人员数量偏少、结构不合理等问题，一定程度上限制了本岗位自身的发展。但作为体系大家庭的一员，工作中一直秉承"推梨厚生，求实致远"的体系文化，意在"以梨产业为事业，以求真务实的态度，踏踏实实工作，以勤奋协作、孜孜不

倦的作风，不断创新思路，志存高远，为推动梨产业进步、促进'三农'发展而奋斗"。"不忘初心，牢记使命"，继续秉承"为产业服务"的理念，积极响应党的十九大和中央一号文件精神，发扬"六要六不要"的工作作风，齐心协力把本岗位的工作落到实处，为实现区域梨产业升级、果农脱贫致富继续不懈奋斗！

跨越式发展的十年

杨 健

西洋梨品种改良岗位科学家 中国农业科学院郑州果树研究所

弹指间，十年已过；忆往事，感慨万千。

十年间，科研团队不断壮大，实现了新老更替，新进团队成员 2 名，团队成员达到 6 人，其中 2 名团队成员晋升为副研究员，2 名团队成员取得博士学位，本人也晋升为研究员，接替成为岗位科学家；并且聘用了 4 名科研助理和 4 名田间管理人员。

十年间，试验条件和设施实现跨越式发展。试验用地由 15 亩增加到 130 亩，并且配备了肥水一体化系统，搭建了防鸟网，实现了割草机、打药机、旋耕机等机械化作业；种质资源保存数量翻了一番，达 500 余份，并且进行了资源圃改造，将白梨、砂梨、秋子梨、新疆梨、西洋梨分区保存，便于管理和利用；杂交后代实生苗数量扩大 8 倍，达 2.5 万株，结果单株数量增加 30 倍，达 6 000 余株；采用数字化育种系统，大大提高了育种效率。

十年间，科研水平不断提高，成果累累。首次获得了国家科学技术进步奖二等奖，首次发表SCI论文；中梨 1 号（绿宝石）和红香酥已成为我国梨主栽品种，累计推广面积逾 150 万亩；红酥蜜和丹霞红实现了我国梨品种知识产权首次转让，完成了 240 万元的转让合同；玉香蜜可免套袋栽培，果面洁净，果点小，成熟后果皮颜色绿白色，且具有苹果香味；早红玉、红酥宝、红酥蜜、丹霞红等品种为库尔勒香梨第二代，不仅继承了库尔勒香梨的内在品质，在外观品质上也得到了很大的改良；缩短育种周期 3 ~ 5 年，培育新品种 9 个，发表论文 16 篇，获得专利 6 项。

十年间，岗站深入合作，为梨产业绿色提质增效提供科技支撑。团队前往 20 余个省（直辖市）进行田间指导、培训企业技术人员和果农合计 13 300 人次。对于生产中应急事件及时奔赴现场进行技术指导，提出解决方案。

现代梨产业技术体系砧木岗位十年工作进展与感想

王　然

砧木评价与改良岗位科学家　青岛农业大学

2008 年开始参加体系工作，这十年不仅使个人及团队成员的综合素质与能力得到大幅度的提升，也使我们团队能够真正地将文章写在大地上，能够急产业所急，围绕产业缺少无性系矮化砧木的实际，开展砧木评价与改良及苗木繁育工作，将砧木抗逆性、致矮性、营养吸收特性等对品种的影响机理及砧穗嫁接亲和性等作为研究重点，在砧木评价与选育、工厂化育苗、新品种选育等方面取得显著进展，提高了对产业的贡献度。建成一个核心团队和工作网络，为后续工作的继续开展奠定了良好的基础。

一、体系的运行机制使研究周期长、见效慢、难度大的梨砧木评价与改良工作得以开展

梨是多年生果树，生长周期长，单株占地面积大，遗传组成高度杂合，其育种工作难度大。而砧木育种要比品种需时更长、难度更大，除了要系统评价砧木本身适应性、抗逆性、抗病性等特性外，还要评价砧木与品种的嫁接亲和性，以及砧木对品种树性、抗逆性、抗病性、结果特性、果实品质等的影响。优良的砧木一定要易于繁殖，而多数梨属植物生根困难，无性繁殖难度相对较大，导致所有这些相关研究都不可能在短期内完成并取得可固化的成果，往往需要几代人的连续工作。因此，尽管我国是梨属植物重要的起源中心，有丰富的资源，但产业急需无性系矮化砧木，以克服梨树过大、结果晚及有性繁育砧木带来的产品一致性差等问题。但是，国内从事梨砧木育种的人很少，多数项目要求 2～5 年内完成，对于砧木评价与育种几乎是不可能的。所以我国梨砧木育种及相关研究远远落后于西方国家。2008 年我国启动了国家现代梨产业技术体系，产业体系岗位设置、经费的稳定支持和阶段性考核方法，使我们敢

于不畏艰难，系统地开展砧木研究工作。从梨砧木野生资源的调查收集和国内外育成砧木及中间类型的引种收集到砧木的杂交育种、诱变育种和砧木的系统评价、无性系砧木繁育技术体系创建等，历经十年，取得显著的成效。我们坚持每年都要对我国不同地区梨野生资源进行调查并收集、观察、评价，包括9个国家及我国的山东、山西、河北、河南、甘肃、陕西、江西、云南、贵州、四川、西藏等省份。建立了梨砧木种质资源保存圃，保存有国内外引种的无性系砧木品种及类型40份，除了矮化西洋梨、秋子梨，保存有野生资源128份外，还新发现了矮化杜梨和豆梨，为矮生矮化机制研究奠定了基础。先后建立了8个砧木评价群体，并通过有性杂交、辐射诱变进行砧木遗传改良。筛选出3个有利于早果、丰产、促分枝、有一定矮化作用的砧木，其中2个已经完成配套的繁殖体系，下一步即可进入自根砧试验。在没有稳定的经费支持和良好的考核机制时，完成这些工作是不可能的。

二、体系的岗—站—基地设置，形成一个可信度高、互补性强、相对固定的科研技术协作网，极大地提高了工作效率，推动了成果转化

由于体系内的专家岗位是按照产业链关键环节设置的，岗位任务分工明确，专家各有专攻。因此，体系内不同岗位之间、岗位与试验站之间，以及不同体系相似岗位之间的对接与协作，解决了科学研究中由于学科交叉而产生的知识盲点，有利于最新研究成果的共享和新品种、新材料的区域试验及成果转化，提高了工作效率。我们通过创新材料筛选方法，获得了一个容易离体再生的秋子梨株系，通过对培养条件和遗传转化条件的进一步优化，创建了秋子梨高效遗传转化体系，再生率达100%，转化率达17%，突破了亚洲梨无可用的高效遗传转化体系的现状，成功用于功能基因的同种植物验证。该体系被南京农业大学、浙江大学、西北农林科技大学等院校所共享，提高了研究进程和效率。在资源收集过程中，先后得到育种岗位、资源岗位、各省市试验站的协助。在通过适应性、嫁接亲和性初步评价后，有12个试验站先后承担了砧木优系在本地适应性、与本地品种嫁接亲和性及对品种影响的试验，品种试验也是如此，最终试验结果共享。对于砧木快繁技术在实验室过关以后，由于人力、条件所限，难以实现规模化生产，与企业结合直接实现了工厂化生产。这种良性协作极大地加速了试验进程，也使我们对砧木评价与改良及配套规模化繁育技术充满了信心。

三、体系强调服务产业的理念，使研究工作更加脚踏实地，使人才培养更加全面发展

参加体系后，自己作为一名岗位专家，肩上的担子重了，压力大了，使命感强了。我们会拿出更多的时间去关注国家政策、形势变化，关注产业、果农的需求，增加了社会责任感。加强理论与实践的相结合，在实践中发现问题、提出问题、解决问题，也在实践中发现自己的不足，不断提升自己。特别是年轻的团队成员，均为博士，有很好的理论和实验室研究工作的功底，通过参加体系工作，他们的生产实践能力也得以提高，能够独立开展技术培训，并且能够从生产实践中发现问题，经过分析凝练成为申报的科研项目，如梨果实木栓化发生机理的研究、果园数字化精准管理技术的研究、梨树逆境与童期的研究等。同时，也培养了青年教师的团队协作精神，促进了青年教师全面发展，从而活跃了研究室的学术工作氛围，带动研究生培养质量逐年提高。

梨产业技术体系岗位工作的感悟与思考

李天忠

种苗扩繁与生产技术岗位科学家　中国农业大学

作为国家梨产业技术体系新设岗位的一名工作者，从 2017 年进入体系以来，种苗扩繁与生产技术岗位的工作开展已一年有余。由于进入体系时间较短，相关工作积累较少，仍需和体系内外专家加强联络，交流学习先进生产实践经验；一些技术尚未形成体系或仅初步成型，仍需继续探索完善，但通过产业体系的岗位工作，我切实地感受到了国家农业与科技的飞速进步，农村的飞跃式发展和农民生活水平的提高。在本课题组的技术研发和产业推广过程中，更深化了对我国梨产业，甚至整个农业产业技术体系的认识，产生了许多思考与感悟。

我国是一个农业大国，农业农村发展始终关乎社会发展。种业作为战略性、基础性的核心产业，对我国农业农村发展具有重要意义。在农业生产上，优良种子（种苗）是优质、绿色、高效农业生产的前提；育种也是应对旱、寒、病、虫等主要生产限制因素的根本解决途径；适应不同地区、气候和多种生产模式的多元化种业建设对于提高农民种植积极性、促进产业兴旺具有重要意义；另外，种子（种苗）一旦出现问题，往往导致产量、质量急剧下降，甚至绝收，且难以从其他方面补救。我国种业发展起步较晚，存在种质资源保存不利、科技创新能力不强、生产标准化程度低下、国内市场受国外冲击垄断现象严重等突出问题，所以，发展现代化种业是应对我国新时代人民日益增长的美好生活需要和不平衡不充分的发展之间的社会主要矛盾，促进产业兴旺进而振兴乡村，满足农业农村现代化发展需求的重要途径。优质、高效、安全、生态的创新型现代化种业应当作为农业科技攻关的战略领域。

种业作为引导农业跨越式发展的战略性基础产业，对我国农业的重要性不言而喻，但我国种业发展起步晚，与世界发达国家相比仍有较大差距。目前国际种业呈现多领域、多产业相结合的发展态势，国外一些高科技跨国种业公司在生物技术和现代育种技术方面的领先优势十分突出，已经从常规杂交育种发展为深入应用生物技术的新型育种模式。目前在已实现大豆、玉米、番茄等作物基因组测序的基础上，按照育种目标选择配组，同时在果树等领域已大规模以无性系繁殖的方式生产种苗，具有较高的育种（苗）效率和准确性。而目前我国种子（种苗）生产方式仍较传统，科技含量低，生物技术应用占比极少，生产效益较差，难以满足我国市场对种子（种苗）的需求，致使国外种子生产企业大量占有我国市场，严重冲击我国农业发展。所以，应用生物技术在优质、高效育科和种子（种苗）生产是现代种业科技的核心技术之一，也是国际化种业发展的趋势。因此，建议将生物技术充分应用到种业乃至整个农业当中，实现农业生产的革命性突破。

在梨产业方面，我国是世界梨生产第一大国，但其单产和质量却无法与世界发达国家相比。究其原因有许多，其中种苗质量是影响因素之一。我国梨种苗一般以实生砧木繁殖为主，实生种子繁殖后会出现个体差异，直接影响到接穗品种的性状表现；且目前种苗繁育不标准、苗圃管理缺乏规范性，致使种苗质量参差不齐，产业上优质壮苗供应不足；再加上我国优良砧木种质资源仍待发掘、砧木种子和接穗品种来源不清等因素，最终导致梨单产和质量的低劣。

梨种苗繁育过程中，实生砧木繁育粗放、栽培管理不规范，造成种苗个体质量差异大、整体质量低的现象普遍；砧木标准化繁育是生产优质种苗的基础，但目前我国梨砧木标准化繁育较滞后，且尚无梨优质壮苗生产技术规程。另外，梨无性系砧木具有繁殖后个体差异小，易实现标准化管理等优势，能从根本上保证种苗性状一致，但我国在无性系砧木种质资源开发利用和繁育技术研究方面相对滞后。

目前我国梨主栽品种普遍携带病毒，感染病毒的梨树生长势大幅减弱、产量锐减、果实品质劣变甚至树体死亡绝收；梨树感染病毒后因难以脱除，会终身带毒并长期受害。因此，繁育无病毒种苗是摆脱病毒对我国梨产业发展限制的根本途径。一些发达国家已基本实现果树无病毒栽培，而我国现有梨无病毒种苗极少，梨树病毒病机理研究、检测技术和脱毒方法等仍较滞后，有必要开展我国梨无病毒种苗和苗木繁育相关研究，所以本团队拟从梨种苗病毒检测技术、脱毒方法和育苗技术等方面开展研究，建立我国梨无病毒种苗和苗木繁育技术体系。

基于此，本课题组在进入体系第一年内，前往山东、河北、山西、河南、陕西、辽宁、吉林、福建等地，考察调研当地梨种苗生产销售情况和繁育技术现状，与 10 余位岗位专家及试验站站长进行了交流和对接，同时展开体系间、体系外交流学习。与果树种苗企业就梨种苗繁育标准化、种苗工厂化生产技术深入座谈，并建立合作关系。

本团队计划在接下来的工作中强化本岗位对地方提供产业技术的支持功能，在以提质增效和促进农民增产增收为重点的同时，更要注重农业的绿色发展和对政府决策的支撑，使梨产业立体化、健康化发展，为推动供给侧结构性改革做出贡献。

期望通过国家梨产业体系岗位工作解决我国梨产业种苗整体质量低劣的问题，满足梨产业对优质苗木的需求，促进我国梨产业高产、优质目标的实现。

创新促生产升级，产业助精准扶贫

——梨体系十年工作体会和建议

张玉星

土壤与水分管理岗位科学家　河北农业大学

体系工作历经十年，在自己的业务发展中拥有了一段难忘的记忆。自加入体系队伍那天起，就产生了一种为梨产业奉献的强烈愿望和巨大的压力，国家拿出这么多资金支持梨果产业研发，作为一名梨科技工作者该如何作为？为产业发展做出应有贡献，回报国家、回报社会是不二的选择。十年来，在首席的领导下，在全国同仁的帮助和协作下，倾心竭力而为，做出了点滴成绩，收获大，感受深。

一、取得的标志性成果

1. 创建了梨"四化"栽培模式和技术体系

针对我国梨园长期存在的种植模式落后现象，创建了梨"四化"栽培模式和技术体系，解决了我国梨园大冠稀植、梨园郁闭导致无法实现机械化的重大问题，从根本上实现了梨树"四化"栽培，即省力化、机械化、标准化和矮密化，被业内誉为当今引领和推动我国梨栽培制度变革的标志性成果，在全国推广势头强劲，经济、社会效益显著，2015年获农业部神农中华农业科技奖一等奖。这项工作起步于2005年，但加快研究进展、促进成果创新和扩大成果转化得益于体系的经费支撑和体系平台的建设。

在中国梨尚无理想矮化砧木可用、国外矮化砧木（榅桲）因亲和性和抗寒性而不能用的前提下，首创了梨矮化密植种植模式；创立了适于矮化密植的圆柱形树形和培养该树形的大砧建园技术及中心干多位刻芽技术；揭示了新模式幼树主要树相指标和产量形成的相关关系，建立了指导梨园标准化生产的优质丰产树相指标标准；提出了"四化"模式"大苗强干，早果压冠，沃土关键"的核心栽培理论。"四化"模式全面体现了我国梨树栽培的新理念、新模式、新技术，对推动行业科技进步作用明显，已被业内称赞为科研成果促进生产方式转变的成功范例。新模式加快了我国梨树栽培制度的变革，从根本上实现了梨树生产由传统旧模式向现代化模式的转变，开创了梨园生产机械化时代。同时，为加快结束梨园生产泛用化肥时代和我国正在实施的老龄低效梨园的改造开创一条新途径。

该项成果在全国业内特别是梨主产区产生了轰动性影响，上门要求技术支持和服务的人很多，不推自广。近五年来，试验园每年接待全国各地参观者 40 次以上。河北、北京、山东、辽宁、山西、新疆、湖北、云南、重庆等 13 个省份复制该模式建立了示范园、生产园。国家梨产业技术体系 21 个试验站中 16 个试验站引用本成果建立了示范园，成果技术被引率在梨体系最高。5 次应邀为农业部全国农技推广中心组织全国果树技术培训，在山东、内蒙古、海南等地开展"梨省力高效栽培模式与关键技术"讲座；应邀为河北、辽宁、湖北、甘肃、山西、江苏等 11 个省份开展该成果专题讲座。

我国最大梨产区河北省将该成果列为全省主推项目，自 2012 年以来，全省新建梨园几乎全部采用本成果模式，并设立重点专项，分别在泊头、威县等 5 个县（市）投资 1 200 万元推广本成果。全国 8 个省份的房地产、建筑、矿山、彩钢、化工等领域 30 余家企业大面积租赁土地引用该成果发展梨园。中央电视台（2010 年 9 月 27 日）、光明日报（2013 年 5 月 3 日）、科技日报（2013 年 5 月 6 日）、河北电视台、河北科技报等多家媒体对这项成果进行了报道。

2．科技扶贫做实做细，做出成效

河北省威县：国家级贫困县，农业大县，河北省唯一的综合改革试点县。该县原来以棉花为农业主导产业，2012 年棉花经济效益大幅下跌，该县研究决定调整农业产业结构，引进"四化"栽培模式成果，以发展梨为主导产业，并聘请本人为县政府专家顾问。在全县梨产业发展规划制定、梨产业带建设、梨三产融合、梨园生产技术方案制定和指导实施、人才培训等方面发挥了重要作用。现已发展新模式梨园 6 万余亩，并帮助建立了河北省梨工程技术研究中心威县试验站和院士工作站，为当地梨产业园区管理委员会输送本科毕业生 6 名。

山西隰县：吕梁山区国家级贫困县。该县把发展玉露香梨产业作为农民脱贫致富的支柱产业，当地政府对发展梨产业信心十足，政策、资金支持力度大，老百姓积极、热情度极高，引进梨体系太谷试验站郭黄萍站长的玉露香梨品种和"四化"栽培模式，仅 2017 年争取农业开发资金 7 000 万元用于发展新模式梨园，并聘请本人作为专家顾问，计划发展玉露香梨 17 万亩。三年来，梨体系品种和新栽培模式的结合，经济、社会效益显著，引领当地玉露香梨产业发展走向繁荣之路。

河北省阜平县：太行山区国家级贫困县，习总书记 2014 年视察过的地方。当地政府把发展果品产业作为农民脱贫致富的支柱产业之一，河北省建设集团为扶贫企业，在当地流转土地 3 000 余亩，引进梨体系的"四化"栽培模式发展果园，聘请梨体系专家为技术依托。为其规划果园 2 300 亩，2016 年已建立"四化"模式梨园 320 亩，2017 年正在建梨园 600 余亩、苹果园 300 亩。

河北省易县：太行山区国家级贫困县。当地政府把发展果品产业作为农民脱贫致富的支柱产业之一。易县利众林果种植有限公司为扶贫企业，引进"四化"栽培模式争取省财政资金 500 万元用于发展果园，聘请梨体系专家为技术依托。2016 年已建立"四化"模式梨、苹果园 500 亩，2017 年在易水湖畔建休闲采摘梨园 300 余亩。梨体系目前正在和当地政府筹建太行山果业扶贫试验站。

西部开发扶贫：新疆生产建设兵团第二师。库尔勒香梨是其农业支柱产业，然而，冻害、腐烂病及劳动力成本的飙升，近年来给库尔勒香梨产业经济效益带来重大影响。2012 年引进梨"四化"栽培模式成果，并聘请梨体系专家作为技术依托，已建立新模式梨园近 6 万亩，有的已进入盛果期，效果非常好，给当地带来了重振库尔勒香梨产业的希望和信心。当地计划未来把原来的传统生产模式梨园逐年全部更新为"四化"模式梨园。

甘肃：近年来发展苹果、梨和葡萄势头强劲，梨为新区。除兰州梨试验站引进该成果建立 30 亩示范园外，景泰条山集团引进该成果发展"四化"模式梨园 1 300 亩。同时，张掖、武威也引进了该成果用于大规模生产建园，并且两地的林科院分别利用该成果申报了省部级推广项目。

此外，云南、重庆正在生产上推广应用该成果。

总之，进入体系的十年来，根植生产、科研一线，认准高水平，完成体系任务这一目标，不浮躁、不懈怠、不迎合、无杂念地扎实工作。取得的"四化"栽培模式成果及在科技扶贫和西部开发中发挥的作用，受到社会、政府、产区和企业的高度关注和赞誉。2016 年我的团队被评为河北省"李保国式高校科技服务团队"，教师节在河北会堂受到省委省政府表彰；我本人继 2015 年被评为"河北省优秀科技工作者"之后，2016 年被评为"全国优秀科技工作者"。这是我团队的荣誉，是有了体系平台才有的荣誉，是社会、政府、百姓对产业体系工作的认可和赞誉。

二、关于体系科技扶贫工作的想法

十年的实践证明，体系的建立为我国开创了被社会誉为"体系模式"的科技管理创新机制，在精准扶贫方面同样大有可为，开创出科技扶贫的体系之路。科技扶贫不仅能展示和检验近年来体系取得的新成果，同样是发挥体系优势资源服务为国家战略做贡献的良机。然而，若系统扎实地在精准扶贫工作中做出亮点，简单地依靠原有体系任务和工作方式的延伸还不够，需要创新工作思路和方式。

建议以体系为协作平台，以国家贫困片区为单元，以片区优势力量为主体，以跨体系协作为途径，成立科技扶贫协助组，按片区设立扶贫专项，明确牵头人和任务负责人。和当地政府、扶贫企业密切合作，以扶植地方脱贫主导产业为抓手制定科技扶贫任务，旨在引领产业发展，带动农民致富。其主要内容除结合当地需要进行体系技术成果的示范推广外，尚需因地制宜在休闲农业、三产融合、扶植农民和企业等方面做些技术层面的工作。

科技扶贫坚持政策导向、市场引领、因地制宜的原则。充分发挥政府的主导作用、科技的支撑和驱动作用、企业的龙头带动作用。体系可以尝试探索三方的协作模式与运行机制，这也是我们国家目前所需要的。

河北农业大学在 20 世纪 80 年代曾开创了颇具办学特色的太行山道路，不仅有科技扶贫的典型代表人物李保国教授的奉献，而且学校设立有专门的机构——科教兴农中心，在科教兴农、科技扶贫、服务地方经济建设方面积累了一些成功的经验，值得体系科技扶贫工作参考借鉴。

三、关于体系工作的几点体会与建议

可能是与生俱来的责任心使然，也有对体系那种深深的情愫，即使可能不被理解也想把心里的话说出来。

1. 召开成果、经验交流会

体系已经走过了十个年头，"十三五"的工作非常关键，有必要召开经验交流会，总结交流典型成果和成功经验，不仅有利于掌握情况，扩大社会影响，更有利于相互学习、提振精神做好体系工作。可分领域、限规模分头进行。经验典型以单个体系推荐和个人申报相结合为宜。

2．优化岗位设置

体系中有些岗位如产业经济岗位、农业机械化岗位是可以合并的，或者单独作为农业机械化体系、产业经济体系出现。研究苹果机械、柑橘机械、梨机械等面对的都是果园，研究内容很相近。一个岗位完全可研究几种作物机械或是几个作物的产业经济。

3．谨防论文导向偏离体系初衷

体系工作开始的两三年中，人们年底述职和闲谈中避讳提及发表论文情况，之后"论文"开始逐年抬头，现如今大有比拼论文的趋势，述职考核中谈论文，饭桌上谈论文，会下谈论文，微信上晒论文，比影响因子、刊物级别等，甚至体系工作总结时也会提到，不知这种趋势是好是坏。其实高水平的技术性论文、应用基础论文我们还是很需要的，可仔细看看那些SCI论文内容，更像是在做国家自然科学基金项目，甚至有的和自己体系任务相关不大。我们体系当初的研究定位很明确也非常正确，被社会高度认可，以应用性技术研究为主，为产业解决关键技术难题。但这个目标和某些专家所在单位考核指标及个人优势领域不一致，因此，在体系工作中就出现了对技术研究的重视程度、及本人为之投入的时间和精力偏离了主流，将体系的经费用在高水平SCI论文产出方面的现象还是有的。担忧这样下去体系的工作重心会偏离原来的正确轨道。

4．加强体系后备人才的培养

我们国家的农业现阶段仍处于技术农业时代，论文的导向把大批年轻人引入了分子农业时代。社会上已有笑谈"搞果树育种的不认识常规品种、搞栽培的不会栽树剪树、搞植保的不认识主要病虫、搞产业经济的不了解果园生产成本环节"。我们体系在解决产业问题的同时，有必要把人才培养重视起来。为社会造就一批专业知识扎实、实践技能强、真正能为产业发展贡献技术和思路的专家队伍，特别是后备人才队伍是产业未来发展之急需。

5．加强体系"十三五"示范推广工作

体系工作前期研发任务重，取得了大批创新成果，"十三五"应把加快成果的转化转移和示范推广作为重点任务之一，为推动全国农业产业的供给侧结构性改革和转型升级做出全面贡献，彰显体系作用的不可替代性。有必要让岗位专家明确他们的试验园、示范园和示范推广产区，这样不仅可加快后期研究成果的示范推广进程，还能真正体现把论文写在大地上、写在农民的心坎上、

写在产业发展的路径上。

6．加强体系的作风和学风建设

学术界和其他行业一样有竞争是正常的现象，面对竞争应该强调树立一种良好的职业道德，要把精力和关注点放在大力提升自身水平上，而非压制别人发展。生活中人的感情有深浅、关系有远近纯属正常，但须严防出现"小圈子""拉山头"之类的思潮和行为，因为体系人员遍及全国、运行时间长达十几年，这些不健康的因素一旦形成，会给体系工作带来很大的危害，而且会留下"后遗症"。因此，在体系中营造一个民主、公平、和谐、正气的学术氛围，是对体系文化建设和构建和谐学术环境的最大贡献。

立足梨树养分管理，把论文写在梨园里

徐阳春

养分管理岗位科学家　南京农业大学

自 2009 年国家梨产业技术体系建立以来，本岗位紧紧围绕梨产业中的树、土、肥三个关键方面的需求开展了一系列的研究工作，在有机肥、梨园废弃物资源化利用以及梨树氮素快速诊断及施肥方面取得了较大的进展。主要成果如下：

一、摸清梨树施肥"家底"

现代农业产业技术体系成立之前，梨园土壤管理和梨树施肥都处在盲目状态。体系建立之初的 2009—2012 年，以试验站为单位对主产区梨树施肥现状进行了调查，发现施肥中存在的诸多问题，对施肥时期、施肥种类、施肥位置及施肥量进行了摸底调查，提交了"我国主要梨园施肥现状分析"报告；对 1 000 多份主产区梨园土壤和叶片样品进行了养分测定和分析，明确了梨园土壤养分丰缺状况以及树体营养状况，建立了"我国主要梨园土壤养分和树体营养状况 GIS 系统"。根据测定的结果，为梨树施肥提供建议；将所有数据发给每个试验站，使试验站基本掌握了主产区的梨园土壤和树体养分状况。

二、明确梨树养分需求规律

掌握梨树的养分需求规律是正确施肥的前提，在体系建立前，我国对梨树的养分需求规律虽然有研究但极少。团队着重研究了梨树对氮、钾元素的需求规律，在此基础上研发新型有机—无机复混肥料；建立无损、快速诊断梨树叶片氮素含量技术，实现精准施氮；设计水溶肥配方，实现肥水一体化施肥；研发的新型生物有机肥，能显著提高梨园土壤的生物活性。

三、资源化利用梨园废弃物

我国梨土壤有机质含量普遍偏低，但梨树修剪枝条多弃置于田间地头，不仅污染环境，而且造成病原菌和虫卵的传播，针对这一问题，我们开展了梨树枝条快速腐解微生物过程、枝条堆肥的制作及田间应用效果研究，从中筛选获得快速腐解梨树修剪枝条的真菌及细菌，生产复配菌剂，使每年梨树修剪的大量枝条可以快速腐熟，全量还田，不仅为土壤补充了碳素营养，增加了土壤有机质含量，也归还了梨树枝条中的各种矿质营养，尤其是钙镁锌铁等微量元素，使梨园废弃资源得到有效利用，实现"以园养园"，促进资源再利用。

四、采后病害采前治

梨采后贮藏期间极易发生病害，部分病害根源在于生育期间肥水管理。在产业体系成立之初，围绕梨产业中的库尔勒香梨萼端黑斑、黄冠梨果面褐斑病等问题，研究了引起果实发病的原因及减缓病害发生的措施，提出了应在前期进行适宜的补钙措施等。

上述成果的取得，主要得益于现代农业产业体系以"产业"为主线、以"问题"为导向，集聚中央和地方优势科技资源，联合展开攻关、试验示范、技术培训和应急服务等，使岗—岗联合、岗—站携手共同解决产业问题，既促进了技术进步、推动了农业的转型升级，也大大提高了研究团队的科研实力。现代农业产业体系在经费支持、人员配备等方面"保驾护航"，使科研人员可以连续多年深入研究某一课题，具有持久性。对此，本人有如下感悟：

首先，实现了学科交叉。传统的土壤肥料研究工作、服务工作都主要在大田作物上开展。本人在进入产业体系之前，主要从事水稻、小麦等作物的土壤培肥和施肥工作。经济作物产值虽然较高，但施肥方面几乎是一片空白，施肥的盲目性、经验性问题很大。如果没有梨产业技术体系，很难做到植物营养学科与园艺学科间的交叉与合作，短期内不可能在梨树栽培方面获得植物营养和土壤方面的研究成果，也就不可能科学地指导梨树施肥和土壤管理。

其次，提高了科研积极性。体系中汇集了本产业中科研的中坚力量，可以从不同专业角度解决产业问题，作为一名岗位专家，既能为体系、为他人提供我的所能，更重要的是可以向其他专家学习本专业外的知识，互通有无，扩大了知识面并拓展了研究范围，提高了科研的积极性。在体系应急活动、研究室内开展的活动、岗位专家间开展的调研活动以及岗站联合的多次活动中，我都深深地体会到了这一点。

再次，增强了社会责任感。科研的最终目的是解决生产中的问题，在生产中发现问题、解决问题、凝练科学问题，通过科学研究进一步从理论上揭示科学原理，才能真正推动科技进步。作为一名岗位专家，我和团队成员都感觉到了肩上的责任，带着这种高度的责任心及使命感，我们把各项重点任务保质保量、超额完成。

最后，提升了生活满足感。产业体系像一个大家庭，在这个大家庭中，大家互通有无、互相学习、扬长补短，为产业的发展奉献自己的力量，成为体系的一分子是很自豪的事。

今后，我们仍然要紧紧围绕梨产业中的需求做研究，充分发挥主观能动性，研发更多的新技术，岗—岗、岗—站联合，协同创新，再谱新篇章。

体系支撑结硕果，团队发展显作为

秦仲麒

树体管理岗位科学家　湖北省农业科学院果树茶叶研究所

一、体系的成立，让梨科研工作者有了自己的大家庭

体系成立前，梨科研工作者没有统一的组织机构来统筹领导，科研经费不稳定，科研方向变化大，有时甚至为了争取项目跨到多种树种开展研究，科研围绕项目转，成为"项目科研"；科研团队小，单打独斗，难以形成大成果。体系成立后，由于有了稳定的经费支撑，不需要想尽方法找项目，可以安下心来，围绕一个方向努力，目标明确了，清晰了思路，十年来能够聚焦自己的岗位任务，在栽培育种和研究上都有了自己显著的研究积累。体系的成立，让我们全国梨科研人员有了自己的大家庭，专家之间亲如兄弟，坦诚相待，扭转了过去专家之间相互竞争的局面。加入体系岗位专家队伍，作为体系的一员，既有荣誉感，更有一种使命与责任。

二、体系的成立，让我国梨科研形成了全国"一盘棋"

梨体系从产业技术研究的需要出发，"十二五"增加了栽培、机械、采后管理等岗位，形成了从资源、育种、栽培、采后管理到机械、产业信息等全方位科研平台。我们团队根据体系发展的需要，由育种岗位转到栽培岗位。"十一五"期间，我们负责的是早熟及耐热品种选育岗位，"十二五"调整为架式栽培与整形修剪岗位（"十三五"更名为树体管理岗位）。体系栽培岗位的增加，是体系在科研方向上的需要，更是大局的需要。但自己面对研究方向突如其来的变化，要一下子放弃研究了十余年、既有感情又熟悉的梨遗传育种事业，转战相对陌生、没有研究基础的架式栽培领域，的确面临了前所未有的挑战。从不适应到适应，再到进入栽培研究的"快车道"，体会颇多。在体系大家庭中，通过自身的努力和体系专家的大力协助，我们短短几年克服了没有研究基础、没有试验基地等诸多困难，一切从零开始，走出了梨栽培研究的一片新天地。我们岗位研发的双臂顺行式新型棚架栽培模式的成功应用，丰富和

提升了我国梨高品质、省力化栽培技术，该模式与我国梨产业供给侧结构性改革、一三产业融合、乡村振兴战略高度契合，对于我国梨产业技术升级具有重要意义。该模式之所以在较短的时间能在全国 20 个省（自治区、直辖市）示范推广，产生良好的影响力和产业显示度，与岗位专家和试验站的大力支持是分不开的。不管遇到什么困难，只要在体系内求助，都会有体系专家伸出援手。所以说有体系，我们梨科研工作者就有了坚强的后盾和发展的底气。例如"十二五"期间，我们开展全国树形调研，得到梨体系岗位专家和试验站站长的大力支持。岗位专家不一定从事树形方面的研究，但他们也会提供帮助，从他们身上我们切身感受了体系大家庭的温暖。例如岗位专家滕元文教授、施泽彬研究员、朱立武教授等，在浙江、安徽没有试验站的情况下，带领我们深入梨园调研，给予了我们宝贵的支持。

体系跨岗位的协作也体现出体系全国"大协作"的优势。例如"十二五"期间，病毒病与生理病害防控岗位专家王国平教授为我们提供了不同品种脱毒梨苗，用于棚架栽培试验；果实病害防控岗位专家刘凤权为我们基地出现的病害问题提供了诊断服务；机械岗位专家常有宏研究团队为我们果园机械应用提供技术参谋；等等。

岗位专家之间不再是单打独斗，而是紧密协作，通过"专家会诊"解决产业问题。例如，2014 年 4 月云南安宁梨园出现黄叶问题时，我们岗位和李秀根、朱立武、徐阳春等岗位专家到现场考察，群策群力，集中大家的智慧，较好地解决了问题。

三、体系的成立，让我们有了更宽广的专业化视野

过去我们干科研，主要针对的是湖北梨产业问题，而加入体系后，需要站在全国梨产业发展的高度来思考和研究问题。为开展树形创新，我们先后到全国 22 个省（自治区、直辖市）进行了树形调研，对全国树形与栽培模式有了全面的了解，为进一步科研创新奠定了基础。2011 年以来，我们在梨体系经费的支持下，先后到日本鸟取大学、日本国立果树研究所及千叶县梨协会等考察，增进了我们对日本等国外梨生产技术的了解。此后我们又多次邀请鸟取大学田村文男教授、千叶县梨专家田中茂到梨产区交流指导，近几年每年邀请日本专家来访两次，在梨树整形修剪栽培技术上开展了深入的交流，持续至今。2014 年我们成功申报国家引智成果示范基地，获得国家外国专家局命名；2017 年我们还作为先进典型在全国引智基地会议上进行经验交流。作为一家省级科研单位，能够"走出去""请进来"，与体系稳定的支持密不可分。体系的成立让我们有了更广阔的国际化视野，显著提升了团队科研水平。

四、体系的发展，成就了学科和自身的发展

十年来，在体系稳定的经费支持和体系专家的协助下，我所梨学科和团队建设得到快速发展。例如，团队成员伍涛博士 2011 年进入我所工作以来，作为骨干成员承担岗位创新任务，以体系为平台开展新技术、新模式创新，获得一系列发明专利，进步很快，2015 年起先后晋升为我所梨研究室副主任、主任，2017 年被湖北省农业科学院列为领军人才培养对象。新进的刘政博士有好的研究项目，被公派出国赴新西兰开展合作研究；团队成员朱红艳考上武汉大学博士研究生，继续深造。我们培养的博士后 2018 年顺利进入梨体系团队工作。

在团队发展的同时，自身能力也得到了培养。2013 年本人由副所长被提拔为所长，2018 年由三级研究员晋升为二级研究员；2014 年本人主持申报的"砂梨种质创新及特色新品种选育与应用"成果，获得湖北省科学技术进步奖一等奖；2017 年梨团队申报"砂梨特色新品种及优质高效安全关键技术推广应用"获得湖北省科技成果推广奖一等奖。这些学科发展、个人进步和科研成果与近十年来体系的支撑是分不开的。

近年来，我们的工作得到湖北省委、省政府分管领导，农业部相关部门领导的认可，被中央电视台、农民日报、湖北卫视、湖北日报等媒体宣传报道。中央电视台记者两次到我们示范基地采访，看到了梨产区对我们产业的支撑效果，看到了梨农发自内心的喜悦笑容，让我们体会到"有为才有位"的成就感，体会到有体系真好！

产业体系推动全局问题的解决，
提升研究者的能力

滕元文

果园生态与环境综合治理岗位科学家　浙江大学

本人是 2003 年从日本回国到浙江大学工作的。回国后由于在日本获得良好的工作基础，当年拿到了国家自然科学基金，继续从事在日本开展的梨遗传多样性工作，利用国内资源的优势，取得了较好的研究成绩。但果树园艺学主要的目的是解决产业的技术问题，而这些技术问题的研究不可能靠面向基础研究的国家基金来解决。而在 21 世纪初以前，国家和省级支持农业研究的课题数量有限，而且主要支持粮食作物育种研究。果树产中和产后方面的研究支持则非常有限。记得刚回国的 2003 年 7 月底，杭州郊区的余杭区余杭镇政府请我参加当地举办的蜜梨节，第一次品尝了翠冠梨，给我留下了很深刻的印象。翠冠梨内在品质和口感上乘，但果皮表面布满了不规则的锈斑，给人一种非常不洁的感觉．因此我就想通过研究除去锈斑改善果实外观。随后和余杭区科技局进行沟通，申请了 5 万元的经费进行除锈斑的研究，并请我的博士生导师帮我寄来了日本用的梨果袋进行试验，找到了两次套袋除锈的方法。后来在此基础上又开发了一次套袋除锈的技术及果实袋。虽然这种生产上遇到的小问题用较少的经费就可以解决，但这项技术只是辐射到了很有限的区域，因此如何将一项技术示范推广到相关产区也是现有科研体制条件下很难解决的。产业中的问题不断出现，而科研立项的指南往往不能及时反映产业的需求，导致科研与产业需求脱节。加上有限的经费无法一一解决产业中不断出现的问题，特别是涉及整个产业全局的大问题，如适宜的栽培方式、果园劳动力短缺、综合提质增效等。

梨体系的建立将全国梨产业各方面的相关科学家集中起来，围绕产业的全局问题，联合不同专业的科学家进行攻关，达到了前所未有的高度。传统的科研项目基本上是一个专业内部的科技人员进行联合攻关，往往很难取得突破。而产业体系集合了育种、栽培、植物保护、机械、农业经济、土壤等方面的专家，非常有利于将各方面的人才集合起来。如梨产业体系的重点任务"梨省力化（轻简化）技术研发"，使集中了上述所有专业的专家，将梨园作为一个整体和生态系统，从品种评价、适宜轻简化的农艺模式、机械的种类筛选、肥水一体化技术、省力化的植保技术和整个技术体系的经济效益评价等方面进行综合研究。研究过程中，以梨专家开发的栽培模式为基础，机械方面的专家开发出适宜现有农艺的机械装置，而土壤肥料和植物保护方面的专家开发的省力化土壤和植保技术都需要合适的农机具来实施。这样的全方位攻关协作在我国农业研究的历史上可能属于绝无仅有的事情。在研发这些技术的同时，通过在全国不同生态区域试验站的示范和改进，可以很快地将技术推广到不同生态区域的梨园，起到了事半功倍的效应。而传统的科技攻关研发的技术由于各种原因，推广到生产第一线往往要滞后多年。

体系的优势不仅体现在协作攻关上，而且也体现在选题上。"十三五"梨产业体系有关南方梨早期落叶的重点任务的选题充分体现了体系选题的及时性和与生产结合的密切性。南方梨早期落叶在体系成立之前就有零星发生，"十二五"期间经过南方区试验站的调查，该病害已经成为严重影响南方区梨产业的普遍问题，因此将其列入"十三五"梨体系的重点任务，并已经取得了初步的成效。岗位科学家通过参与体系的研发项目在科研和教学上得到了极大的提升。有了稳定的经费支持，可以专心做研究。另外，除了做好体系的重点任务外，体系也鼓励岗位科学家从事与自己的岗位相关的自选研究（体系启动之初称之为前瞻性研究）。

本岗位加入体系以来，虽然岗位名称在不同时期有所变化，但始终围绕岗位职责开展研究，专心做好重点任务的研发，开发了大棚梨省力化栽培技术体系、红梨着色改善技术、梨单性结实技术和南方梨园生草技术等。由于接触到了生产第一线，了解产业中存在的问题，开阔了科研思路，拓展了科研的选题。在此期间围绕产业体系问题进行的研究共获得 6 项国家发明专利和制定 1 项地方标准，获得国家和省部级科技奖 4 次，本人还获得了浙江省政府颁发的"农业科技先进工作者"称号。产业体系形成的网络，可以很方便地获得所需要的试验样品，提高了科研的效率。近年来，我在国内外期刊发表标注体系经费支持的文章 60 余篇，其中 SCI 文章 30 多篇，提升了国际影响力，并多次应邀在国际学术会议上作主题报告和担任国际学术会议的科学委员会委员。作为高校教师，本岗位承担本科生的园艺植物栽培学教学工作，如何将这门实践性很强的课程教授好，需要大量的实践经验和来自产业第一线的信息。而参加体系以后，有机会到生产实践的第一线进行调研、布置试验和技术指导，接触到了第一手的产业资料，汇集了大量的图片和信息，充实了教学内容，在教学中能够做到言之有物，受到学生的好评，多次获得"优秀教学"的称号。

体系是国家现代农业技术发展的航母

朱立武

生理障碍调控岗位科学家　安徽农业大学

农业部、财政部与国务院发展研究中心，根据《国家农业科技创新体系建设方案》要求，在深入调查研究、广泛征求意见后，结合优势农产品区域布局规划和实施，提出了国家现代农业产业技术体系建设，解决农业科研资助不足、人员分散、项目重复、产学研创结合不紧密等突出问题。2007年12月，农业部、财政部召开国家体系启动大会，开启了农业产业体系建设的序幕，首批建设10个体系；2008年10月，第二批再建40个体系。国家梨产业技术体系属于第二批建立的体系，运行至今已经超过十年。作为连续受聘国家梨产业技术体系的岗位科学家，下面谈谈我参加体系工作十年的经验体会。

一、解决产业问题

没有加入国家现代农业产业技术体系之前，编制项目书申请项目、争取各类研究经费成为我每年工作的重中之重。2007年，我一年写了9个项目书，仅命中1项省级年度重点，三年才资助1万元。这种获得什么项目资助即得研究相关指南内容的情况，不仅导致研究方向不稳定，研究内容往往也不能紧密贴切产业实际，更谈不上"科技创新""赶超国际水平"。

受聘国家梨产业技术体系的岗位专家后，我的研究团队获得了相对充足而稳定的经费资助。十年来，尽管我所在的岗位名称经历了"果园数字化管理""抗逆栽培"到"生理障碍调控"的变化，但是梨树精准栽培管理的研究方向始终是一致的。此外，体系科学家岗位设置是全国"一盘棋"，既避免了重复研究的资源浪费，又扩大了各岗位专家的工作范围，同时开阔了各研究团队的眼界。聚焦"从田间到餐桌"的产业链，有效解决实际的限制瓶颈、突发应急事务、未来发展技术储备等问题，成为体系一切工作的根本出发点和落脚点，体系人把"论文写在了祖国大地"的同时，也将"论文发表在高水平的国际学术期刊"上。十年来的成就彰显了体系存在的价值，也体现了体系作为的根本标志。

二、事业发展提升

本团队基于我国梨园养分循环模型建立、优势分布区地理信息研究，创建了适用于全国各优势产区的"梨树地理信息系统V1.0""梨树营养诊断与矫治专家系统V1.0"和"梨树平衡施肥专家系统V2.0"各1套，该研发成果的应用，解决了梨园施肥仅凭经验，存在多施肥料、偏施氮肥等问题；结合"干旱半干旱地区梨园节水灌溉技术"示范，实现了梨园精准施肥和肥水一体化管理，为今后我国梨园普及信息化、机械化作业奠定了基础。

砀山酥梨果实有宿萼（公梨）、脱萼（母梨）之分，宿萼果表皮粗糙、石细胞多、果核大、风味淡，经济价值约为脱萼果的1/2。通过子房内源激素水平、相关基因表达与幼果萼片脱落的关系研究，我们创新了砀山酥梨梨果的脱萼方法，获得国家发明专利"一种梨花粉营养液及其使用方法和应用"与"一种梨果实脱萼疏花防病剂及其使用方法和应用"，在不降低果实品质、不抑制树体增长的情况下，提高梨果实脱萼率，并具有防治真菌病害的作用。实现了砀山酥梨由"公梨"向"母梨"的转变。在自然条件下使用脱萼剂后，砀山酥梨果实脱萼率由40%提高到87%；同时，可溶性固形物含量提升约1个百分点，且肉质细腻，价格提高1元/kg左右，增效显著。发明专利"一种梨树抗腐烂病快速鉴定方法"，通过一年生枝条表皮"皮孔相对面积"测定，鉴定梨树腐烂病抗性，应用快速、简便、准确；发明专利"一种防治梨树抗腐烂病复配剂及其应用"，筛选出抑制菌丝生长和孢子萌发的高效药剂2～3种、添加促进伤口愈合的6-BA和NAA及有机硅，使用高效、低毒、简便。

上述成果达到国内领先、国际先进水平，已在安徽、江苏、河南、山东等省份推广，2014—2016年，累计推广面积190万亩次以上，新增产值超过19.0亿元，经济和社会效益显著。2017年获得安徽省科学技术进步奖二等奖。

三、团队建设进步

加入国家梨产业技术体系之后，本研究团队建设进步显著。从过去松散的研究小组，发展成为研究方向稳定、目的明确、结构合理、分工具体、管理规范的研究团队；团队建设过程中，4名成员晋升了高级职称、3人获得博士学位、1 人遴选为省级学术技术带头人；每年培养毕业研究生 10 多人。

四、人生感悟

人的一生，能够从事自己所热爱的事业是幸运的；可以有尊严地进行专业研究是体面的；作为国家现代农业产业技术体系成员是我的荣耀，为国家梨产业技术发展做贡献，今生无悔！

切实履行岗位职责的几点感想与体会

王国平

树体病害防控岗位科学家 华中农业大学

自参加国家梨产业技术体系以来，无论是研究室重点任务、体系重点任务、跨体系重点任务，还是基础性工作、应急性技术服务、研究室工作，均得到了各位同行及团队成员的大力支持和热忱帮助，使得自己能够全面完成各项工作任务，在此深表谢意。其间，对如何做好体系工作，切实履行岗位职责，也有一些感想与体会，现简要总结如下，希望对同行能有点滴的参考价值。

一、倍加珍惜难得的发展机遇，全身心地投入到体系工作之中

连续十年每年均有稳定的科研经费支持，对于我们这些以往常为争取科研项目而成天忙碌奔波的人来说，是极为难得的发展机遇，为此，我非常珍惜体系工作的机会。同时，我也深深感觉到体系的岗位工作与以前主持单个的科研项目有很大的不同。科研项目较单一，完成合同任务的考核指标，通过验收即可交账。而岗位工作与整个产业的发展相关，稍有失误，会在全国范围内造成不良的影响。梨生产上病虫害防控的任务大、问题多，而这方面的研究基础相当薄弱，同时还面临着几个果树产业的同行同台亮相，总不能差得太多，故深感责任重大，压力巨大。为此，十年来全身心地投入到了体系工作之中，除了授少量的课（每年本科生课 32 学时、研究生课 8 学时）外，绝大部分时间都是带领研究生开展岗位内容研究和赴产区开展产业调研、科技扶贫与技术服务。就是这样，仍感力不从心，尚有不少工作未做到位。

二、紧紧围绕岗位研发方向，一步一个脚印地去做强做大

岗位是根据各作物的整个产业链中的重大技术问题而设置的。一个专家乃至一个研究团队的力量是十分有限的，如果研发范围分散，研究的系统性就不强，就会造成研究方向不稳定，难以形成明显的优势。因此，岗位专家应紧紧围绕岗位研发方向，一步一个脚印地去做强做大。

本人的岗位开始为"病毒病及生理病害防控"，故聚焦研发梨病毒的快

速检测与高效脱除技术，建立了梨病毒多重RT-PCR、巢式多重RT-PCR和LAMP检测技术体系，较常规RT-PCR检测灵敏度提高100～1 000倍。通过热处理结合茎尖培养、茎尖培养结合化学处理和超低温处理脱除梨病毒研究，建立了梨的脱毒技术体系，获得了一批脱病毒梨品种，并在山东烟台建立了我国首个梨无病毒种苗生产基地。

"十三五"调整为"树体病害防控"，针对生产上出现的腐烂病扩展蔓延、南方梨区早期落叶严重等问题，先后开展黑腐皮壳菌、葡萄座腔菌、拟茎点霉、刺盘孢等病原真菌研究，取得了一系列研究成果，在国际上首次揭示了梨炭疽病菌的种类组成、形态学、致病性和分子特性，为人们深入认识刺盘孢菌的分子特性和形态特征提供了新的科学证据，并为我国梨炭疽病的防治提供了重要的理论依据。相关研究论文发表在2017年的 *Nature Communications* 和2018年的 *Persoonia* 上，也使本岗位团队的研究方向由原来的果树病毒学拓展为果树病理学。

三、密切与试验站的协作与联系，做好科技培训与技术服务

岗位专家与果农面对面的互动既是岗位专家进行技术培训的最佳方式，直接明了，现场解决问题，同时也是岗位专家了解生产实际情况和积累技术经验的最佳途径，每到一处都有新的发现，都会学习到新的经验。综合试验站分布在主产区或特色产区，密切与试验站的协作与联系，对做好科技培训与技术服务非常有利。岗位科学家在着实开展研究同时，认真参与到对基层农户、技术人员以及相关人员的培训工作中，既是岗位的重点工作内容，也不同于以往的项目研究，也只有这样方能达到体系工作的目的要求。正是基于此，国家梨产业技术体系的所有岗位科学家在这几年开展了大量的技术培训、服务与咨询工作，为整体提升我国梨管理水平做出了应有的贡献。本人每年赴产区的次数不少于20次，培训技术人员与果农1 000人次以上。

与此同时，面对产业中的突发问题，岗位科学家应及时奔赴现场调研，提出有效措施，将果农的损失降低到最小。本研究室针对近两年来新疆库尔勒香梨产区苹果枝枯病大面积发生蔓延的重大产业问题，围绕新疆方面提出的主要问题和技术需求，及时现场调研，召开专题研讨会和座谈会，协助地方主管部门开展病害防控技术培训，详细分析新疆库尔勒香梨产区苹果枝枯病的发病原因及流行规律，并围绕新疆库尔勒香梨苹果枝枯病的防控提出多项技术措施与防控建议。

四、广泛地开展科技合作与学术交流，不断提升研究团队的影响力

体系工作既为岗位团队拓展研究范围和扩大研究优势构建了良好的平台，也为广泛地开展科技合作与学术交流提供了很好的条件，对于不断提升研究团队的影响力具有十分重要的作用。自加入国家梨产业技术体系以来，本岗位团队积极参加国内外相关学术会议，报告我们的最新研究进展，收获十分明显。本岗位十年期间获奖成果 1 项、授权国家发明专利 2 项、出版专业著作 10 部、发表中文核心期刊论文 13 篇、SCI 收录论文 27 篇。仅 2018 年一年，本岗位团队就获批国家自然科学基金项目 3 项。团队成员洪霓教授在 2012 年 6 月意大利罗马召开的第二十二届国际果树病毒及其他嫁接传染病害会议上被推选为科学委员会成员，该委员会现由德国、意大利、英国、法国、美国、加拿大、荷兰、瑞典、土耳其、西班牙、波兰、阿根廷、智利、澳大利亚、捷克、日本、中国的 25 位世界知名的果树病毒专家组成。

搭建学术平台也是跨体系重点任务有效的工作方式。2016 年 10 月 27—29 日在重庆市召开的"第七届全国果树病虫害防治技术交流会"和 2018 年 10 月 12—14 日在海口市召开的"第八届全国果树病虫害防治技术交流会"期间，梨、柑橘、苹果、葡萄、桃、香蕉、荔枝、龙眼等 7 个体系的病虫害防控岗位专家均参加会议，围绕水果产业重大病虫害问题及其防控进行交流，并就当前全球气候变暖对病虫发生动态的影响、化学农药的大量使用导致病虫产生抗药性与环境污染、多年生作物病虫害的生态治理等一些共性问题与技术进行讨论，受到了与会专家学者的一致好评。

五、高度重视基础性工作，扎实推进产业的数据库建设

产业基础数据库建设是体系产业贡献和社会贡献的重要内容，是所有的岗位专家和试验站长必须完成的规定动作。梨种植范围广泛，调查区域巨大，梨产业基础数据库含有 30 个子库，调研项目繁多，工作难度很大，且传统的走访和定点调查方式费时费力，试验站任务重、人力物力财力有限。因此，岗位专家应充分理解试验站的难处，尽可能减少试验站的工作量。本研究室负责 5 个子库的建设，在制定调查表格时，我们一再强调内容要尽量简化，且其可操作性要强。任务分工也非常明确，每个子库指定 1 个岗位专家专门负责，方便与试验站联系。且每个调查表格都附上详细、具体要求，做到一看就会，同时还要注意正确处理基础数据填报中的具体问题。在审核过程中，岗位专家能帮助修改的就直接修改，不必再返回试验站。如有确实无法修改的地方，就及时

与试验站联系，确保数据无误。岗位专家应尽力为试验站提供帮助。与试验站保持紧密联系，及时解答试验站提出的有关基础数据调研方面的问题。利用去试验站的机会，尽可能地针对基础数据调研，提出一些合理化建议。与试验站共同完成基础数据的填报。试验站应对示范县提交的调查表进行仔细检查和汇总，按时发送给相应岗位专家。岗位专家应认真审核调查数据，及时填写和上传。各子库负责人应及时向首席办反馈工作问题。期间发现一些试验站对新的填报系统的要求不是很了解，经与首席办电话沟通，及时进行了集中讲解。2018 年 7 月 13—15 日国家梨产业技术体系在江苏省徐州市召开"2018 年国家梨产业技术体系综合试验站站长交流暨基础数据调研培训会议"，我在会上交流了关于病虫基础数据调研的具体要求及梨主要病害的正确诊断与识别，受到各综合试验站的一致好评。

十年梨园路漫漫，绿色防控正当时

刘凤权

果实病害防控岗位科学家　江苏省农业科学院

梨是我国第三大水果，我国也是世界第一产梨大国，梨产业的健康发展对促进果树行业繁荣、保障农民增收方面具有重要意义，而病害是限制我国梨产业健康发展的重要因子之一。本岗位自 2008 年以来加入国家梨产业技术体系，承担与梨病害防控相关的研究和技术服务任务。十年来，我们团队在梨树病害发生规律和新病害鉴定、病菌菌株库构建与分子检测、高效化学杀菌剂和生防菌筛选、生防物质研究与产品开发应用、岗站对接与基地建设以及相关的基础性和应急性工作方面取得一系列成果，完成了体系交给的各项任务，每年年度考核均为优秀，可以说在解决产业科学问题和生产实际问题方面贡献了自己的力量。

目前梨产业发展仍存在一些问题，如轻简省力化梨园管理技术不配套、病虫害被动防治和盲目用药、梨园生态环境恶化等。为解决这些问题，更好地发挥体系的引领作用，加强体系在产业中的影响力，需要每个从事梨产业的生产者、管理者、研究者密切合作，也需要我们体系内各岗站通力协作，不断提高研究创新能力和技术服务水平，作为岗位科学家的一员我们深感任重道远。

在调研中我们发现由于气候变化和人为活动的增多，一些常见病害的流行区域和危害程度在发生变化，而部分地区出现的新病害防控形势严峻。如黑星病在北方产区危害严重，特别是鸭梨、白梨等高感病品种的产区，病害流行频繁，造成重大损失，是重点防治对象。在雨水多的年份和地区，如长江流域和云贵川等多雨潮湿地区，感病品种也发病严重。黑斑病和褐斑病是梨树叶部主要病害，在南方梨区发生较多，而近年来山东、河北的日韩砂梨品种有较大面积种植，黑斑病也成为这些梨区的重要防治对象。梨炭疽病原为梨的次要病害，近些年在山东、云南等地，炭疽病造成大面积果实腐烂，现在已上升为一些产区的主要病害，如 2008 年安徽砀山的炭疽病暴发成灾。炭疽病、黑斑病等病害引起浙江、福建、湖北、江西等南方梨产区的早期落叶现象比较严重。梨白粉病多危害秋天的老叶，在辽宁、河北、山东、四川和重庆等梨产区均有发生，近年来有加重趋势。与此同时，锈水病作为一种细菌性病害以往在江浙少数产区发生，近年来在新疆和山东等地也有发生，需加强防范。新疆地区的枝枯病发生严重，对梨和苹果等产业造成较大影响。本岗位积极参与了相关工作，为病害防控建言献策，但仍需要加强体系间和体系内的相互合作、群策群力，共同警惕和防范危险性病害的流行蔓延。

在实际工作中我们发现对于病害防控，很多果农甚至农技人员仍存在一些误区，如单纯的依赖化学农药。由于缺乏预测预报的指导，只能依据防治日历施用保险药，盲目用药问题严重，引发很多问题，如药剂残留超标、环境污染加重、病虫抗药性增加、防治抓不住有利时机导致病害大流行等。在防控观念上存在误区，轻防重治的思想严重。为节约成本，随意减少农药剂量或用药次数，给病害多次重复侵染提供了机会。

我们岗位团队利用培训会、专题讲座或现场指导等方式向广大果农和从业者宣传植保"预防为主、综合防治"的指导方针，指导农户科学正确地使用农药，让他们了解农药的使用浓度、药量和适宜时间以及安全间隔期，提高施药质量。

此外要重视农业防治的作用。梨褐斑病、黑星病等病害发生与树体的通透条件密切相关，良好的树体结构和通风透光条件可避免发病的适宜环境，降低病害发生的概率。腐烂病、轮纹病等均是树体生长势较弱时引起病原侵染和定殖。树势较强的果树，病菌侵染后的病斑扩展很慢，树势较弱时，病斑就会迅速扩大，造成严重危害。因此保持健壮树势不仅是梨树高产、稳产、优质的前提条件，对病害防治也有重要意义。这些技术和管理措施是我们常向农户和技术人员宣传的，关键是如何贯彻落实好这些技术，要通过体系岗站的示范引领作用带动果树病害防治水平的提高和进步。

体系是一个团结协作的大家庭，在每个成员的共同努力下，经过十年的建设和发展，体系取得了很多可喜的成绩，在推动产业进步、促进农业现代化发展方面发挥了重要作用。本岗位也在体系的支持下取得了很多成果，这离不开各个岗位和试验站对我们工作的大力支持和帮助。病害防控工作是生产中的重要一环，本岗位每年在病害调研、技术培训、病害发生情况委托调查等工作中，都得到了各岗位专家和试验站站长的大力帮助，正是大家的鼎力相助才使我们能够顺利完成各项任务，并让我们深切地体会到融入梨产业体系工作团队大家庭所带来的温暖。

体系又是一个"大杂烩"，有从事梨育种、栽培、植保、加工、经济等各个不同专业领域的专家，也有全国各个梨产区的站长及技术骨干，通过体系这一纽带将各行各业的人凝聚在一起。作为其中的一员，我们也从不同专业的专家身上学到了很多不同领域的知识，从各个试验站站长的辛勤工作中体会到梨生产实际中面临的种种挑战。对于我们从事研究的人来说，将自己的研究工作与生产实际相结合，将自己要解决的科学问题与广大农户及消费者关心的实际问题相结合，才能更好地体现产学研结合、体现体系的意义和我们岗位研究的意义所在。期望体系在各岗站的齐心努力下结出更多的丰硕果实。

参加体系项目十年来的体会与感悟

刘小侠

虫害防控岗位科学家　中国农业大学

国家梨产业技术体系成立至今已走过十余年的历程。作为荣幸参与体系项目工作的我，也在体系中度过了一段宝贵的时光。多年的学习与努力，我从一名普通的团队成员成长为虫害防控岗位科学家，回顾这十余年的经历，感慨还真不少。

中国农业大学害虫综合治理研究室从 2008 年启动就承担梨产业技术体系虫害防控岗位。虽然 2008 年之前我们课题组有一部分力量放在果树害虫研究方面，但当时还不是我们课题组的主要研究对象，加之高校评职称等各种考核主要看英文文章，在这种形势之下课题组把过多精力放在了理论基础研究方面。2008 年开始承担这个项目，我们知道这个项目重点在于解决产业问题，研发农民实用的新技术新产品是本项目的初衷，而不仅仅是发文章，于是我们尽快转变课题组的研究思路，把更多的精力转向梨园害虫防治技术研究，在我们的不懈努力下，我们取得了不少成绩，基本摸清了南方和北方梨园的主要害虫发生规律。梨小食心虫在全国梨园普遍发生，是梨园最严重的蛀果类害虫；梨木虱在全国梨园发生严重，防治不当能造成重大损失；梨瘿蚊在湖北梨园发生非常严重，需要重点防治。我们团队集成研发害虫防控新技术 5 项，分别是迷向丝/迷向素防控梨小食心虫技术、释放赤眼蜂防控梨小食心虫技术、释放捕食螨防控叶螨技术、色板防控梨瘿蚊技术、糖醋液防控梨园害虫技术；分别构建适合南方和北方梨园害虫综合防控技术各 1 套，并在一些示范园示范应用，取得了良好效果，减少梨园用药量 30% 以上；培养了博士研究生 6 名、硕士研究生 15 名，发表文章 26 篇，申请专利 4 项，授权 2 项。经过十年的努力，虽然我们已经取得了不少可喜的成绩，但梨园生态环境非常复杂，每年的气候差异比较大，每年还会发生新的虫害和遇到新的问题，我们仍然需要坚持不懈的努力，为梨产业发展做出更大贡献。

在参加产业体系项目之前，我们所承担的其他项目都是同一领域的专家围绕某几种主要害虫，或者围绕某几种作物进行研究，而这个项目集合各个领域的专家，大家都围绕梨树开展研究，每个专家发挥各自的特长，共同解决梨产业发展问题。我感觉这点特别好，既能发挥每一位专家的特长，又能相互协作，共同促进这个产业的发展。例如我们梨产业体系有育种功能研究室、植保功能研究室、栽培研究室、采后贮藏加工研究室、产业经济研究室，这些研究室几乎涵盖了梨产业的每个方面，不论果农遇到哪方面的问题，都能找到对应专家协助解决。我们去实验站开展工作时，很受当地人员的欢迎，很多实验站反应通过这个项目他们认识了不同领域的专家，生产中遇到问题都能找到对应专家给予解答；没这个项目之前，他们不知道该找谁，现在有行家给予指导，少走很多弯路。跟不同领域的专家合作，每位专家也能了解其他领域的工作，开拓了知识面，因此对于每位专家来说收获也颇丰。

对于我来说另外一个最大的体会是项目贴近生产，要想干好项目，就必须经常走下去，要面对一片土地，跟果农面对面交流，才能了解生产中遇到的问题，才会有目的地开展研究，才能研发出真正有用的新产品，才能解决新问题，而不仅只是在实验室埋头苦干。项目成败的标准是解决了多少果农问题，而不是发表了多少文章。当然对于科研工作者来说，发文章也是必不可少的，但这个项目不像其他项目那么重视发文章的数量和质量，而是把解决生产实践问题放在第一位。能够解决梨产业发展中的重大问题，推动梨产业健康发展才是最重要的。

自从担任梨产业技术体系虫害防控岗位科学家，我感觉责任重大，有些梨园管理不善，虫害严重，每次给果农或者技术人员召开培训会时，听众反映有些害虫特别难防治，生产季节每隔几天就要施药，收到的效果仍然很微小，甚至因为施农药出现果农中毒或者梨果发生药害的现象。果农特别期盼有不用打药、方便使用，又很廉价的防治技术可以提供给他们使用。每当这时我就感慨自己的力量好渺小，因为解决不了农民遇到的各种问题而自责，好希望自己能研发出果农需要的各种技术。目前虽然我们去果园示范推广绿色防控技术经常碰到一些困难，果农还不是那么容易接受，经常是给果农免费赠送产品果农非常欢迎，但让果农自己出钱购买就不愿意了。我认为果农从内心很愿意接受新技术，但目前农产品的经济效益不高，果农必须考虑成本问题，所以才导致现有的一些绿色防控技术推广起来有难度。所以作为产业体系的专家，我有责任带领团队研发一些又实用又经济的产品和技术供果农选择使用。

从加入产业体系项目十余年来，我自己也有很大提高，从团队成员到岗位科学家，从副教授到教授，从课题组成员到课题组带头人，当然我年龄也上涨了十余岁，经验也丰富了很多，增加了很多实践知识，这些进步都与承担产业体系项目密不可分。进入"十三五"以来，我们虫害防控团队成员大都很年轻，年轻人有活力、干劲足，我们5个团队成员分工明确，有的继续在田间蹲点摸清梨园害虫的发生规律，研发实用新技术并在果园指导使用；有的在室内做前瞻性基础研究，为研发具有潜在应用价值的新技术提供理论基础。我们5位年轻人都怀着一颗火热的心投身到国家梨产业的发展中，为我们国家梨产业的发展添砖加瓦。

总之，加入产业体系项目十余年来收获多多，我也真心喜欢这个项目，我会脚踏实地、认真努力干好这个项目，为我们国家梨产业发展贡献自己的一份力量，也希望这个项目能长期维持下去，能长远地给大家提供一个平台，让每个项目参与人员都能安安心心地干好工作。

梨 之 获

刘奇志

生物防治与综合防控岗位科学家　中国农业大学

在梨体系这个大家庭，十年来我们学到了很多东西。周转在不同地区的梨园，收获了一个个数据，发表了一篇篇文章，也送走了一批批学生。细细回味这十年时光，见证了小梨苗从奄奄一息到苗壮成长，从花开到花落，从幼果到成熟，经历了酷暑再到严寒，梨园的一切都历历在目。

几年前，在一些病虫害发生严重的梨园中，每年5月开始到果实收获结束，每年大约喷施十多次化学农药。这不仅污染了环境，造成了人力和物力的浪费，还增加了病虫害对农药的抗性，使病虫害越来越难以控制。因此，我们很有必要研究梨园病虫害发生规律，抓住防治关键时期，减少化学农药使用次数，保证果品健康安全。

通过实验室十多年对北方梨园病虫害发生规律的研究，在明确主要害虫（梨木虱、二斑叶螨）发生规律的基础上，提出了"3次用药"技术。其要点是：通过观察梨园物候和近10天的平均温度，抓住防治害虫的关键时期，尤其是在若虫发生高峰期，喷施化学农药，并兼治其他病虫害，再结合套袋、梨园捆绑瓦楞纸、自然生草保护天敌等技术，将病虫害控制在经济阈值之下。

实践证明了"3次用药"技术的可行性，成功地将施药次数控制在允许范围之内。农民的认可是对我们工作的肯定，给予了我们无限前进的动力。

人们常说，失败是成功之母。而在我们试验过程中，这也要区分具体情况。试验如果失败了，一次不成功，农民就不会认可你，也不再相信你，所以我们不能失败，必须时刻谨记、不能放松，虽然会苦会累，可当我们明白我们身上的责任有多重，成功将为多少人带来利益时，这些苦累只会更加坚定我们的决心。

多年研究中发现，梨园生产中病虫害问题是果农最关心的问题之一，但地方缺少相关机构协助指导果农开展病虫准确测报，导致果农盲目用药、频繁施药、打"保险药"等现象非常普遍。大多数梨园都是根据果农的经验来防治病虫。在不了解病虫发生规律时，农户只是根据个人经验，依赖化学农药，决定用药时间，缺乏科学性，与实际病虫害发生规律不符。每年温度都有变化，单靠经验是行不通的。

农户对食品安全的意识严重缺乏。他们根据自己的经验地毯式施药，只要他们认为该施药了，就会将几种药剂混合喷施，在药效一过就会重新施一遍，所有病虫害都进行防治，不仅消灭了害虫，天敌和有益生物也被消灭了。这种理念的存在，是用药次数只高不低的直接原因，不仅造成了人力、物力的浪费，也使果品安全问题不断增加，农药残留问题越来越严重，售卖价格也越来越低，获得利润也越来越少，甚至有的地方直接放弃生产。全部依赖农药的化学作用，也使农业新技术的推广越发艰难。

同时，我们发现随着社会发展水平的不断提高，越来越多的人追求有机产品，而有机产品的生产需要更多人力物力的投入。现实条件显示，从事农业工作的人员越来越少，年轻人多外出就业，而老人们管理果园精力有限，仅喷施化学农药来进行管理，产品农药残留过多，难以卖出较高价格，与人们追求健康有机产品相违背。

化学防治病虫害的观念根深蒂固，短期内改变比较难，要锲而不舍地做工作。应严格把控果品安全，并对农民进行培训，提高农民科技素质，也要加紧技术的研发，才能有效提高果品安全和健康水平。

本岗位取得的成绩是大家支持的结果。十年来的研究技术已经在很多试验站试用或示范，得到了肯定和赞许。希望各试验站仍能一如既往、实实在在地配合本岗位的研究内容所形成的实用技术，给予实事求是的评价与反馈，使本岗位研发的技术得以改进和完善，最终为果农研发出切实可行的技术。希望本岗位团队成员参与示范基地建设的（在植保方面）试验站能够提供较便利的交通、食宿、网络条件。

非常感谢体系给予的帮助与支持，希望体系平台发展越来越好，为现代化农业发展贡献更大的力量。

任重而道远的果园机械化发展之路

常有宏

果园耕作机械化岗位科学家　江苏省农业科学院

纵观近十年来果园机械的发展历程，是努力探索、艰难前行的十年。果园机械研发起步较晚，但发展迅速，目前全国范围内的果园机械基本实现了从无到有并可大范围使用，在技术研发和栽培模式上也有一定的成功尝试。农机农艺融合在一定范围内取得了成功经验，初步建立了一批标准化生产示范性果园，在规模化、机械化生产模式方面起到了很好的样板作用。本文主要从近十年来我国果园机械化发展情况、国际果园机械化发展最新趋势与动向、果园耕作机械化岗位近年来取得的重要成果、果园机械化成为国家农机化发展中新的增长点、我国果园机械化未来发展的思考五大方面来总结体系十年的所感所想。

一、我国果园机械化发展现状

我国果园种植面积与水果产量均居世界首位，2016年全国水果种植面积1 298.15万公顷，总产量达28 351万吨，水果种植的经济效益远大于大田作物，已成为农民增收的重要支柱产业。然而，我国农业劳动力人口平均年龄高达59.8岁，劳动力成本逐年上升，约占水果生产总成本的50%左右。当前，我国果园综合机械化水平不足30%，其中机械中耕率29.88%，机械施肥率18.51%，机械植保率46.42%，机械修剪率11.69%，机械采收率2.39%，机械转运率53.12%。机械化相对较高的植保和转运环节，不乏采用小型电动（机动）机械加上人工辅助进行的操作。果园综合机械化虽然较十年前的10%有了一定的增长，但增长速度非常缓慢。这主要受限于80%以上的老旧果园种植模式更新缓慢，造成机械无法下田，用工量多、劳动强度大、时效性强的环节，都未实现机械化作业。

自国家产业技术体系建设以来，树立全产业链思维，标准示范园建设、老旧果园改造着眼以机械化为核心的整体解决方案，综合实策统筹解决果园基础建设、机具研发推广、良种良法推广、机械化生产体系构建、果品储运加工等环节突出问题，支持推动标准化果园的规模化、集约化、机械化。标准示范园的综合机械化水平显著高于示范区域内的平均水平，局域性示范带动效果明显。

二、国际果园机械化发展最新趋势与动向

"智能化技术推动农业绿色发展"已成为发达国家农机技术的发展动向和趋势。如病虫害预测模型和植保智能控制技术、智能识别除草机等，施肥方面普遍使用的具有深施肥功能的机具和畜禽粪便施肥机，以提高化肥使用效率；大量使用定向、变量、精准施药机械以提高农药利用率，减少施用量。精准喷施农药或用适宜机械防止病虫草害，用机械化植保代替化学植保，减少农药施用量。如德国拜耳公司与博世公司合资的公司XARVIO，把农药技术、病虫害预报技术、通信技术与机械技术结合，开发的手机应用软件XARVIO Scouting，使农民用手机就能发现并鉴别作物病虫害情况、氮元素状况以及叶片的损害情况；开发的施肥施药机械可以根据病虫害种类和程度自动对靶、自动调整药量、调整药肥比精准施药施肥，最多可减少45%的农药施用量。果园机械化在化肥农药双减、实现农业绿色发展方面前景广阔。

三、果园耕作机械化岗位近年来取得的重要成果

果园耕作机械化岗位职责是根据我国不同生态区域梨树立地条件、栽培特点和经济基础，研发与推广适宜不同生产规模的耕作、喷药、割草、灌溉、施肥等田间作业的专用机械与配套设备；研究不同设备的使用技术规范，建立梨园机械高效应用的技术体系。

2011年至今，果园机械化岗位团队通过突破果园机械化薄弱环节技术瓶颈，以农机农艺相融合的方式，创新研发、筛选集成与优化提升了作业高效、适应性强、自动化程度高的果园机械化生产装备，有3WGF系列果园风送喷雾机、3WQF—1000型牵引式果园风送喷雾机、2FG—50D果园有机肥深层混施机（双链深松机、有机肥条形投放机）、组合式果园避障割草机、多功能运载平台、手持疏花器、枝条粉碎机等多种果园机械装备，实现了果园全程机械化关键技术装备集成，初步构建了现代果园机械化生产技术模式，将有助于快速提升现代果园综合机械化水平，切实解决劳动力短缺、作业效率低、劳动力成本高的产业问题，促进果品生产可持续发展。

值得一提的是在果园植保机械研发方面，本岗位与雷沃重工股份有限公

司、南通黄海药械有限公司等企业联合攻关，成立了"江苏省农业科学院植保机械研发中心"暨"国家梨产业技术体系果园设施与机具研发示范基地"，创制出了系列化果园风送喷雾机，实现不同类型果园植保机械化作业。其中3WQF—1000型牵引式果园风送喷雾机适应于现代规模化果园，实现了风量风速可控、流场分布均匀、雾量与树冠仿形，提高了施药精准性。3WGF—300A/300B/300C自走式果园风送喷雾机外形低矮，对低丘陵地区、棚架或低矮密植果园具有较好的适应性。系列化机型作业效率高于20亩/h，是现有植保机具作业效率的10倍，农药有效利用率提高1倍以上；研发的射流搅拌喷头、负压回流装置等部件填补了国内空白，3WGF—300A型果园风送式喷雾机整机综合性能处于国内领先水平。截至当前累计推广系列化果园风送喷雾机1 500余台，应用范围覆盖全国22个省份，应用规模达10亿亩次，产生了显著的经济效益和生态效益。

与此同时，本岗位团队依托多项国家自然科学基金项目，积极跟踪国际前沿，开展了精准变量施药技术研究，提出了基于三维激光点云数据计算点云密度表征叶面积密度的方法，建立了喷施区域叶片个数与点云个数之间的数学模型，完成了果树变量喷雾软硬件系统研发，并实现了精准变量喷雾系统开发与移植安装。

四、果园机械化成为国家农机化发展中新的增长点

在种植业中，果树仅次于粮食作物、蔬菜作物居于第三位。随着市场需求增长和种植规模的扩大，对果园生产机械化的需求日益迫切，在过去的十年中果园机械化取得了一定的进展和成果。通过近年的各类农机展、技术发展论坛等活动可以发现，果园机械装备板块的内容不断扩大，亮相的技术和产品也越来越丰富。这得益于"十二五"以来国家密集出台的多项支持果园机械化发展的政策，对农机研发和农机化技术研究投入的不断增加，包括"现代果园智能化精细生产管理技术装备研发"在内的国家重点研发计划"智能农机装备"重点专项启动实施17项，中央财政经费投入超过6 000万元。在2017年农业部公布的现代农业产业技术体系"十三五"新增岗位科学家候选人名单中，农机岗位专家数量大幅增加，达到105人，实现全部50个农业产业体系全覆盖，显著增强了农机农艺技术融合的人才支撑。新一届全国农机化科技创新专家组成立，共设立1个综合组和10个专业组，专家组成员包含了农机领域院士和22所大学、27家科研单位共138位知名专家，本体系2位机械岗位科学家均

在其列。从政策、技术、装备、经营主体等多因素的共同作用下，果园机械化已成为农机化发展中一个全新的增长点。

五、我国果园机械化未来发展的思考

需要多方合力推进果园机械化科技创新，加强部门联合、资源整合，落实好《农机装备发展行动方案（2016—2025)》不断增强新技术新装备的有效供给。以短板机具、高端产品、智能装备为主攻方向，大力研发高效、节本、绿色、智能机械研发。

果园机械领域的科研院所应努力取得多项核心技术的突破，帮助企业提高核心竞争力，推进现有产品提档升级，创新研发可市场化的农机产品，避免产能过剩、同质化严重的低端产品继续投入市场。

用好现代农业产业技术体系、科技创新联盟、协同创新中心等平台，推进农机农艺融合的果园机械化样板示范工程，制定完善适宜机械化作业的标准示范园建设标准，探索果树品种、种植模式、配套机具等高效融合的生产模式，实现多学科、多环节的联动，实现协作技术创新和成果转化。

梨树体管理机械化岗位工作感悟

何雄奎

树体管理机械化岗位科学家　中国农业大学

自 2017 年 8 月我以树体管理机械化岗位专家正式加入国家梨现代农业产业技术体系以来，发挥产业技术体系多学科融合、产学研聚集优势，带领中国农业大学梨树体机械化管理团队积极参加到体系服务产业发展、树体管理机械化设备研发科技创新和促进生产轻简化增效工作中，取得了一些成果，也促进了学科团队建设。回顾过去的工作，主要体会感悟如下：

一、在生产实践中发现问题，找准了本岗位任务方向

借助产业技术体系覆盖全国梨产业区域范围广、生产经营主体类型多，特别是产业技术体系前期工作积累深厚的优势，近两年来我们先后赴库尔勒试验站、砀山试验站、武汉试验站、泰安试验站和石家庄试验站等 20 多个试验站；赴南京农业大学、安徽农业大学、华中农业大学、山东省果树研究所、安徽省农业科学院、湖北省农业科学院、江苏省农业科学院等 10 多个科研院所；赴辽宁鞍山、北京大兴、河北辛集、山东滨州、重庆永新等地的 10 多个种植大户果园，赴山东华盛集团、临沂永佳动力股份有限公司、埃森农机常州有限公司、北京丰茂植保机械有限公司、河北中农博远农业装备有限公司、浙江台州信溢农业机械有限公司、富士特有限公司、安宁生物科技有限公司等 20 多个果园机械设备生产企业；通过深入田间地头、通过与体系相关岗位专家合作交流，与基层试验站联合组织机具设备田间试验示范，深入农户、合作社座谈，了解了我国梨产业体系典型地区的地形地貌、种植模式、机具配备、机械化作业要求、机械生产厂家和其产品特点等情况，快速准确地找到了果园机械化存在问题、亟待解决的问题，找到了下一步研究的方向和内容。通过与栽培、植保等多学科岗位专家合作，在修剪、疏花疏果、人工授粉、植保等问题的研究上有了新思路，为生产增效找到了新的突破口。借助岗位专家—试验站—农户科研与生产融合优势，信息、成果共享，与原来"独立圈子"搞科研相比，以现实生产难题倒逼科研，加快了选题更新、研究进展以及成果应用。

二、为果农和果园机具生产商搭建桥梁，加快推进技术集成、创新和推广应用

我国果园机械化近年虽然取得了显著的成就，各关键环节都已有相应装备产品，但因果园劳动力严重短缺，与对适用机械化设备的迫切需求相比，果园机械化发展不平衡、不充分的矛盾仍然十分突出，仍然存在许多空白和薄弱环节，例如树体管理机械里的树干喷白机、套袋机、梳花蔬果机、整体修剪机和采收升降平台等，这些机具虽然已有产品，但因农艺农机融合与全程机械化配套性差等问题，机具的可靠性和适应性都有待提升，目前还无法得到果农认可和推广应用。

通过深入田间地头，最大的感触是最新、最先进的设备不一定是果农最需要的设备，机具的研发生产应从果农实际需要出发，根据果园生产规模、农艺制度等生产模式，发展适合梨园生产特点的机械产品。我国幅员辽阔，通过走访各地果园，深感我国梨产业种植模式复杂多样，地形地貌不同，梨树架式结构多样，不同模式、不同作业环节都需要不同的装备去实现机械化，但现有农机产品种类单一，应推进果园机械各环节产品种类的增加。

进入体系后，我们一直关注追踪国内外果园树体管理机具发展状况，收集国内外果园树体管理机械化产品，编制产品目录，组织果农现场技术培训，积极筛选推广先进适用机具，愿做果农和果园机械生产厂家之间的桥梁，让果农能尽快了解适用产品，让机具生产厂家生产的优质产品得以迅速推广应用，并与厂家合作，助力其产品科技创新。

三、在产业服务中提升能力，助推科研团队建设

通过组织团队人员积极参加体系学术研讨、现场会、田间试验和调研等工作，提升科研能力。在研究内容上，多学科融合，找到学科结合点的创新，准确把握产业发展趋势，确定树体管理机械化研究方向，了解制约生产的关键问题。

总结过去的工作，我们一直聚焦在农机农艺结合及解决关键技术难题方面，试验示范带动新型农机具推广应用，强化田间地头培训加快成果转化，助推成果转化"最后一公里"。在果园精准变量喷雾机、立体空间喷雾系统、植保无人机、物联网诱虫灯、遥控采摘平台等一些成果上，推进了机械的转型升级，促进了生产增效和农民增收。

对于下一步工作，我们将继续紧紧围绕梨产业发展需求，发挥技术体系平台优势，加强与各岗位专家、基层试验站以及产业其他力量合作，力争在"十三五"期间实现树体管理机械化关键技术突破，实现机械化作业及栽培品种和栽培模式相互适应、深度融合，形成树体管理机械化整体解决方案和技术体系，以综合试验站为载体强化技术集成、加快成果转化，为梨产业机械化提供有力科技支撑。

我与体系共成长

王文辉

采后保鲜贮运岗位科学家　中国农业科学院果树研究所

我的岗位是梨果保鲜贮运。水果保鲜从生命的角度讲，就是保持果实新鲜、营养，保持旺盛的生命状态，避免腐败变质。从经济和满足市场需求的角度讲，水果保鲜的任务是保证水果季产年销、减损增值，以确保产业健康稳定和可持续发展。

一、产业的需求就是自己的职责

我是一名农业科技工作者，具体说是一名农产品采后科技工作者，加入体系后我的岗位是梨采后保鲜贮运。解决梨产业或者说梨采后保鲜贮运技术问题、做好技术服务，是我和我所在团队的职责。有人说工作是需要动力的，我的动力来自责任感、荣誉感或是使命感。科研需要经费，没有体系的时候，为争取项目，要疏通关系，要联络感情。有了稳定的经济基础支持，不为五斗米折腰，感觉做人也有了尊严，如此，还有什么理由不好好工作呢？

二、岗位不是单兵作战，需要组建一支队伍

"如果你想走得快，就一个人走；如果你想走得远，就一群人走"。体系是一个团队，目标是使我国梨产业健康、稳定和可持续发展，果农增收，果业增效，乡村振兴全面实施。正确理解和处理首席科学家与功能研究室主任、岗位专家及试验站的关系。岗位工作及其任务与一般项目课题不同，岗位工作可以看作是很长一段时间甚至是一生从事的事业。岗位专家不仅是技术专家，还是所在领域的宏观战略专家。体系研发中心是一个大团队，每个科学家岗位是一个小团队（班组）。体系能力的发挥在于体系内部整体、团队、大协作、大联合，以及不同体系之间相同领域的协作与合作。

浑身都是铁，能打几根钉？没有团队和整体等于零！当年足球赛，阿根廷、巴西、葡萄牙均不缺乏大牌球星，但是德国用出色的整体足球，证明靠一个球星打天下的日子一去不复返了。做好本岗位工作也需要一个有战斗力的团

队。团队成员要根据岗位职责和产业具体情况合理分工，同时还要加强团队后备人才的培养。"打铁还要功夫硬"，加强团队成员科研业务能力和服务产业能力的培训、培养，业务上苦练内功，装备也要先进。加强团队内部学习，领会中央、农业农村部及本体系有关文件精神。

现代农业产业技术体系，既然是产业体系，工作一定要与产区地方政府、企业和产业协会保持紧密良好的合作关系（基础性工作、长期定位研究、定点观测和基础性数据汇总），积极从技术层面为地方政府、企业和产业协会排忧解难和出谋划策。

三、没有调查，就没有发言权

农业的长期性、实践性，决定了很多技术高手在民间。了解产区产业基本情况，虚心向一线技术人员和果农学习，不仅要了解全国产业的基本情况和产业问题，而且也要了解世界的基本情况；不仅要了解产区的情况，更要了解市场的问题和需求。及时对调研情况进行总结和分析，形成调研报告，凝练产业问题和技术需求。跳出产业做产业，逆向思维，横向思维，从产业的终端——市场和消费者——调研技术需求（市场需求）。能够解决生产中的实际问题的技术就是好技术，能被市场认可的技术、产品和品种就是亮点成果。好产品、好品种、好技术不推自广。

注重调查的方式方法。广泛调研，调研之前要明确本次调研的目的意义，并对参与调研的人员进行培训，以提高效率。调查研究要细致入微，细节决定成败，很多问题表面上并无区别，其实质在于细节。如同一个产区，丘陵阳坡地的果实耐贮性就比平地果实好；再比如同样是冷藏库，库温相差 0.5℃贮藏效果就大不一样等。市场调研要相互尊重，说明来意，主动与客商交朋友，解答客商提出的各种技术问题，技术普及的同时，对产业问题也会有全面的了解。

立地与顶天，是一个整体，不应该分开，更不应该对立起来。问题（论文）来源于生产实际，好的成果也能应用于生产实践或解释科学问题。

四、帮助别人，就是帮助自己，助人为快乐之本

古人云"助人为快乐之本"。快乐（帮助）别人（生物），才能快乐自己，其实也是生物进化的法则。看着这美好的果实，想到了蜜蜂授粉，花形成了果实，蜜蜂也哺育了后代。动物又何尝不是呢？生物的进化是否要具有利他性呢？只有快乐他人（生物），自己才能得到生存、繁殖和进化！薛定谔博士认

为对于单个动物来说，利己主义是优势，它可以保护发展该物种，但在任何集体中，它则是一个具有毁灭性的弊端。一种处于开始形成阶段的动物若不限制利己主义，那么将会消亡。

加入体系，体系的任务就是自己的工作职责，实际上，生活的意义，就是合作与奉献。

搭建"梨产后技术与品牌营销研讨"微信群网络平台更好地为产业服务。本群吸收全国各主产区国家及省市龙头企业、政府果业主管部门、梨采后知名专家、果农大户代表、客商等，及时收集产业问题、了解产业动态，开展科普培训和技术研发。

五、大联合、大合作才能有效解决复杂的生产问题

国家梨产业体系是个研发体系，强调协同配合。根据对技术用户调研的结果，梳理出产业发展中需要解决的问题，协同作战。解决生产中需要解决的大问题，必然有大的成果，也就必然有"亮点"。通过"十二五"体系重点任务"梨果贮藏生理病害的防控技术研究与示范"的实施，更加体会到体系内联合开展研究工作的重要意义，以产业问题为导向，务实开展体系内不同研究室间不同形式的合作交流，开展协同攻关，对切实解决产业问题具有显著效果。在新疆库尔勒香梨贮藏期萼端腐烂情况调研的过程中，深刻体会到了通过多岗位联合，与果农和贮藏企业互动，大家各自发挥所长，将问题逐一反映出来并进行深入细致的分析、假设、初断，结合苹果体系在苹果霉心病的研究结果，为库尔勒香梨萼端病害研究提出了新的思路。思路决定出路，可能一个问题只有通过反复调查研究、多学科交叉配合才能从根本上解决。

积极参与体系网站产业内、产业间的互动讨论和辩论，产生更多的火花。加强体系内、不同体系之间及体系外专家联合攻关，以体系为纽带，加强不同体系及体系外专家相同、相近领域相互协作。果树授粉会影响到果实品质，进而影响果实贮藏。记得 2010 年通过体系网站发帖与蜂体系周冰峰主任和岗位专家邵有全研究员一同探讨果树授粉与品质、产量的关系问题，引申出公益性行业科研专项"蜜蜂授粉增产技术集成与示范"（201203080）。

除制度保障外，体系工作要有高度的责任感和使命感，工作要主动，要站好自己的岗。岗位专家及其团队做好分工、调动团队成员积极性，是做好体系工作的基础。体系是个研发体系，采后问题需要与采前联手解决，强化岗—岗、岗—站之间协同配合。站在全国的角度去布局，研发重点向优势产区集中，抓大放小，重点解决优势产区的技术瓶颈问题。软硬件都要过硬，才能取得服务对象的信任和信服。一定要与地方政府、企业保持紧密良好的关系。

联合与合作，要能吃得下两样东西：吃苦与吃亏！工作要能吃得下苦，合作要能吃得了亏。

六、看些闲书，给灵魂以安慰

态度决定一切，"能让你开心快乐的只有自己的态度和豁达的心胸"。想不想做是态度问题，能不能做好是能力问题。站好自己的岗，扛好自己的枪。如果把体系工作看作是一种责任、一种职责，体系工作怎会做不好呢？不仅要做好每件事情，也要以更加积极的态度去面对工作、家人、朋友和自己，并以感恩之心去面对生活的每一天。

体系支持下的科研与农业双丰收

关军锋

梨果加工岗位科学家　河北省农林科学院遗传生理研究所

参加体系工作十年了，收获颇丰，感慨万千。总结起来，有如下感受。

一、增强了解决生产实际问题的能力

产业技术体系的主题是解决产业中存在的技术问题，因此，必须经常深入第一线，做好调查研究，积极发现问题，只有这样才能很好地解决实际问题。近十年来，我们深入到河北省梨主要产区的晋州、辛集、赵县、泊头、魏县、昌黎等地开展调研；并在体系相关专家的直接支持下，分别在北京大兴、山东泰安、陕西蒲城、河南宁陵、甘肃景泰、山西太谷等地开展调研与研究，针对梨贮藏加工中存在的问题开展技术需求调研，进行专题技术培训、学术讨论和技术指导，切实解决了梨贮藏中的一些难题，多次受到核心示范基地所在地——晋州市人民政府的表彰；积极带领团队成员开展技术培训，共培训基层科技人员和农民 7 000 余人次，引导河北省晋州市、辛集市 6 个梨保鲜企业升级改造，并在晋州市建立了 3 个农村科技服务站，有效解决了当地梨贮藏难的问题，受到当地果农的热烈欢迎。《河北科技报》两次报道了有关帮扶企业升级改造的情况。这说明体系建设在基层产生了明显的社会效益。

二、提高了理论业务水平

参加体系以来，在张绍铃首席科学家的直接领导下，本体系组织各种丰富多彩的学术交流活动，不仅进行了学术交流，增进了友谊，而且提高了社会影响力。按照体系要求，作为岗位专家，要在学术研究上有所突破。所以，我们努力向首席科学家团队学习，向大家学习，认真做好科学研究；同时，结合生产实际，在考察体系示范基地的同时，还认真与有关专家进行学术交流，做到理论与实践的有机结合。实践告诉我们，必须要坚持学以致用，知行合一；坚持问题导向，注重实效；坚持从实际出发，理论联系实际。

理论学习也是一样，必须坚持问题导向，增强针对性，带着问题学习，针对问题进行技术研发。如针对梨采后商品化处理问题，需要解决采后环节上的果实品质检测和分级技术难题；针对梨果加工问题，需要掌握梨果加工适应性问题。

针对生产中的突发情况，如不良天气、市场波动等，只有在业务基础雄厚的前提下，才能提出有效的对策和技术措施。针对大量的梨采后周转慢的问题，我们及时向晋州市和辛集市有关政府提出加强采后商品化处理、改善采后周转站和收购站环境的建议，受到有关领导的批示和重视，及时解决了一些难题，为采后品质的维持奠定了基础。

三、提高了团队整体科研水平

初参加体系时，本团队中不乏刚出校门的博士和硕士，体系工作中一切以生产实际为导向，他们每年多次奔赴果园、果品贮藏和加工企业，紧密联系果农和技术人员，密切关注生产实践，在此过程中逐渐形成了对农业的热爱和使命感，养成了科研工作联合实际的基本素养。

同时，团队整体学术氛围浓厚，大家刻苦钻研理论研究，在此期间发表论文 50 余篇，其中 SCI 收录 18 篇；团队培养科研骨干 4 人，其中 3 人在此期间被评定为副研究员，1 人获河北省青年拔尖人才称号；同时，团队培养博士后 3 名、博士 4 名、硕士 8 名，他们毕业后大多数工作在农业科研一线，成为农业科研的中坚力量。

人才的培养和团队整体科研水平的提升，是本团队从体系工作中获得的一笔极大财富，这与体系生产和科研并重的性质分不开。

四、为农业科研工作提供了新的模式

与其他产业相比，农业科研周期长、见效慢，"短平快"式的科研管理方式不符合农业经营。按照原有的科研管理方式，很多科研难题是难以立项的，很多新技术的研发和示范推广，在原来的单个项目是难以做到的。而现代农业产业技术体系足额、稳定的财政支持基本可以保证专家在不申请其他项目的情况下安心科研。进入体系之后，有了稳定的支持，既能保持队伍稳定，也能使产业壮大。

以往我国农业科技计划通常是"下发项目指南、专家申报、竞争答辩、立项"的模式，容易形成科研成果"躺着睡大觉"的情况。而现代农业产业技术体系使科研人员从没完没了地写申报书等事务性工作中解脱出来。在体系中，科学家没有这些压力，项目都是从实践调查中得来的。

有了稳定的支持，围绕产业链，体系部署了"环环相扣"的科技创新应用链条，分为遗传育种、病虫害防控、栽培、机械化、产后加工、产业经济6个学科领域；每个领域设置若干科学家岗位，并在主产区设立若干综合试验站，由此形成了一个全产业链的技术团队。建立了从产地到餐桌、从生产到消费、从研发到市场的现代农业产业技术体系。在全国范围内打破部门、区域和学科界限，搭建了农业科技联合协作的大平台，致力于解决地区分割、部门分割、效率不高等问题。这成为农业科研工作的新模式，有利于农业科研工作的持续和深入。

加入体系两年来科研工作的感想与体会

陈子雷

质量安全与营养品质评价岗位科学家　山东省农业科学院

2017 年 3 月，我有幸加入现代农业梨产业技术体系，承担质量安全与营养品质评价岗位工作，该岗位是农业部根据产业发展需要新增设的岗位。在参加体系近两年的时间里，收获颇丰。

一、对现代农业产业技术体系的建设工作和意义有了深入的了解

加入到梨产业技术体系近两年的时间，我参加了一系列研讨会、对接会、工作交流会、汇报会等，虚心听取各位前辈和专家的高见，各方面能力得到较大的提升。全体岗位科学家和站长以及各团队积极工作，及时沟通交流，互通有无，面向生产实际，强化技术协作和支持，加强产业服务、咨询，及时解决产业中存在的问题，分享工作经验和试验方法，为提高各团队成员专业素养和试验水平提供了巨大的帮助，为梨产业带来了实实在在的效益，受到了广大农民朋友、农业企业员工的欢迎。

现代农业产业技术体系建设是适应现代农业科研规律、明确以产业需求为导向的新的科研组织和管理模式，围绕相关优势农产品区域布局和产业发展需求，进行共性技术和关键技术研究、集成和示范；收集、分析产业及其技术发展动态与信息，为政府决策提供咨询，向社会提供信息服务，为用户开展技术示范和技术服务，为产业发展提供全面系统的技术支撑。

二、稳定的经费支持，确保科研人员安心研究

农业科研周期长、见效慢，属于公益性研究。现代农业产业技术体系建设为各岗位提供了稳定的经费支持，使团队能够凝神聚力，围绕产业需求选择关键和急需技术并确定为岗位任务，集中进行技术攻关和在试验站进行产业示范，这极大地促进了体系内各岗位科学家和站长之间的交流，提高了科研目标的针对性和转化效率。

在未参加体系前，我们经常为争取科研项目及经费而奔波，耗费了大量宝贵精力；申请科研项目的内容和目标宽泛，争取到什么项目就做什么，往往科研搞得不深入；而且，科研的应用目的性不强，片面地以追求发文章为目标，存在闭门造车的情况，研究内容没有对准产业需求，不能很好地解决产业实际问题。在加入产业体系后，我们团队的各位成员首先进行了充分的产业调研，找准了产业中急需的难题，通过体系首席科学家以及各专家论证，进一步凝练成为岗位的具体研究任务和研究方向；积极与各试验站对接，到梨果生产基地开展有目的性的调研，及时了解他们的研究重点，一方面很好地学习他们的经验，另一方面避免了研究内容的重复；体系内部也经常召开各种形式、各种内容的研讨会，不仅相互学习，也因此产生了不少科研"火花"。上述一系列体系运作方式和机制，把原本分散在不同部门、行业的农业科技人才聚集在一起，形成创新合力，使产学研不能有效衔接的问题得到破解。

三、更加了解产业需求，科研更接地气

影响梨果质量和品质的环节很多，从产地环境、栽培与育种、植物生长调节剂、肥料、农药的使用，到采收、加工以及贮藏等环节都会对其品质产生影响，涉及从田间地头到餐桌的全过程。

在加入梨产业体系前，我们开展的包括梨在内的水果质量安全相关的研究工作主要是在实验室中开展相关技术研发和检测工作，虽然对梨生产和产业的发展有一定了解，但还是与生产实际和产业需求有一定的差距。

加入体系后，结识了体系内以及体系外其他梨产业的相关专家、领导，体系内各位专家及站长在梨果生产方面都具有丰富的经验。通过学习他们对体系工作的观点、建议、意见以及经验和工作体会，使我学到了很多体系工作方法。特别是在体系首席张绍铃教授的指导和协调下，在其他岗位专家和试验站的协助下，加深了对产业的了解和认识，对梨育种与栽培、水肥管理、病虫害防控、加工贮藏等方面可能对质量安全和品质的影响关键环节进行了梳理，进一步凝练研究方向，做到有的放矢。

四、发挥岗位优势，为乡村振兴战略助力

中共中央、国务院发布的《乡村振兴战略规划（2018—2022 年)》中提出了"质量兴农的重大工程"，按照建设现代化经济体系的要求，加快农业结构调整步伐，着力推动农业由增产导向转向提质导向，提高农业供给体系的整体质量和效率，加快实现由农业大国向农业强国转变。需要加快农业转型升级，壮大特色优势产业，保障农产品质量安全，培育提升农业品牌，生产出绿色、

健康、安全的农产品。我国作为梨主要生产国历史悠久，但目前存在着效益逐年下滑的问题，主要原因在于水果整体处于生产过剩的情况，要保证产业的良好发展，提质增效是必由之路，因此梨果的质量安全与品质的提升处于重要地位。

针对岗位特点，依托岗位承担单位的优势，我们从两个方面来开展研发工作，协助提升梨果安全与品质。一是质量安全方面的技术研发，开展以农药残留、重金属、植物生长调节剂等风险因子为主要研究对象，将快速检测技术的研发作为重点，以满足梨果采收、贮藏以及贸易的需求；对全国梨果质量安全状况开展摸底调查，进行安全风险评估和农药安全使用技术研究，为农药、肥料的安全使用提供技术支撑。二是营养品质评价方面，进一步发掘梨果中功能性成分。我国幅员辽阔，梨品种繁多，梨还具有很强的保健功效，富含多酚等功能性成分，下一步利用我们岗位检测的技术优势，对不同品种、不同产区的梨果产品的营养品质及功能性成分进行综合性评价，开展基于特色梨果本身化学生物特征的产地及个体溯源技术及品种品质真伪鉴别技术研究，解决目前优质梨果产品溯源鉴别技术缺乏、市场混乱、优质不优价等问题，为梨产业可持续发展提供技术支撑。

通过近两年的体系工作，我深刻体会到产业体系为我们团队及成员提供了一个高标准、严要求的发展平台，体系内各位专家知识渊博、无私，通力协作，我们才有机会、有精力、有时间在科研的道路上走下去。我们团队成员也时刻以体系为荣，向各专家学习，按时完成各项体系任务，不辜负国家和广大人民对我们的期盼。

风雨十载，梨香满园

周应恒

产业经济岗位科学家 南京农业大学

白驹过隙，时光如梭，来不及细细回味，转眼间，我在国家梨产业技术体系已经走过了十个年头。逝去的是岁月，留下的是成长，收获的是我国梨产业的发展与进步。

自从十年前加入梨产业技术体系这个大家庭以来，作为产业经济岗位科学家和产业经济研究室主任，十年风雨同舟，十年患难与共，十年春华秋实。我和我带领的梨产业经济研究团队与梨产业技术体系共同成长、共同发展、共同进步，逐步从一个对梨产业经济感兴趣的科研工作者逐步成长为热爱梨产业经济并依托梨产业技术体系来共同发展的梨产业体系人。我所带领的梨产业经济研究团队也从运用产业经济学相关理论工具研究梨产业的团队蜕变为从梨产业出发识别问题，依托梨产业解决问题，为梨产业贡献解决方案，学以致用的命运共同体。

过去的十年，是艰苦奋斗的十年；过去的十年是团结协作的十年；过去的十年是开拓创新的十年。回首来路，一路上充满了艰辛，更充满收获和喜悦；一路上披荆斩棘，留下了我们艰苦奋斗、相互协作、共同讨论、携手共进的脚印与背影。特别是在固定观察点和基础数据统计过程中，我们梨产业技术体系的所有参与人员，不分岗位、不分试验站、不分地域，为了摸清这个梨产业技术体系共同的目标，梨产业技术体系所有成员齐心协力，共同奋战，相互讨论，彼此扶持，协同进取，为梨产业技术体系基本数据的不断完善和持续发展贡献力量。这些年我们共克时艰、努力拼搏，赢得了初步的胜利。

在过去十年的产业技术体系科学研究与建设中，我一次又一次地见证了同一个团队的同事们不畏艰辛、走访梨园、调研市场、统计数据、分析报告等忘我工作的情景；也忘不了为了完成一项调查，我们来自不同岗位的科学家同心协力，共赴梨园，现场查看，现场办公，现场讨论，现场解决生产问题。为了一项任务的完成，我们团队的沟通交流会上成员们反复斟酌，激烈讨论，有时会争得面红耳赤，正是这种一丝不苟、精益求精的工作作风和团队精神，让我们梨产业技术体系特别是梨产业经济岗位的各项工作都能在梨产业技术体系的框架之内规范有序进行。为了设置固定观察点与制定调查方案，为了设计编写梨产业基础数据调查表，为了对农业部的应急任务提供有针对性的应对方案，为了完成一篇关于梨产业经济与政策的学术论文和调查报告，我们的团队成员和梨产业技术体系的其他岗位同事们相互交流，深入探讨，以废寝忘食的忘我工作精神，字斟句酌，反复推敲，以便于确保能真实、准确、全面地把梨产业技术体系的岗位工作完成好，把相关的梨产业经济研究成果向农业部报告好。为了做好我们梨产业技术体系产业经济岗位的工作，我们的团队成员经常奔波于各个相关岗位或者试验站进行交流探讨、调查研究。就这样，我们在争论中进步，在调研中学习，在实践中成长，在交流合作中取得成绩并收获友谊，依靠团队的力量，使得我们的梨产业技术体系经济政策研究取得了阶段性成果，同时也为梨产业技术体系的逐渐发展成熟和完善贡献了应有的力量。

随着梨产业技术体系建设的稳步开展和有序前进，不仅让我们梨产业经济研究岗位的各位团队成员在梨产业技术体系的旗帜与框架内有章可循、有规可依，更让我们的团队成员团结一心，相互协作，明白了只有把梨产业技术体系的各个岗位和所有试验站拧成一股绳，才能共同取得进步，懂得了众人拾柴火焰高的道理。

为了切实提升在梨产业技术体系中的工作状态与专注精神，我们坚持定期召开团队成员讨论会，定期到岗—站对接的试验站和相关岗位进行调查和工作交流。特别是固定观察点和梨产业基础数据库的建设是一项长期复杂的系统工程，不可能在短时间内获得完全成功，但是我们更深知，循序渐进终会有所成就。

扎实的工作作风，严谨的"共走"态度，特别是团结奋进的梨产业技术体系文化让我们取得了丰硕的果实，梨产业基础数据库建设稳步推进，固定观察点建设走上正轨，与相关岗位和试验站的交流协作能力明显增强，较好地完成了首席办和农业部下达的有关应急任务。但是我们的团队成员并未因此而放松自己的工作，而是更加紧密地融入梨产业技术体系，努力积蓄力量，充分沟通交流，携手奋进，依靠团队的力量继续前行，以主人翁的责任感与梨产业技术体系共同成长和发展。

十年间，我们从无到有，系统调查梨经济数据。摸清家底是我国梨产业发展的基础性工作，在首席办的协调指挥下，我们产业经济岗位与其他体系岗位和试验站密切沟通、深度合作，在多次沟通与讨论后，我们制作了经济调查表，进行年度经济数据调查。通过岗岗联合、岗站对接，在河北、辽宁、四川、新疆、山西、安徽等地，分品种、分区域建立产地观测点，并进行相关生产、加工贮藏、流通、贸易等经济调查，旨在摸清梨产业主要品种、主要产区的基本情况。科技时代，面向未来，不可懈怠，我们拟运用地理信息系统，把全国梨的基本信息用地图的形式展现给每一位体系工作人员。

十年间，我们持续跟踪，撰写梨产业发展报告。梨产业发展报告是我们产业经济研究室的传统工作、年度任务。我们在梨主要产区调查梨生产的主要组织模式，了解主要品种、主要产区的流通渠道，分析其经营模式，目的是优化资源配置，改善我国梨产业的经营效率。除了实地调研，我们还利用联合国粮食及农业组织的基础数据，分析梨主产国和主要出口目的国的梨产业发展动态，及时提出产业贸易发展报告。梨的生产是基础，销售是不可或缺的增值环节，我们利用现代信息工具，按品种分产地和消费地市场，每天跟踪 7 个品种 21 个市场的梨交易行情，及时向有关的产销大企业提供购销决策咨询。我们充分发挥梨产业经济研究的专业知识特长，对梨生产、运销、消费各环节进行经济研究、产业竞争力研究、产业结构变动研究、产地集中度研究，提出梨产业发展政策咨询报告。

十年间，我们与时俱进，培训推广梨营销与品牌知识。梨的营销与品牌建设在当今供给侧结构性改革和消费升级的时代至关重要，我们在分级包装和品牌建设环节，通过市场信息的搜集筛选，提供给相关市场主体，帮助其做出正确的市场竞争策略。品牌建设是实现梨优质优价的重要途径，通过品牌可以有效解决梨生产者和消费者之间的信息不对称问题，使品牌传递良好的生产品质，在一定程度上实现优质优价。实现优质优价是农业供给侧结构性改革背景下梨产业发展的重要内容，品牌建设是有效途径。区域品牌是梨产业发展并实现优质优价的手段，如何进行梨区域品牌的有效治理成为一个具有理论意义和实践意义的问题。梨区域品牌是梨品牌建设并实现优质优价的有效途径；利用俱乐部产品理论和集体声誉与集体行动理论可以解释梨区域品牌治理中出现的问题；我们梨产业经济研究室在理论分析的基础上通过实地调查和案例剖析，分析梨区域品牌当前治理中存在的突出问题，分析这些问题产生的主要原因，总结区域品牌治理的有效经验并上升到理论高度，提出优化当前我国梨区域品牌治理的具体措施，为我国的梨品牌建设不遗余力。

十年间，我们团结协作，共享梨产学研合作成果。梨产业技术体系是个大家庭，作为家庭一员，梨产业经济研究室主要通过试验站和部分岗位专家，收集梨农资、苗木、生产、加工、贮藏、销售、出口、技术服务等方面企业、协会、合作社等经济组织的规模、服务范围、经营实力、关注热点、电话号码等方面的信息，随时与产业主体进行沟通和联络。协助首席办撰写产业发展报告、梨相关书籍的编写、开展体系决策咨询事务、协助开展检查巡视工作以及农业农村部和首席办交办的临时性工作。

立足当前，发现不足，放眼未来，完善团队与提升自我。产业经济岗位主要服务对象是各级政府、企业、协会、合作社、农民，我们需要承担更为有效的培训任务，发放技术资料；产业经济岗位为各级政府、生产主体等提供政策咨询，我们需要更多的专业知识和团队建设，帮助其制定产业发展规划、提出优质优价的解决方案、探索新的营销模式、引导规模化种植的途径等；产业经济研究室开展政策咨询，关键是要有数据支撑，我们需要采集、积累和开发更为真实有效的梨产业发展数据。面向市场，面向消费者，我们今后会联合政府、企业，依托梨产业技术体系，共同举办年度"梨产销对接大会"和"梨品牌建设论坛"，为产销对接提供平台。

十年，在人生历史长河中不算长，我们更要集中精力投入到更为高效的梨产业经济工作中去，燃烧自己，释放光亮；十年，在梨产业技术体系发展的进程中，不算短，我们更要总结经验，为我国梨产业的进步与梨农的福祉突破自我，昂扬向上。

不忘初心，矢志前行

刘　军

北京综合试验站站长　北京市农林科学院

与十年之前相比，我感觉自己的思想水平和技术水平都有了很大提高，这与在体系这个大家庭中接受的熏陶、教育分不开。我感触最深的有以下四点：

第一、体系长期、有力度的科研经费支持使科研人员有了稳定的环境，不必像以前那样花大量的时间争项目，可以集中精力从事技术研究，特别是一些研究周期较长的应用基础研究能够得以开展。

第二、体系人员亲如一家，相互交流，毫无保留，通过年终总结、技术成果展示交流、学术论坛、岗站对接、试验站考察交流等活动，拓宽了我的研究思路，学到了很多新知识、新方法、新品种、新技术、新模式。

第三、我站依托单位为地方农业科学院，我们过去以服务地方产业为主，加入体系后，有机会为整个产业提供服务，有了更大的舞台，一些新技术、新模式得以更广泛地应用，发挥了更大的作用。以果园弥雾喷药机为例，我单位于 20 世纪 80 年代已与北京市农业机械研究所研制成功，但在北京地区应用面积不大，产品也一直没有批量生产。2009 年后，经过在梨体系几次会议上汇报宣传，引起了很多岗站的兴趣和关注，河北等地先后引进了该机械，后随着梨高效省力化种植模式的发展，江苏南通黄海药械有限公司研发了类似的产品，批量生产，在全国各省份推广。如今，国内果园弥雾喷药机生产厂家已有数十家，并由此带动了其他果园机械的发展。

第四、研究内容更贴近生产需求，成果转化时间缩短，对产业推动更大。以梨园土壤管理模式为例，经过不到十年的时间，我站的土壤管理模式已实现从树下地膜覆盖、行间自然生草、割灌机刈割、树下地布覆盖、行间自然生草、草坪车刈割、全园自然生草、割草机刈割到全园免耕、人工生草的多次升级。筛选出适合北京地区梨园种植，植株矮小、适应性强、管理简单的草种——蛇莓，大大降低了生产成本，提高了土壤肥力，改善了梨园生态环境。

果园应用蛇莓覆盖地面技术已在山东、江苏等省份应用。

虽然取得了这些成绩，但为了体系的长期、稳定发展，我认为还需从以下五个方面做进一步努力。

1. 加强对体系的领导

五十个体系，两千多个岗位和试验站，上万名团队成员，一年十多个亿的财政投入，作为我国加强科技对产业支撑的一项重要举措，体系成立之初，得到了农业部领导的厚望和极大关注，刘艳副司长等领导经常到各体系岗站检查指导工作，在体系电子公告板（BBS）上交流思想。希望农业部各级领导一如既往，加强对体系的科学管理，汲取国内外先进经验，应用现代化手段，建立一支精简高效的农业科研队伍，同时营造宽松、和谐、求真务实、献身"三农"的体系文化。

2. 完善推广体系

经过十年的建设，体系岗位、试验站设置已完善，作为应用基础研究和实用技术研究，在团队人员、经费能够落实的情况下，基本能够满足产业需求。目前的短板在于推广体系，各级区县、乡镇的农业技术人员少，经费缺，精力主要用于完成上级的总结、汇报、检查等工作，甚至维稳、防火、防汛等与本职工作特别是技术推广工作无关的事物上，影响了体系成果的转化应用。今后，农业农村部以及其他部委、单位的农业项目资金可重点向农技推广一线倾斜，充实农技推广人员队伍，完善农技推广体系，创新农技推广模式，解决农业技术从实验室到地头"最后一公里"的问题。

3. 加大对一些关键问题、技术、产品的研发力度

首先是农业政策、产业政策。我国农产品目前虽然市场调控占很大比例，但政府干预有时也会造成很大影响。这就要求政府出台的政策要更加科学合理，要有持续性，保证农业持续发展，维护农村的稳定、繁荣。

技术方面，应加大对农作物秸秆处理等关键技术的攻关，联合上、中、下游相关行业和体系，借鉴国外先进技术和经验，统筹规划，争取早日找到解决办法。

在农药的研发等方面，我国还比较落后，对这些关系国计民生的产品，我们一定要发挥集中力量做大事的体制优势，掌握关键技术，研发新产品，占领市场的制高点。

4．完善人才评价体系

当前的人才评价体系以鼓励创新型人才为主，以项目、专利、成果等为考核指标，因而技术的传承、示范、推广和培训、基础数据调研等服务性工作不受重视，投入人员和精力不足，导致研究的质量不高、成果的实用性差。

5．加强体系之间、岗位之间、岗站之间的交流和协助

各体系有一些共性的问题，为取长补短，避免重复研究，提高人员和资金的利用效率，应开展各种形式的交流和协同攻关。同时，一些体系的部分岗位研究内容与产业的需求关联度不大或技术不成熟、可操作性差，而试验站缺乏实用新品种、新技术、新模式。解决这一问题还需要岗站的共同努力。

一 件 大 事

郝宝锋

昌黎综合试验站站长　河北省农林科学院昌黎果树研究所

国家梨产业技术体系成立至今已走过十年历程，是见证我国梨产业快速发展的十年，见证昌黎综合试验站每位团队成员快速成长的十年。十年，说长不长，说短不短，却成为了很多人心目中挥之不去的难忘经历。

这是我国梨产业界的一件大事。国家梨产业技术体系自成立起，就有着一套有序、有力的管理系统和专家系统，由农业农村部牵头，下设首席科学家、功能研究室、岗位科学家、综合试验站以及示范县，涉及全国几乎所有从事梨生产的省份。她是站在国家高度的，是站在我国梨产业界乃至世界梨产业界发展高度的，打破了长期以来以"省"为界、各自发展的局面。其管理模式被越来越广泛的应用在当前的科技项目管理及相关领域中、各省份成立的省级产业技术体系就是最好的见证。正指挥着我国梨产业有序、有力、有利的发展，也是世界梨产业界的一件大事。昌黎综合试验站作为一分子，始终坚持以正确的姿态，发挥积极作用。

这是科技工作者心目中的一件大事。国家梨产业技术体系让每位科技从业者有了"家"的感觉，每位科技工作者都是"家"的一部分。体系将科技工作者联系在一起，让大家惬意交流，彼此不再陌生，传递信息、技术以及正能量，让大家知道，各有所长，才是事物发展的本真，相互交流才能促进彼此更好的发展。历史已经证明：闭门造车是行不通的。于今，体系内部及体系与基地县、企业、农户间的合作与交流越来越广泛，这是技术与技术需求间的合作与交流，是彼此间的选择。昌黎综合试验站始终坚持以开放的姿态，不断学习，提升业务能力，服务于梨产业。

这是农技推广人员心目中的一件大事。国家梨产业技术体系十分重视成果的推广应用工作，也肩负着农技推广人员和从业人员的培训工作。强大的专家团队为技术推广工作提供了强有力的保障和信心。术业有专攻，其几乎完善的专家系统，涉及梨产业的方方面面，解决了农技推广人员的后顾之忧。有问题，找组织、找专家。十年来，昌黎综合试验站坚持开展技术培训与技术指导工作，与数十位专家进行过技术咨询，对产业发展进献微薄之力。

这是梨农心目中的一件大事。国家梨产业技术体系成立以来，始终以解决生产、销售过程中的技术难题为己任。梨农是我国梨产业当前的主要生产者，贡献着我国梨产业的几乎所有产量。梨农的问题，就是产业的问题。基层农技推广系统不健全、从业人员业务能力有限或积极性不高，是当前的普遍现象。国家梨产业技术体系为其注入了新鲜活力，弥补了这一普遍存在的缺憾。于今，基层农技推广人员和梨农普遍熟知国家梨产业技术体系强大的存在，遇到梨生产的问题，会求助于专家，专家们也乐意为果农解决实际问题。十年来，昌黎综合试验站与河北省主要梨产区县（市）林业部门保持密切联系，通过实地指导、技术观摩、电话沟通、微信联系与信息发布、公共服务邮箱等形式，服务于梨产业。于今，新品种、新技术已越来越多地被梨农熟知和应用。

这是企业心目中的一件大事。国家梨产业技术体系服务于整个梨产业，企业在我国梨产业的发展中起着重要作用，引领着梨产业发展的当前和未来，是新技术、新成果重要的应用基地，是我国梨产业走向世界的重要支柱。企业的发展离不开技术，国家梨产业技术体系为技术而生。企业的优势显著，其站位高、有资金、有眼光、敢发展。但农业项目投资大，汇报周期长。国家梨产业技术体系的专家团队，为技术支撑提供了保障。十年来，昌黎综合试验站一直在关注河北省内与梨产业相关企业和种植大户的发展，积极为其提供技术咨询、联系岗位专家、开展技术服务工作。

这是每位体系成员心目中的一件大事。国家梨产业技术体系是每位成员快速成长的沃土，对于年轻的团队成员尤为如此。综合试验站担负着为岗位科学家提供试验示范、技术推广与技术培训的任务，其任务涉及育种、栽培、植保、采后、产业调研、技术服务等多项内容。长期以来，昌黎综合试验站把培养年轻同志作为工作内容之一，为年轻同志尽可能地提供交流学习机会，强调个人业务能力的培养，坚持培养团结协助精神。每人主抓一项工作，具体开展工作时大家团结协助、共同完成。既要求专而精，又强调全面了解，以更好地服务产业需求。

这是一个时代的大事。我们庆幸，与这个伟大的时代同行。国家梨产业快速发展的下个十年，我们即将见证。

凝智聚力，振兴梨业

李 勇

石家庄综合试验站站长 河北省农林科学院石家庄果树研究所

鉴于河北省中南部为梨树优势集中产区，其中尤以石家庄市种植面积、产量最大，示范带动效果强，工作基础好，加之在京津冀协同的大背景下，石家庄市区位优势明显。经河北省农业厅推荐、农业部研究批准，2017年国家现代农业梨产业技术体系增设石家庄综合试验站。

我作为试验站站长虽然履职时间较短，但作为白梨育种岗位团队成员，从2009年梨体系成立之初，即参加了体系工作，亲自见证了国家农业产业技术体系迅速发展的历程，并为体系对产业做出的重大贡献感到骄傲和自豪。

一、工作体会

履职试验站站长以来，首先明确岗位职责，转变工作重心，由梨新品种选育转向梨全产业链关键技术的示范推广。

工作之初，摸清区域产业现状和问题。河北省梨栽培历史悠久，梨栽培面积、产量、出口量均居全国首位，传统品牌河北鸭梨、赵州雪花梨驰名中外。虽然河北梨产业具有规模和传统优势，但如下问题也严重影响了梨产业的健康发展。①产量过剩，效益下滑。河北年人均产量69.4公斤，为全国人均的5.2倍、世界人均的20倍。梨果销售进入买方市场时代，产品过剩成为常态。②生产管理技术落后。河北传统栽培模式梨园占90%以上，农户生产规模普遍较小，做不到标准化管理。③品牌建设滞后。虽然河北省梨产业规模领先，地标产品不少，但缺乏有影响力的产品品牌，梨果销售做不到优质优价，降低了果农生产优质梨果的积极性。

针对这些生产问题，单靠石家庄综合试验站的技术力量难以解决，只能充分利用体系建立的全产业链关键环节"岗位+试验站+示范基地"产业协作网络。试验站以示范基地为抓手，以体系岗站对接专家为技术依托，同时紧密联系重点示范县（市）技术骨干、合作社或企业，重点开展了以下工作。

1．推广先进适用新品种、新技术，加快产业升级

开展优质梨新品种选育、区试、示范推广，通过高接换优，缩减鸭梨、黄冠梨面积，增加早熟、红色等新优品种面积；以提高梨果品质、省工、适宜机械管理为目的，对传统梨园进行开心形或单层一心树形改造；以生态安全、果品优质为目标，开展节水、化肥有机替代（梨园生草，增施有机肥）、农药减施增效技术创新和示范推广；开展适宜不同规模或栽培模式梨园的机械化管理技术的推广应用。

2．协助相关岗位专家开展梨产后技术研发，延伸产业链条

加强不同梨品种标准化贮藏保鲜、冷链运输、深加工技术的研究推广，解决鸭梨虎皮病、黄冠梨鸡爪病等贮藏问题；研发梨果功能性、高附加值加工产品。

3．助力区域品牌建设，培育特色优势产区

以梨体系研发的新品种和优质标准化技术为支撑，协助梨主产县市开展国家地理标志产品认证、著名区域品牌培育、龙头企业销售品牌和产品品牌建设。通过优质栽培和品牌营销，打造特色优势产区，促进梨果产业的提质增效。

在工作过程中，各相关岗站在各方面给予了大力支持，为促进河北梨产业高质量发展发挥了重要作用。砂梨岗位施泽彬研究员、白梨岗位王迎涛研究员、秋子梨岗位张茂君研究员、西洋梨岗位杨健研究员多次到试验站指导工作。苗木岗位李天忠教授到河北省苗木生产大县深州进行调研指导。植保方面，病害岗位刘凤权教授在本站开展新型药剂试验和技术培训，王国平教授、刘小霞教授到本站进行技术指导。肥水管理方面，朱立武教授、徐阳春教授到本站对示范园管理进行了指导。机械岗位常有宏研究员、何雄奎教授及团队成员在本站开展了技术指导、培训和梨园机械试验。保鲜岗位王文辉研究员及团队成员多次到河北对黄冠梨花斑病、鸭梨虎皮病开展调研、试验，并进行技术指导培训。产业经济岗位周应恒教授对示范县林业局、合作社、果品公司的负责人和技术骨干进行了品牌建设培训。

二、事业发展和提升体会

近十年的体系工作中，我深刻体会到了体系建立的重要性和必要性。体系不但成立了产业协作网络，解决了众多实际生产问题，而且组建了涉及产业各关键环节的创新研究团队，并开展了重大问题的协同攻关和前瞻性研究，为产业持续健康发展奠定了人才和技术基础。与此同时，对参与体系工作的岗位专家、站长及其团队成员来讲，也是一个工作能力提升、事业发展的重要机遇。

通过体系工作和交流学习，了解掌握本产业各关键环节著名专家的工作思路、方法和最新研究进展，极大地促进了各岗位体系人员的工作能力。

通过参加体系工作，开阔了视野、拓展了思路，开展科研工作时不再局限于狭窄的专业范畴，研究工作紧密贴近产业问题，有利于研究成果顺利转化为生产力。

长期稳定的经费支持和科学的管理制度，使科研人员从以往课题和经费申请的烦琐事务中解放出来，能够组建相对稳定的科研团队，开展需要长期持续进行的农业研究。

体系助力，玉露飘香

郭黄萍

太谷综合试验站站长　山西省农业科学院果树研究所

参与体系工作十年来，有喜有乐，有苦有累，有彷徨、有苦闷，也有对工作效果的担忧，也有努力后获得知识和成绩的欣喜。总之，收获很丰富，当然遗憾也存在。感谢体系对我们的培养，感谢体系对山西梨产业的大力支持和帮助。

通过产业调研，全面了解山西梨产业现状和存在问题，使试验站试验示范内容更具针对性和目的性；在示范基地建设工作中，与政府领导、技术人员、果农、果业经纪人等接触交流多了，能从不同角度了解产业现状和技术需求；技术服务的过程，更是学习的好机会，地方一线人员实践经验丰富，从与各界的实践交流中总结凝练，技术的实用性更强，便于示范推广；生产示范中观察发现麦类作物对黑绒金龟子有趋避作用，从中获得简单有效的绿色防控技术，并将其在生产中应用；新产业的发展离不开政府支持和配合；体系的团队优势为试验示范工作提供了强有力的技术支撑，使我们对工作更有信心和勇气。

几点体会：

第一、体系平台、岗站对接、站站对接和体系内各种交流，为我们团队成员提供了难得的学习机会，开阔了眼界，业务水平和工作能力得到有效提高。体系专家对工作极端负责、吃苦耐劳的精神为我们树立了榜样。

第二、岗站对接中对品种技术配套的研究工作对我们启发很大，如玉露香梨脱萼技术、整形修剪技术、果形控制技术、高接换优等配套技术研究。

第三、通过研究技术集成，建立了玉露香梨优质丰产栽培技术体系和贮藏保鲜技术，为产业标准化奠定了基础。

第四、研究配套玉露香梨果形优化技术体系，包括水肥管理、整形修剪及疏花疏果等技术。

第五、参加本系的工作会使人生进步、价值提升并感悟到人生的意义。很享受享受工作带来的快乐；认真踏实的工作态度是事业成功的基础。干得越多，收获越大；虚心才能进步。

体系十年的一些感悟

李俊才

营口综合试验站站长　辽宁省果树科学研究所

2008 年我们有幸加入国家梨产业技术体系，成立营口综合试验站。在首席的带领下，在体系专家的帮助下，营口试验站承上启下，与各级推广部门、农资经销商、合作社、果农联合，示范推广梨新技术、新品种，调查收集生产实际问题和技术需求信息，监测分析疫情、灾情等动态变化并协助处理相关问题，真正成为果农科技致富的坚强后盾。

一、业务水平和工作积极提高

十年来，通过梨产业技术体系这个大平台，我们得以遇见、认识许多全国知名梨专家、学者，学习到了很多新技术、新方法，业务水平明显提高；通过体系召开的各种观摩交流会，我们见识到了一些地方"种、养、加"的亮点，见识到了一些地方"三产"融合的成功典范，见识到了一些地方产、学、研、企、推相结合的良好模式，了解到了梨生产、加工等方面前沿性的东西，众多的"他山之石"让我们开了眼界，也拓宽了我们的工作思路，提高了我们接受新事物、新知识的能力，也激发了我们推广新品种、新农药、新肥料、新机械、新技术的动力，同时也增强了我们摸索总结推广区域内种植新模式的积极性。

二、经费稳定促进产业发展

农业生产周期长、区域性强、技术制约因素复杂，农业科研需要有针对性的持续跟踪研究。这就需要给予农业科技工作者长期稳定的经费支持，使农业科技工作者能够保持较为稳定的研究方向，在某一领域开展深入持续的研究，并在该领域做好相应的技术储备。以往，为了获得充足的科研经费，科技人员往往把很多的时间花在"写本子、忙答辩、跑关系和被动交账"上。加入体系已经十年，体系从研发经费上给予了有力的支持，促进了队伍稳定，使团队可以安心地进行技术示范和推广，试验站科技人员的积极性得到了充分的调动，创新性得到了极大的发挥，技术推广的速度和效果明显提高了，促进了梨产业的发展。

三、为果农解决技术难题

近年来，辽宁梨产区发生过冰雹、黑星病、鸟害、南果梨树死亡、坐果率较低、连续干旱、风灾等灾情，试验站技术人员邀请国家梨产业技术体系的相关专家进行现场勘查，确认灾害类型及范围，在对灾情有了全面深入的认识后，营口综合试验站积极协同相关专家制定防灾、减灾措施，在受灾区迅速推广，使灾情得到了缓解或控制，尽可能地为当地果农挽回经济损失。

自 2008 年参加国家梨体系以来，试验站技术人员组成科技服务小分队，活跃在辽宁省梨种植区，帮助当地果农建园、植保、栽培、测土配方施肥。编写梨科技培训教材，向当地果农普及科技种树知识，使果农的果园效益大幅度提高，真正为果农旱涝保收提供了有力保障。

四、推广省力化技术降低生产成本

梨树为多年生乔木，树冠高大。梨树多在山坡地种植，机械化难度大，加之生产者日趋老龄化，果园管理十分困难，高空作业具有一定危险性。梨园生产中的修剪、授粉、疏果、灌溉、施肥、打药等操作过程的人工管理费用增长较快，而且基本上是只升不降。因此，省力化的栽培技术引起了体系各岗站科学家的重视，提出了省力化果树栽培制度，节约生产成本，提高效益。营口试验站积极引进示范相关省力化技术，根据辽宁梨园生产实际，推出树体矮化改造、密植栽培、简化修剪树形、高枝剪锯、液体授粉和蜜蜂授粉、化学疏果、果园覆盖、行间生草、有机肥施用、生物防治和性外激素防治、果园小型机械应用等技术，使果园管理比传统技术简化、省力、高效，保障了果农果园效益的提高。

五、充分利用果业合作社的纽带作用

果业合作社的核心在于合作、互助，通过合作与互助将社员联合起来，果业合作社为社员提供统一的标准化生产技术、搜集市场信息、建销售网络等服务性工作，因此也是果农和科技推广部门之间的连接纽带，对实现果农依靠科技致富起着重要作用。试验站充分利用果业合作社的桥梁作用，统一把体系的新品种、新技术示范推广给果农，有效地提升了新品种和新技术的推广效率。

六、推广核心技术，提升产业竞争力

针对适宜辽宁生态条件的早熟梨品种匮乏、主栽品种南果梨表观差、生产

技术落后三大核心问题，试验站示范推广了早熟梨新品种早金酥梨、红色梨新品种南红梨以及早金酥梨优质高效栽培制度和南红梨省工增效生产关键技术。早金酥梨已成为辽宁省早熟梨主栽品种，南红梨的种植推广为辽宁地方特色南果梨产业升级、品种更新奠定了基础；早金酥梨优质高效栽培制度和南红梨省工增效生产关键技术，为提升辽宁省梨产业竞争力提供了重要技术支撑。

七、要脚踏实地，一步一步地往前走

果树产业从生产到市场，每一个环节都存在这样或那样的问题，不可能短时间内全部解决，饭还是要一口一口地吃，路还是一步一步地往前走。围绕产业的主要问题，每个人从不同的领域去做工作，在生产上发挥应有的作用。

现代农业产业技术体系伴随时代的脚步，承载着无数人的梦想，深植沃土，在中华大地上激情绽放，奏响了科技创新最强音。

借助体系优势，提升苹果梨产业技术水平

李　雄

延边综合试验站站长　延边朝鲜族自治州农业科学院　延边特产研究所

延边综合试验站 2011 年起参加国家梨产业体系，至今已有 8 年整。参加体系之前我们只做科研单位自己的任务，任务比较轻，认识的范围也很狭窄。参加体系以后工作任务量比较多，互相交流的单位和专家也多，受益匪浅。

参加梨体系以后，通过各种大小型会议交流、学习和接触不同领域的各位专家，视野拓宽了，见识面也广了。了解到了国内外梨产业现状与发展形势以及其他各种水果的发展趋势，南北方梨种植品种、栽培模式、栽培技术及存在的问题等一系列信息。另外通过与岗位专家以及各位试验站站长交流，学到了好多有意义的实用技术和宝贵的生产和科研经验，如平衡施肥技术、病虫害综合防治技术、生草栽培技术，不同品种的栽培模式、管理的技术要求、不同品种可能存在或出现的问题以及解决方案等。

建立核心示范园和生产示范园过程中，解决实际问题的能力进一步提升。核心示范园建设及不同树形的展示过程中，特别是超密植圆柱形、倒"伞"形、倒"个"形、双臂顺行式棚架形、Y 形、平衡棚架形等建立时，得到了首席科学家及很多相关岗位的技术指导和支持；生产示范园建设及示范任务过程中，根据每个生产示范园的管理水平及果园特点，示范不同的任务，总结出可操作性强的理论和实用技术，解决不可预料的实际问题等都离不开体系不同相关专家的指导和协助，如推广生草栽培技术、示范和推广省力化栽培技术、测土配方平衡施肥技术、病虫害综合防控技术等。每年都有 5～6 名岗位专家进行培训或到田间指导、交流解决问题。

通过长年的农户调查和企业调查及基础数据调查，掌握了每年果农的实际投入与产出比例、农药使用量、种类、防治次数及防治方式，肥料使用量、种类、使用次数及时期等第一手资料，为延边站和相关栽培岗位、病虫害岗位、产业经济岗位的信息交流，经 4 年的试验与示范，总结出的减肥减药、省工、

提质栽培技术起到了关键性作用。经过企业的联系更加了解了企业的实际困难和发展中的各种问题，特别是采后保鲜及深加工、品牌建立、营销策略等提高经济效益的经营模式需要进一步提升等；今后应继续与相关的岗位保持紧密联系、交流，为企业和合作社等出谋划策，提高深加工量和层次，提高附加值，提高整体效益，保障残次果品加工，扭转果农"丰收不增收"的局面，带动果农生产积极性。

通过组织吉林省农民教育培训班和大小型技术培训会议，聘请梨体系的病虫害防治岗位王国平教授、刘凤权研究员，采后贮藏加工岗位王文辉研究员、关军锋研究员，栽培岗位张玉星教授、朱立武教授，产业经济岗位周应恒教授，秋子梨育种岗位张茂君研究员等，对吉林省内的从事主要果树产业的政府行政人员、技术推广人员、广大果农以及延边站团队成员在延边梨产业发展中所需要的品种、病虫害防控技术、果园平衡施肥技术、梨产业省力化及高效栽培模式、采后贮藏保鲜及果品深加工，乃至商品品牌化等产业经济方面进行技术培训或现场指导，不仅提高了延边站团队成员技术水平，也使延边梨产业从事园艺特产的人员和广大果农转变了观念。

另外，有了体系以后科研经费得到了保障，不用为了争项目奔波，可以持续做好示范推广先进的熟化技术或挖掘延边梨产业发展所需的技术，紧密联系体系内相关专家或试验站解决相关问题，开发实用性的技术，安安稳稳地为延边梨产业高质量发展努力。

延边综合试验站是以地市级别的延边农业科学院为依托单位，地处交通不便、经济落后的中朝边境，以前一般只有吉林省内相关专家来往交流。参加梨体系后，跟梨产业国家级专家、教授交流较多，涉及的领域、层次都得到了提升，学习、交流的机会也增加了，解决生产实际问题的方法也增加了。我们一定会珍惜产业体系平台，好好利用平台，贡献出自己应有的力量。特别是今后依靠长白山生态资源和延边地区生态、绿色农业发展理念相结合，借助梨体系绿色防控、生物防控岗位以及相关育种岗位、栽培岗位的技术优势，为发展绿色、有机梨园而努力。

依托体系平台不断耕耘，服务黑龙江梨果产业

王晓祥

哈尔滨综合试验站站长　黑龙江省农业科学院园艺分院

参与梨体系工作十年来深刻体会到自身不论是从梨学科的专业知识增长、实践技能的提高方面，还是从团队协作、团队建设方面，均有了很大的提升，也深刻感受到整个梨产业技术体系在十年间的不断发展、壮大。

一、专业知识不断增长、学科理论知识不断丰富

专业知识不断增长。参加体系工作之初，自己的专业知识在黑龙江省虽然属于比较丰富、专业技能比较突出的，但与体系内的同行专家相比，专业知识和专业技能却显得比较欠缺。通过体系这个平台以及体系主办的各种学术研讨会、经验交流会、站长交流会以及岗站交流会等，专业知识得到了很大提升，对梨产业的品种研发、耕作栽培、土肥管理、花果管理、病虫草害控制、采后贮藏加工、产业经济等专业知识都有了更深的了解，对梨产业体系的整体认识更清晰了。

学科理论知识不断加强。通过参与体系重点任务的研究工作，学科理论知识得到了进一步加强，体系成立以来先后参与了"梨熟期配套新品种选育及区域试验研究与示范""人工和化控措施缩短梨杂交育种周期关键技术研究与示范""缩短梨杂交育种周期关键技术研究""梨密植省力化栽培模式研究与示范""寒地梨设施栽培技术研究与示范""分子标记辅助育种及重要农艺性状相关基因的功能研究""梨园主要病虫害综合防控试验"等多项试验研究任务，在与岗位科学家的不断协作中虚心请教，积极接受岗位科学家的耐心指导，使自己的专业理论水平得到了很大提升，尤其在梨抗寒育种领域受益匪浅。

黑龙江省气候寒冷，梨产业对品种的抗寒性要求极高。体系成立之初从秋子梨育种岗位及兰州试验站引入部分较抗寒品种，但在随后的试验中除寒香梨外全部冻死，国内其他地区栽培的优良品种均不能在黑龙江安全越冬，因此黑龙江栽培的梨品种必须靠自己培育。但黑龙江培育梨新品种面临着抗寒、优

质、周期太长这三个问题，而如何缩短育种周期是现实要解决的瓶颈问题。

在"十二五"期间通过参与"缩短梨杂交育种周期关键技术研究"任务，在体系育种研究室岗位科学家的帮助下，通过实生苗高接等一系列技术，使寒地梨实生结果年限缩短 3 ～ 5 年。同时在向各位老师学习的过程中，各位老师均热情指导，并积极推荐相关书籍，有的老师还将推荐的书籍直接邮寄过来。育种研究室的老师均到试验站进行过现场指导，在各位岗位科学家的帮助下，丰富了自己的理论知识，进一步明确了寒地梨育种父母本的不同作用，更深入地了解了亲本选择的原则，也知道了亲本选择的一些误区。

二、实践技能得到加强、示范园示范效果明显

通过体系在梨树生长季节组织的各种（新品种、新技术、新模式）技术培训、技术交流活动，以及各种单项技术的现场会，实践技能得到了快速提升。如通过体系内试验站之间的交流活动，对各综合试验站的产区特色、产业情况也有了初步的了解，对各区域的主栽品种、实用技术、产业中遇到的问题及各自的对策更是印象深刻。如福州综合试验站为了解决梨早期落叶病的产业问题而采取的避雨栽培措施，为其他夏季果树病害严重的地区提供了一条解决途径；如成都综合试验站采用的液体施肥枪施肥技术为山区梨园施肥提供了很好的解决方案；武汉综合试验站核心示范园采用的高台防涝栽培方式，也为下一步推广梨树大垄栽培模式提供了很好的参考，等等。

从岗位科学家那里学到的实用技术也不少，如从栽培岗位学到的梨柱形省力化栽培技术、梨倒"伞"形栽培技术、梨倒"个"形栽培技术、梨棚架栽培技术、梨树双臂顺行式栽培技术、梨树枝条堆肥技术、梨液体授粉技术、梨病虫害综合防控技术、梨贮藏保鲜技术、生草栽培技术等，不少于 20 项。这些技能的掌握，均为黑龙江梨产业的发展提供了技术支撑。

这些技术多数在核心示范园及各生产示范园进行了示范应用，多数技术都取得了明显的效果。如生草栽培技术在各示范园应用效果极其显著，东宁孙君梨园未进行生草栽培前，梨园地表裸露，开始沙化，地表已经没有了黑土，梨树生理病害严重。经过近十年的生草栽培后，地表更新出现了黑土层，梨树生理病害不再发生，梨园植被日趋多样化，其中药材就有十余种，同时水土流失得到了控制。

轻简化修剪技术得到快速推广。在各生产示范园的带动下，70% 以上的梨园采取了轻简化的修剪技术，病虫害综合防控技术达到有效推广，病害发生程度逐年降低，用药次数也在减少，如在齐齐哈尔碾子山，多数梨园一年只打 3 次药，进入 6 月后就不再喷药了。其他如人工授粉、疏花蔬果等的实例还有很多，不再叙说。

总之，这些年通过产业体系平台的带动，各示范园均取得了较好的示范效果。

三、进行基础数据调研，掌握黑龙江省梨产业第一手资料

通过对黑龙江省梨产业基础数据的调研，初步掌握了黑龙江省梨产业发展历程及现状，对黑龙江省梨产业的品种构成、苗木生产、分布区域、栽培方式、栽培管理技术、土肥水管理、病虫害防控技术、花果管理技术、贮藏保鲜、果品销售等方面都有了一定的掌握，为产业的健康发展提供了有力的基础材料。

四、推广实用技术、为龙江果农服务效果明显

利用体系这个平台与示范县技术部门合作，促进实用技术的有序推广。这些技术既包括综合技术如梨省力化栽培技术、梨病虫害综合防控技术等，也包括单项技术如疏花疏果技术、高接栽培技术、黑星病防控技术、梨小食心虫防控技术等。通过示范园的示范辐射带动、试验站成员和岗位科学家团队的技术培训、示范县技术骨干的推动、果农间的相互交流，实用技术得到了有效推广，快速提升了黑龙江省梨产业的整体水平。

在推动示范县产业发展的同时，也带动周边市县梨果业的健康发展，不论在哪个示范县进行技术培训或田间指导，经常有周边市县的果农前来学习。试验站也在时间允许的情况下积极为其他市县的果农提供技术咨询、技术指导及技术培训。

梨产业体系为综合试验站的团队成员提供了一个可以更好地服务黑龙江果农的载体，促进了当地梨果产业的健康发展。

体系为技术示范提供了良好的平台

盛宝龙

徐州综合试验站站长　江苏省农业科学院

参加国家梨产业技术体系工作的十年中，我们得到了国家梨产业技术体系各岗位科学家的指导、各综合试验站的帮助，工作中认识了一批可依靠的同行专家，自己也从这十年中得到了进步。十年中感触较深的有如下几方面。

一、国家梨产业技术体系为技术示范和辐射推广提供了技术支撑

试验站站长及团队成员在梨品种和生产技术上都有一定的经验，但大都不够全面。以前往往注重推广一些自己熟悉的常规技术，新技术应用相对较少。就徐州试验站来说，目前示范的许多技术，如梨宽行密植栽培技术、园艺地布的应用、黄板防治梨茎蜂技术、梨液体授粉技术、梨树枝条粉碎及粉碎物应用技术、肥水一体化技术等，都是参加梨产业技术体系活动时学习和掌握的技术。新技术先在核心示范园试验使用，进一步在生产示范园示范，再向全省梨主产区辐射推广。

团队在参加国家梨产业技术体系前主要从事品种和栽培技术研究，对梨的病虫害的了解很粗略。参加国家梨产业技术体系后有相关岗位科学家团队作技术支撑，到梨生产单位进行技术指导时解决梨病虫害问题的底气很足。如2016年梨采收前，江苏省盐城市果树实验场梨园大量出现梨叶斑点、梨叶黄化并有早期落叶现象，果面也有黑色斑点和腐烂，病症与历年的梨病害不同，常规药剂不易控制，当地技术人员发来图片寻求解决方案。我们联系相应的岗位科学家及团队一起到梨园实地调研，岗位科学家团队采样、病源菌培养、鉴定，确定为新型炭疽病，提出了相应的防治措施。盐城市果树实验场当年清园，并在下一年度开始按照新的防治要求喷药，逐年防治减轻了该病的发生。病害的精准鉴定是我们以前做不到的，现在体系是一家，我们借用岗位专家的力量为本省产业服务。

二、试验站间的交流，为我们做好示范园建设提供了宝贵经验

试验站工作最重要的一项是示范园建设。在国家梨产业技术体系成立以前，我们单位也有相应的技术示范园。以前的示范园标准比较低，示范的新技术比较少。自从参加了国家梨产业技术体系，通过各试验站间交流，相互参观学习，取长补短，增加了示范园的示范内容，引进了新技术，并提高了建设标准。在平时的交流中，吸取兄弟试验站的宝贵经验和教训，为自己示范园建设提供了借鉴，少走了不少弯路。

三、在岗位科学家的支持下，试验站在技术服务中有了更多的新方法

我们试验站以前检测手段有限，在梨产区遇到梨树疑难病害和生理缺素等问题不能准确确症，也没有好的方法应对，只能用多种农药喷施或施用各种营养元素后再看情况，确症时间比较长，误诊的概率比较大。现在可以借用国家梨产业技术体系各岗位科学家及团队成员的技术，遇到类似的情况可请果树病害的岗位科学家团队培养病菌，确定病害种类，采用精准的防治措施；或请梨树营养的岗位专家团队做叶片、果实、枝条等营养分析，确定是否缺素或缺哪些元素，可及时提出应对措施。有些生产问题虽然目前还不能马上解决，但有了产业技术体系，解决问题就有了希望。

四、试验站和岗位的联动，能够更好地展示新技术

梨产业技术体系的综合试验站团队虽有一定的技术力量，但在某个领域与岗位科学家团队相比还是有较大的差距，况且许多新技术是本体系岗位科学家研究的成果，试验站在示范一些新技术时与岗位科学家团队联动，会收到更好的效果。如在梨液体授粉现场会邀请梨花果岗位的专家来做报告，从理论上讲述梨花授粉受精的理论，再结合示范园实地配制花粉营养液、喷施授粉，几次观摩会的效果都相当好。

在梨宽行密植栽培技术示范园示范梨园机械的应用时，与果园机械岗位科学家团队联动，果园机械岗位把新型风送式喷雾机、开沟机、施肥机、枝条粉碎机等机械运来实地操作展示，让来参加活动的省内技术人员了解梨园新机械，体会梨宽行密植的必要性和可行性。

五、随着时代的发展，示范园也要有相应的调整来应对

随着时代的发展，梨园的生产管理从手工劳作逐步向机械化管理转化，也有部分梨园从单一生产果品向休闲观光型方向发展。体系成立之初，我们试验站根据当时江苏梨产业情况在基地县建立了梨品种示范园、高接换种示范园、

简单的优质梨栽培技术示范园等。进入"十三五",原来的新技术变成了常规的技术,大多数品种的区域适应性已经明确,需要的品种示范园减少,梨品种方面只需要引进最新的品种在示范园内观察其适应性即可。以前在砀山酥梨上高接黄冠、翠冠、圆黄等品种盛行,需要高接换种示范园以方便果农学习高接换种技术和嫁接后的管理。现如今,砀山酥梨的种植效益与黄冠、园黄等品种相当,很少有果农进行高接换种,因此调整了高接换种示范园。

当前和今后一段时间,梨产业需要适合机械化的栽培新模式,观光自采梨园也开始发展。为适合新的需求,我们试验站在"十三五"增加了梨拱形棚架栽培技术示范园、宽行密植栽培技术示范园和观光梨园等新型梨生产技术示范园。

六、试验站也要进行相关的试验研究,熟化体系新技术以利扩大示范推广

各研究室的岗位专家通过近十年的研究,形成了许多新技术,一些技术成熟度很高,推广了一定的面积;有些技术也应考虑地域的不同,在引进后进行必要的改进。我国南北方气候差异比较明显,部分外地表现较好的新引进技术在自己省大面积推广前,应在自己的示范园做相关的试验,以便观察是否适应本地的气候、土壤等情况,是否需要局部调整。如梨宽行密植栽培技术,在河北省最先用 2.7 米的行距、0.7 米的株距,后来行距改为 3 米、株距改为 1 米。江苏省与河北省相比,气温高、雨量大,梨树生长期长,营养需求量大,梨树宽行密植栽培采用与河北同样的密度存在风险隐患,此技术之前引进江苏时,先按照 4 米的行距、1 米的株距试栽。后根据各品种生长结果情况和机械使用要求,总结经验,确定相对合适的株行距。目前以行距 4 米,株距 1.0～1.2米在示范园示范。若不试验,直接应用 3 米的株距、1 米的行距,必然会出现行间距太小、不利于梨园机械通过的问题。

七、通过体系的工作,结识了一批专家,提高了自己的业务水平

国家梨产业技术体系是个大家庭,为我们技术示范提供了一个良好的平台。参加体系后深深地感受到岗位科学家、综合试验站各团队之间就像一家人,相互合作、相互补充。通过体系的工作,自己的业务水平提高了。愿体系这个大家庭越来越好。

情倾梨果产区，心系梨农增收

高正辉

砀山综合试验站站长　安徽省农业科学院园艺研究所

作为一名农业科技人员，有幸加入国家梨产业技术体系大团队，为安徽梨产业发展做好技术支撑和服务，深感无比的荣幸，也倍加珍惜工作机会；同时，我时刻牢记自己的责任和使命。

一、脚踏实地，真心服务，着力试验示范带动

按照国家现代农业产业技术体系建设安排和工作要求，国家梨产业技术体系砀山综合试验站紧紧围绕果业增效、梨农增收，从产前、产中、产后全链条式服务产业发展，运用团队成员的专业知识，用心服务安徽省砀山等梨产区果农，为梨果主产区产业健康、可持续发展提供了科技支撑。

在做好服务梨产业发展的工作中，坚持以梨产业存在的问题为导向，精准施策，种好"试验田"，建成"示范园"，让梨农有处可看、有样可学，更好地服务梨农。近年来，先后在安徽砀山、阜南、太湖等梨产区示范推广新品种、新技术、新模式，促进了当地果树产业品种结构优化及果农栽培技术和理念的更新，推动梨产业增效、果农增收，产生了良好的社会、经济和生态效益。安徽砀山的数据表明，到2018年，砀山酥梨产业得到了很大发展和提升，品种结构了得到优化，果品质量得到了提高，售价稳中有升；结合梨园病虫害综合绿色防控技术应用，化学农药使用量减少明显。金秋时节，梨园一派丰收的景象，丰收后梨农幸福的笑脸，就是我们辛勤工作最好的回报！

二、深入梨园，献身梨产业，促进梨果产区创新创业

作为一名农业科技人员，在自身不断充实现代农业发展新知识的同时，也深知理论与实践紧密结合的重要性。近两年来，我积极投身服务于安徽梨主产区，兢兢业业，不辞劳苦，深入砀山等梨主产区和贫困村梨园生产第一线，尤其在梨树生长关键时期，经常因为品种适应性筛选试验、田间数据测定和记录、栽培管理关键技术培训与指导等工作忙碌，天一亮就下地，一直工作到太

阳落山，就这样日复一日、年复一年，从无怨言，并坚信一分耕耘，会有一分收获。

在农业农村部、财政部等主管部门的领导和关心下，在梨产业技术体系首席科学家、南京农业大学张绍铃教授的带领下，在岗位专家和试验站站长的大力支持下，与安徽省果树产业技术体系紧密对接，加强技术培训指导，积极开展梨树栽培技术服务和现场观摩、指导，培养本土科技人才和新型梨农 70 人，每年培训梨农、种植大户、农技人员 1 500 余人次。近年来，不论严寒酷暑，为使梨农尽快掌握新品种、新技术、新模式，我深入田间地头，和梨农朋友打成一片，在梨园"手把手、面对面"指导农民和农技人员；在贫困地区梨园，一直秉持着"技术不会不松手，效益不增人不走"的技术服务宗旨，指导贫困户通过产业发展脱贫致富。对梨果产区致富带头人和经纪人的培育，有力地促进了当地梨产业发展和梨农增收，提升了梨产业可持续发展能力。

三、情倾梨果产区，心系梨农增收，无怨无悔奉献青春

为积极做好服务梨产业发展、及时耐心地给予遇到难题的梨农答疑解惑，我们常年驻扎在砀山县、太湖县等梨果主产区一线，经常"白加黑、五加二"地工作，没有节假日地指导果树新品种、新技术的推广应用；积极做好搭建桥梁作用，加强与安徽省梨主产区县（市、区）的农业相关部门，以及安徽农业大学等农业科研院校、梨果主产区示范园基地、大户以及国家梨产业技术体系岗站专家等合作和对接，积极推动主产区梨产业政、产、学、研、推合作发展。

为实地调查了解梨产业生产情况，走梨园、查民情、解困难，想梨农所想、急梨农所急，严于律己、以身作则、甘为奉献，心中时刻铭记"人常在园、心常在树"的要求，只要梨农有需要，便会第一时间赶赴贫困村梨园一线。如 2018 年 4 月砀山梨花期冻害、8 月 18 日台风造成梨园涝灾，我们了解后，均连夜赶赴果园现场指导，并通过电视、广播、网络平台等各种途径告知果农预防和救灾措施，树立果农战胜灾害的信心。作为国家梨产业技术体系砀山综合试验站团队成员，心中时刻视梨产区果农利益无小事，情倾果区产业发展，心系梨产业增效、梨农增收，无怨无悔地奉献。

国家梨产业技术体系不仅为我们农业技术人员施展才华提供了一个广阔的舞台，开阔了视野，丰富了理论和实践知识，同时也促进了梨产业增效、梨农增收，助力脱贫攻坚和乡村振兴。

增强产业支撑力，成就个人研发梦

黄新忠

福州综合试验站站长　福建省农业科学院果树研究所

现代农业产业技术体系的建设是我国农业科研体制变革的重大创举，其组织构架打破了条块、区域、行业界限，实现了全国农业科技资源整合、学科和专业统筹，形成了覆盖全产业链各重要环节农业科技创新与成果转化示范网络，大大提高了农业科技研发成果产出率与转化率。如梨双臂顺行式简化棚架栽培技术、梨细圆柱形省力化密植栽培模式、梨液体人工授粉技术等，在国家梨产业技术体系首席科学家协调多岗多站的通力配合下，在"十二五"期间短短一年内不仅研发成形，而且作为主推关键技术快速示范推广覆盖至全国20多个省份梨产区。

现代农业产业技术体系的建设坚持问题导向与市场导向，改变了传统科研理念、科研目标、科研选题，摆脱了长期以来农业科研以论文、成果、专利等考核指标的束缚，保证了科研选题真正来源于生产一线，大大提高了技术研发与产业需求的契合度。早期落叶现象在长江流域以南湿热梨产区发生由来已久，其轻则影响树势，重则导致大幅度减产，甚至绝收。随着福建等地翠冠等优质早熟梨品种种植范围与规模的不断扩大，早期落叶现象呈日益加重趋势，成为制约梨产业持续稳定健康发展的重大生产问题之首。但长期以来受传统研发项目限期结题交账所限，无人涉足系统开展研究解决该问题，而国家梨产业技术体系直面生产难题，在"十二五"期末着手预备调研的基础上，将其纳入"十三五"体系三大重点研发课题之一，组织多个岗站协同攻关。截至目前，不仅明确了多年悬而未决的早期落叶发生主要诱因，而且初步形成了一套行之有效的综合防控技术措施，并已在生产上推广应用，使早期落叶连年大面积严重发生得到遏制，重振了广大果农发展种植翠冠等早熟梨生产的信心。

现代农业产业技术体系的建设架起了农业产业科技信息传递快速通道，促进了从科研到应用、从生产到市场的大协作，缩短了农业科技从研发到规模化应用的过程。开展国家现代农业产业技术体系建设以来，大量研发团队成员不仅常年活跃于生产一线开展调查研究、了解掌握产业现状与问题，而且奉行"实际、实效、实用"原则，带着自身的研发成果、专业技能与实践经验，紧贴产业、紧贴基层、紧贴农民，大力举办技术培训、开展技术指导，为广大农民提供"零距离"科技报务，让广大农民深切地感受到农业科研、农业专家就在身边，成为解决好农业科研服务"最后一公里"的重要形式。2010 年 3 月5—11 日，福建梨产区正值花期、幼果期连遭冰雹、雨雪、霜冻危害，温度之低、受害之重前所未有，福州综合试验站一时进入紧急状态，灾害来临前根据天气预报迅速做出灾害预测，提出抗冻救灾预案并及时发送至梨产县（市、区），全体团队成员连续奋战在抗冻救灾工作第一线，协同产区县（市、区）推广部门组织果农落实熏烟、喷施防冻剂等防寒防冻及灾后恢复措施，将灾害损失降到最低限度，赢得地方领导与群众的广泛称赞。

现代农业产业技术体系的建设促进了地方农业研发团队由弱变强或使强者更强，培养锻炼出了一批有理想、有目标、乐于奉献的农业科技人才。福建地处我国东南沿海亚热带季风气候区，山地居多，气候多样，适宜多种果树类生长，特别是福建北部、西北部和中部内陆山地，具有热量充足、冬季气候寒冷、夏秋昼夜温差大等气候特点，发展南方落叶果树成熟早、品质好、价格高，比较优势突出。20 世纪 80 年代中期以来，在产业政策与市场需求双重强力驱动下，梨产业取得长足快速发展，为增加农民收入、发展农村经济、扶贫脱困攻坚、建设美丽乡村做出了重要贡献。但长期以来，支撑福建梨产业持续稳定健康发展的科技力量薄弱，"缺队伍、缺平台、缺基地"问题突出。自从国家梨体系福州综合试验站建站以来，这一状况得到改变，福建省农业科学院果树研究所的梨研发团队不仅实现从无到有、从小到大，成为福建梨产业可持续发展不可或缺的研发专业力量，而且在建宁、清流、明溪、德化、建瓯5 个示范县（市）建立了稳定研发示范基地 3 750 亩，形成了集"品种区试展示、技术创新示范、辐射带动推广"三大功能为一体的梨科技研发示范推广网络，可以说是国家梨产业技术体系成就了福建梨产业研发团队与地方科技支撑体系。

作为一名体系受聘人员最大的感触是持续的经费支持，免除了连年项目申请困扰，可心无旁骛地从事自己钟爱的科研工作，专心致志地带领团队拓展研发事业；连年不断的中期学术研讨、年终总结考核、日常岗站及站站交流提供了大量学习机会，丰富了产业科技信息与专业基础理论，同时，密切的岗站对接研发机制、频繁深入基层的调研与科技服务活动，使从业以来发现问题、分析问题、解决问题的水平和指导服务产业发展的能力得以提升，使我由一名普通科研人员跃升为区域产业内具有一定影响力与知名度的专家，获得感、成就感、荣誉感不禁油然而生。

勤勉敬业，感谢体系

周超华

南昌综合试验站站长　江西省农业科学院

江西的秋天，地产梨果的销售接近尾声，我和团队成员们仍旧在多地的梨园里为梨农开展技术服务。梨果采收后，梨农容易放松管理，加上南方雨水多，容易滋生病害，稍不注意就会引起早期落叶，严重时会造成开秋花较多，本应翌年 3 月开的花却提前开放了，这会大大减少来年的产量，降低梨果品质。2011 年加入现代农业梨产业技术体系以来，我们组织开展技术培训、技术服务 200 多次，服务对象超过 6 000 人次，示范推广了 10 多项实用技术。梨树的寿命可过百年，经济寿命也有几十年，如果品种不好、生产技术不过关，损失是不可估量的。因此，每推广一个新品种、一项新技术，我们都要先在自己的示范园内试验，成功后再向农民推广。

我和团队成员们经常在三伏天及数九寒冬的梨园中开展试验示范、技术培训、技术服务。

为建好梨核心试验示范园，我们曾经连续吃、住在江西省农业科学院高安基地近一个月，当时的江西省农业科学院高安基地条件十分简陋，1 月又是一年最冷的时候，为早日建好梨园，我们住在自来水都没有的简易房子里，经常起早贪黑地在严寒中工作。经过大家的努力，梨核心试验示范园最终建好了，如今已经成为江西省农业科学院高安基地的一个亮点。

南方梨树管理技术性强、季节性强，一环扣一环。金龟子是危害梨幼树的重要害虫之一，特别是新建的梨园，一晚上一株梨树的嫩叶、嫩芽可能会被金龟子啃光，由于金龟子是在闷热的晚上出土为害，白天一般看不到它，一些梨农不得其解，于是我们就晚上打着电筒，在梨园现场讲解金龟子的危害，并实地操作防治方法。

微信、QQ 等现代通信工具成为了我们与梨农、合作社、农业公司交流的桥梁，梨农经常发来梨树的病虫害、缺素症等图片，我们都耐心、细致地教授解决的技术方法；有些梨农把握不准的农药。我们都根据自己的实践，提出使用方法。

一年到头，我们经常在梨园里工作。有人问，一个普通的科技人员"图什么"，我回答说，没有自己的亲身实践，何来教梨农的实用技术知识？没有自己的示范园，如何给农民示范？现如今，一批批梨农到我们的试验示范园参观、学习，我们都毫无保留地教他们修剪、整枝、疏果、套袋、棚架梨生产技术、新品种的特性及栽培要领等。我们在江西省建立了3 500多亩梨新品种、新技术示范园，在试验示范成功的基础上，推广了新型棚架梨生产技术、翠冠梨果实套袋技术等，改善了梨果质量，提高了梨果商品率，也提升了梨园的观光效果。

国家梨产业技术体系的"岗位科学家+综合试验站+示范基地"产业协作网络，将岗位、综合试验站、示范县、基地、重点产区连在一起，试验站将生产中遇到的技术问题提交给岗位科学家，岗位科学家将凝练的产业问题集中研究，研究成果及时交给试验站开展试验示范，试验站在取得示范经验后，及时推广到示范县并辐射到重点梨产区。做到了研究的技术问题来源于梨产业，研究的成果服务于梨产业。梨体系液体授粉技术、双臂顺行式棚架梨栽培技术，翠冠、新玉、苏翠1号梨品种等成果的示范推广，促进了江西省梨产业的发展与进步。

与我们对接的岗位科学家，每年都会在重要农时季节来江西省开展技术培训、技术服务，及时解决生产中的问题，帮助提高团队成员、地方技术骨干的技术水平。梨体系首席科学家张绍铃教授多次到江西，实地开展技术培训、手把手传授实用技术。梨体系开展的试验站到岗位科学家团队考察的活动，开阔了我们的视野，增强了在实践中发现问题的能力，提高了试验示范水平。

与加入体系前的2010年相比，江西省梨果品质和梨优质果比率均有了较大幅度的上升。棚架梨的栽培实现了从无到有，国家梨产业技术体系新成果——双臂顺行式棚架梨栽培技术已经在高安市、金溪县、上饶县等地示范，将进一步提高梨果单产和品质。引进的梨优良品种新玉、苏翠1号、翠玉等，优化了品种结构。翠冠梨套袋技术的改良、示范推广，较好地改善了翠冠梨的外观品质。利用诱芯、迷向丝、赤眼蜂防控梨小食心虫技术的试验示范，大大降低了梨小食心虫的危害率，提高了梨果产量和品质。翠冠梨周年两次施肥技术的试验示范，节约了施肥量，增加了效益。嫁接花芽技术的示范，对早期落叶、开秋花的梨树有好的补救作用，可显著提高经济效益。

虽说我们做了一些具体工作，也取得了实效，但我们深知，是体系稳定的经费支持，让我们把每年申请项目的精力集中到做好与梨产业相关的事务中；是体系让我们认识了国内梨行业知名专家，学到了许多新的知识；是体系许多专家来江西指导、服务，促进了江西省梨产业的发展、进步。

让消费者吃上更多江西产的优质梨，让种植者获得更好的收益，让观光者在梨园流连忘返，是我们奋斗的目标。科技创新、科技服务永远在路上，我珍惜加入体系这来之不易的宝贵机会，我们会不忘初心、肩负历史使命和光荣职责，为梨事业的发展做出不懈的努力。

甜美的事业

王少敏

泰安综合试验站站长 山东省果树研究所

2008 年在各级领导密切关注和大力支持下，本着集合全国之力共同商讨我国梨产业的发展方向，详细分析我国梨产业存在的问题与技术需求，提出了梨产业技术体系建设的目标、任务规划，基本建成了全国主要梨专家之间以及梨行业与其他学科领域专家之间的合作网络，梨科研、教学、生产与技术推广部门的协作网全面启动。

我有幸能够成为国家梨产业技术体系的一员。根据梨优势区域规划的特点，立足泰安综合实验站的本职工作，积极配合体系功能研究室及岗位专家的实验安排，圆满完成体系的各项任务要求，为推动梨产业发展贡献力量。试验站成立以来，我们积极引进了苏翠 1 号、翠玉、翠冠、玉露香、黄冠、新梨七号、秋月等多个新品种、对体系岗位专家新育成的优系（品种）进行了引种试栽和观察评价，包括南京农业大学、郑州果树研究所、石家庄果树研究所和浙江园艺研究所等提供的新品种和优系：宁霞、宁酥蜜、宁早蜜、夏清、夏露、01-16-54、99-1-2、01-17-4、D2、优 1、优 2、优 3、09-6-29-1、08-1-18-2 等；大力示范推广纺锤形、Y 形等不同树形密植栽培技术，梨园生草技术、起垄覆盖技术、节水灌溉技术、农药减量技术、液体授粉技术、化学疏果技术、梨园配套机械试验示范、HASA 等生防制剂的应用试验示范，新品种（系）配套栽培技术等新技术；以核心示范园为平台展示新品种、新技术，每年培训和接待来访参观学习人员 100 余次、3 000 余人次，辐射带动周边区域梨产业发展。

试验示范的新品种、新技术、新模式有力地推动了山东省梨产业的健康发展。位于济南市历城区唐王镇岳家寨村的梨园，面积 200 亩，试验示范肥水一体化技术、Y 形整形修剪、水平网架架式栽培、自然生草、病虫害综合防控技术，平均亩产 3 500 公斤，商品果率 90% 左右，果实售价达到每公斤 8 元，得到济南市领导、有关技术推广部门及果农的肯定，对周边梨产区真正起到了示范带动作用。位于滨州市惠民县麻店镇簸箕张村的惠民鑫诚农业公司，面积1 200亩，试验示范肥水一体化技术、纺锤形整形修剪技术、有机肥替代化肥技术、自然生草、病虫害综合防控技术，平均亩产2 500公斤，商品果率90%以上，果实售价达到每公斤12元。示范园带动了周边地区新品种、新技术的推广应用。通过建立科研、生产和企业之间的协作网络，促进先进技术的推广，为我国梨产业的稳定发展提供技术支撑。

2009—2018年，试验站开展基础数据调查工作，基本掌握了山东省梨产业的基本情况。为确保调查数据的真实可靠，调查数据分三种途径获得：一是果茶站等政府部门的调查数据；二是与产区主管部门（林业局、农业局）技术骨干进行交流，获得相关数据；三是现场调研梨生产大户、收购商、贮藏企业等获得相关数据。三种途径互为补充、印证，获得接近实际情况的数据。为确保数据的统一性、完整性和准确性，基础数据调研工作由王少敏站长全面负责，团队成员王宏伟具体负责，团队成员分工协作。各示范县基础数据、固定点数据调查、整理、录入、审核及汇总后，由王少敏站长对数据复核，对有疑问数据调查后进行修改，上报体系或提交相关岗位专家。基本掌握了山东地区主要梨品种的栽培、生产、销售基础数据，并形成调研报告。通过不间断的实地调查，可以准确了解山东地区梨产业近十年的发展变化，根据果农、公司及市场需求，随时修正指导培训的课程，切实做到一切为了果农。与此同时，形成的调研报告也可以充实梨产业相关基础数据库、技术档案及产业技术与信息平台。

我们积极响应农业部关于农民培育的发展规划，2008—2018年，采取室内培训、现场指导等多种形式进行教育培训，共计70余次，培训技术人员及果农8 417人次，发放技术资料6 294份。以扶持果农、富裕果农为方向，通过培训提高一批、吸引发展一批，加快构建有文化、懂技术、善经营的果农队伍。加强与地方创新团队、农技推广部门等的对接，针对本区域内梨产业问题撰写调研报告和产业报告56篇，向省果茶站农技推广部门汇报。充分利用广播、电视、互联网等媒体手段，将新品种、新技术、新信息以及党的强农富民政策送进千家万户，送到田间地头；组织专家教授、农技推广人员、培训教师指导200余次，将关键农时、关键生产环节的关键技术集成化、简单化，编辑成好看、易懂的明白纸，综合运用现场培训、集中办班、入户指导、田间咨询等多种方式，宣传普及先进农业实用技术，提高农民整体素质，使广大农民的知识和能力在日积月累中不断提高。

　　自泰安综合试验站建立以来，站长王少敏带领全体成员针对山东省梨产业存在的问题，按照体系要求，依托国家梨体系的平台，积极开展新品种、新技术、新模式试验示范推广，从科技与产业发展规律和解决产业技术需求的角度出发，加大科技服务产业的意识和力度，为山东省梨产业的健康发展提供了有力支撑。

体系十年经验体会

李元军

烟台综合试验站站长 山东省烟台市农业科学研究院

烟台综合试验站作为梨产业技术体系的一员，在首席科学家、岗位科学家和其他综合试验站的大力指导和支持下，卓有成效地开展了试验示范工作，圆满完成了任务目标，我们为能够成为体系大家庭的一员感到自豪。现将体系运行十年的体会和感悟总结汇报如下。

一、研发设施逐步齐备，创新手段不断丰富，基础研究和实用技术取得重大突破

十年来，体系专家针对产业需求开展了大量研究与示范，创新手段不断丰富，基础研究和实用技术取得重大突破。高光效树形、简化修剪、配方施肥、枝条粉碎堆肥、园艺地布覆盖、果园生草、液体授粉、肥水一体化、病虫害绿色防控、果园机械化喷药等现代技术的集成和示范，全面带动了胶东地区梨园现代农艺技术的提高，极大地促进了梨产业的提质增效。

二、示范园地稳定性、长期性使得试验数据更翔实和可靠

在稳定的经费支持下，岗位专家能够在专攻的领域开展深入系统的攻关。试验站站长也能将岗位专家的新品种、新技术不断地投入到示范园建设中集成、优化、创新，示范园的稳定性、长期性得到保障，使得我们的试验数据更翔实和可靠，成果更经得起检验。

三、创新的品种、技术和国内外信息全国推广更为便捷、快速

体系内汇集了首席科学家、岗位专家和国内各省份一流技术人才，能够在全国交流信息、取长补短。通过体系平台拥有了更多国内外合作机会，扩大了推广渠道，新优品种能够尽快用于生产，在体系专家的帮助下，新技术、新模式的推广应用少走弯路。

四、集中体系力量有效解决生产实际问题

生产中遇到难以解决的问题，通过体系平台共享上报或者直接联系相关岗

位专家，总能及时得到回复和解答。体系充分发挥集中力量办大事的优势，聚焦制约梨产业的重点、难点问题，加强协同攻关，试验示范，技术培训，在促进技术进步和推动农业转型升级方面发挥了重要作用。

五、示范培训有成效

通过举办培训班、建示范园、组织现场观摩、深入田间地头、电视、广播、网络媒体等方式将新技术推广到广大果农手中，打造了技术研究—成果物化—培训推广—大面积应用的完整链条，取得了显著成效，使梨产业经济得到了极大提高。

呼吁体系继续加大建设，增加经费支持，延续梨新品种、新技术的创新和推广。

体系，让我的事业插上了腾飞的翅膀

王东升

郑州综合试验站站长　河南省农业科学院

一、与梨的缘分

说起与梨的缘分，就情不自禁地想起了我的童年。童年时我生活在武陟县城关乡（现为龙源办事处）的一个小村庄，村北边与西边全是连绵起伏的沙丘，上面长满了花红、桃等果树，在村北边不远的砖窑场附近，还有许多高大的梨树，梨的品种也有很多，其中个子特大的叫炮梨，梨汁白色也被称为奶梨，是老家最好的品种。甘甜多汁的梨使我的童年充满了甜蜜与欢乐，更深刻地印在了我的记忆中。2008 年 9 月，我加入了国家梨产业技术体系，承担了郑州综合试验站的工作，让我的一生与梨结下了不解之缘……

二、事业的起步

河南是个农业大省，是国家的粮食主产区，承担着国家粮食安全的重任，大田作物的研究与推广是农业科研的重点。因此，我 1991 年毕业来到河南省农业科学院，主要从事果树示范推广方面的工作，偶尔承担科普或扶贫项目，如何发挥个人所长，在果树研究与推广方面有所创新突破，是我常常深思的问题，使自己时常陷入苦闷之中。国家梨产业技术体系成立后，根据河南省梨树面积与区位特点，加上张绍铃首席对我的了解与信任，就将郑州综合试验站的任务交给了我。

2009 年春天，农业部要求每个综合试验站要建立一个 50 亩的核心示范园。恰好我在院第二试验基地帮助建立一个观光果园，果园规划方案也做好了。得知农业部的要求后，我建议修改规划方案，争取把核心示范园落地，我的建议得到了院有关领导们的大力支持。在方案通过后，只剩下 20 多天的建园时间，经过精心策划、科学安排、夜以继日的工作，克服了基地条件差、人员少、外来干扰等困难，终于在 3 月底建成了 50 亩的高标准核心示范园。接着，4 月初在河南的砀山酥梨大县宁陵县召开了郑州综合试验站的启动会议，正式拉开了试验站工作的序幕。

三、事业的腾飞

有了体系试验站这个大平台，这个温暖的大家庭，也有了稳定的经费支持，这么好的条件，让我倍加珍惜。多年来，风里来、雨里去，一年到头，没有星期天，没有节假日，甚至连家人生病住院也未能照顾，满怀干事创业的激情，投入到试验站的各项工作中。从核心示范园的管理，生产示范园的选择、建立与指导，到数据的调研、应急事件的处理与团队建设等，无不倾注了自己大量的心血。为了做好试验站的工作，自己就利用体系这个大平台，如饥似渴地学习各位岗位专家与综合试验站站长们的好技术与好经验，应用在自己的工作中。"走出去，请进来"就是试验站成立后我的主要工作方法之一。利用一切机会主动到外面参观学习自己所需要的，如在体系启动大会结束后，就在徐州综合试验站站长盛宝龙的带领下，到江苏省参观了该试验站的棚架梨园，对我的核心示范建设有了很大的启发；站长们每年到各个试验站的考察学习也使我受益匪浅。在走出去的同时，把体系有关的专家请过来，是为了现场给我们指导，找出我们的不足之处，如体系的岗位专家李秀根、朱立武、滕元文，站长邓家林都是我们核心示范园的"常客"，为了做好棚架示范，还两次邀请体系棚架整形修剪经验丰富的马春晖博士到我们的核心示范园与示范基地现场指导；郑州果树研究所的李秀根老师更是经常到本站的核心示范园与示范县指导工作与技术培训。到2011年7月，也就是核心示范园建立的第三年，果园的棚架、篱架与纺锤形栽培的梨树都已开始结果，其中密植的双篱架当年产量已达到1 500公斤左右。初具规模的园区建设使得河南省农业科学院中层以上的五十多位领导在半年工作检查时眼前一亮，诸多优良的梨品种得到了领导们的称赞，核心示范园在全院一炮打响！ 2011年8月初，河南省省委书记卢展工要到我院基地视察。河南是粮食大省，过去省领导视察农业科学院，一般都是看小麦、玉米、花生、棉花等，这次院里专门推荐梨核心示范园作为省领导的视察点之一。8月2日上午，卢书记冒着中雨、踏着泥泞的道路视察了本站的示范园，果园里硕果累累，明显的示范效应得到了省委书记的高度赞扬！从此，省（部）、厅（局）各级领导经常来核心示范园视察。本站在核心示范园多次举办了梨新品种、新技术现场观摩会。省委书记视察后增加了对试验站的支持力度，我们利用各种项目资金加强了核心示范园的基础建设，如园区道路的硬化、冷库的建立、滴灌的铺设、各种果园机械的购置等，使核心示范园从园区外观、基础建设、技术展示、示范效果都达到了空前的水平，在"十二五"末期，本站的核心示范园被评为体系"十大标准园"的第一名。目前，本站的核心示范园已经成立集梨新品种、新技术、新模式等试验、示范、技术集成应用、科普与观光于一体的综合性示范园，展示新品种33个、6大系列的新技术30余项，成为我院对外交流的一张名片与亮点。多年来，有20多位省部级领导、60多位厅局级领导曾到本站核心示范园视察，有来自国内外包括果农、种植大户等业内人士上万人次前来参观学习，真正起到了核心示范园的展示作用。同时，为了加强新品种、新技术的示范力度，本站还在2013年建立了"中原梨产业网"（www.zypear.com）。

四、人生价值的实现

自己对试验站工作的高度重视与踏实的工作精神，以及院所各级领导的大力支持与团队成员的团结协作，使郑州试验站的工作在体系考核中一直名列前茅，在体系大会上三次介绍工作经验。通过十年的试验站工作，筛选出了适用于河南各地及周边省份的新优品种13个（其中3个通过了河南省林木品种审定委员会审定），发表论文23篇，编写规程2项，各新品种、新模式与新技术在河南省得到了大面积的示范与推广，河南省梨树面积由2008年的69万亩发展到2016年的81.9万亩，为河南省梨产业的发展贡献出了自己的力量。

体系的成立促进了基地、实验室、科研团队的建立，使科研与示范推广等条件完善齐备，也使自己的人生到达了一个新的高度，我获得了中共河南省委省直机关工作委员会优秀共产党员与河南省农业科学院先进工作者等多项荣誉。正是有了体系这个优秀的大平台，给了我施展才能的机会，给了我干事创业的天地，让我实现了自己的人生价值！感谢首席的信任，感谢体系各位专家的无私支持，感谢团队成员的共同努力，感谢各级领导的大力支持，也感谢家人的支持！

我对现代农业产业技术体系的体会与感悟

胡红菊

武汉综合试验站站长　湖北省农业科学院果树茶叶研究所

2009年国家梨产业技术体系正式启动，我经同行专家推荐当选为武汉综合试验站的站长，有幸成为梨体系的一员，当时兴奋、激动和自豪感充满了脑海，同时也伴随着担忧、责任和压力，各种心情交织在一起，十分复杂。现代农业产业技术体系在当时作为科研体制的一种全新的构架与理念，一种传统科研体制下的大尺度创新，给了科研人员一种极大的鼓舞与希望，同时也非常让人担忧，担心回到老路，达不到预期目标，这毕竟是一种摸着石头过河的新探索。但经过十年的实践证明，现代农业产业技术体系对农业产业的发展起到了巨大的推动作用，对科研人才的培养发挥了积极的不可替代的作用。下面谈谈我个人对现代农业产业技术体系的体会与感悟。

一、梨体系培养我成为一名能为农业做一点事的专家

现代梨产业技术体系就像一个温暖的大家庭，将全国同行精英汇聚在一起，发挥各自专业特长，担任不同角色，承担不同任务，从不同层面共同研究产业中存在的共性与个性问题，打破了以前同行间的保守与不良无序竞争。综合试验站站长负责产业一线调研，提出生产中的主要问题，岗位专家针对产业中的问题负责技术研发，研发的技术成果通过试验站的试验示范推广应用到生产实践中。岗位专家的科研成果与技术能否解决生产中的实际问题，能否到生产实践中落地，站长起到了至关重要的作用。

我作为一名梨体系的站长，认识到自己的责任与使命，积极主动深入生产一线，寻找问题，发现问题，提出问题，同时协助和配合岗位专家不断创新和改进研发技术，又将这些技术传递到果农手中。在这个过程中，我养成了经常下基地的习惯，经常与果农交心谈心，成为果农的知心朋友，同时积极主动与岗位专家配合，从岗位专家那里了解到产业的科学前沿动态、科学研究的思路与方法、技术成果的核心内容及具体实施措施。我逐渐成长起来，理论与实践

知识日渐丰富起来，到企业与农村服务的底气越来越足，越来越喜欢到基层去了解生产，为果农排忧解难，也越来越受到企业与果农的欢迎，知名度也越来越大，首次体会到解决生产实际问题的快乐与学有所用的存在感及价值感。

梨体系启动十年来，我获得国家和省部级多项奖励，从副研究员顺利晋升到三级研究员，也获得了 2015 年度湖北省优秀科技特派员及 2017 年度省"三八红旗手"等多项荣誉称号。在梨体系的大家庭里，我成长为一名能为"三农"服务、能为振兴乡村战略做点事情的专家。

二、梨体系助推湖北梨产业健康稳步发展

梨体系启动前，湖北梨产业处于萎缩与极度低迷状态，存在品种老化、管理水平低、采后商品化处理粗放、组织化程度低等诸多问题。2009 年以前，湖北主栽品种为湘南、黄花、长十郎等，约占栽培面积的 80%，品质较差，外观欠佳，商品性差；果园郁闭、病虫害防治技术落后，梨瘿蚊、梨木虱、梨茎蜂、黑斑病、轮纹病危害严重，返青返花现象普遍，导致产量不稳，树体早衰；采后商品化处理粗放，无分级习惯，包装简易，贮运保鲜技术欠缺，大量梨果腐烂在果园或运输途中；经济效益低下，平均每亩产值仅 2 000 ～ 3 000 元。

梨体系启动后，武汉综合试验站分别在梨主产区钟祥、京山、潜江、利川、宣恩 5 个示范县建立示范园 10 个，从新品种引进入手，着力老果园改造及病虫害防控技术的研发与试验示范，"十二五"深入到测土配方施肥、果实二次套袋、果实脱萼、液体授粉等提高果实品质的技术研发与示范上来，"十三五"进一步延伸到梨果采后商品化处理、翠冠梨的贮藏保鲜等技术。

2009—2018 年，针对梨新品种推广见效周期长等技术难点，通过芽苗定植、幼树提早结果等技术突破了推广技术难点，促进了新品种快速推广，湖北砂梨良种比例由 10% 提高到 30%；针对梨生产的关键技术环节，制定了苗木繁育、果实套袋、采后商品化处理等系列标准 8 项，指导标准化生产。发明创造"一种防治梨瘿蚊的方法"获国家发明专利授权，攻克了梨瘿蚊防控难点。通过梨果脱萼技术的研发与应用，解决了占湖北砂梨栽培面积 60% 以上的主栽品种湘南"公梨"问题，提升了产品质量。近三年新增销售总额 23.61 亿元，新增利润 17.22 亿元。

在加大技术研发的基础上，将培训作为重要工作内容，十年来，累计培训果农 30 500 人次、技术骨干 1 007 人次。培植新型企业（合作社）12 家，打造"沃地娃"等品牌 6 个，绿色食品认证 2 个，地理标志产品认证 2 个，产品质量认证 2 个。

　　梨体系极大地助推了湖北省梨产业的健康稳步发展，优化调整了湖北省砂梨优势产业区的品种结构和熟期结构，提高了良种率，增强了该地区砂梨产业的综合生产能力及产品的市场竞争力，促进了湖北省砂梨产业的供给侧结构性改革，保障了砂梨产品的供给质量，增加了梨农的收入。农村新报、中国科技网、中国经济林信息网、新浪网、湖北日报、湖北农业信息网、湖北省农业厅网、荆门日报、钟祥新闻等新闻媒体对湖北梨产业化发展进行了相关报道。

　　没有梨体系岗位专家及试验站的通力合作，就不可能取得如此大的成绩。体系让我们变得强大，让产业变得如此辉煌；体系让果农致富，体系深得人心。

与体系共成长

赵　广

襄阳综合试验站站长　老河口市果品研究所

我站加入国家梨产业技术体系已十年了。在这十年的运行中，在圆满完成各项工作任务的同时，解决了生产中存在的实际问题，引进了一些新技术、新模式、新器械，推广了一些新成果和新品种，普及了一些新措施，覆盖示范县市的梨产业经济效益得到了提高，团队成员和各示范县市技术骨干的技术水平、能力也都有了提高。

一、对产业发展的贡献大

引进新品种、新技术和新产品。引进梨新品种 14 个，已推广 2 个；引进了双臂顺行式棚架栽培模式，已推广 1 000 亩；引进了风送式喷雾机，提高了梨生产的经济效益。

通过示范园和标准园建设，带动产业技术水平提升。通过示范园的建设，展示了新品种及新技术，加速了成果转化，发挥了对地方梨产业技术水平提升的带动作用。

积极开展技术服务，培养了一大批一线科研和生产指导技术人才。积极开展产业应急性技术服务，为各示范县市梨产业发展保驾护航；建立产业基础数据库，摸清各示范县市梨产业的"家底"；为地方政府主管部门提供决策咨询，向社会提供公共信息咨询服务。

二、密切了同科研单位、技术推广部门的联系

国家梨产业技术体系建立了岗站对接的协作关系，有 5 个岗位科学家同我站建立了密切合作关系，加强了我站同高层次科研单位的联系；同时，也同各示范县市基层推广部门建立合作关系，搭建学术交流平台。团队成员和各示范县市技术骨干得到培养，能力和技术水平得到提升，从事梨技术推广的基层技术人员不断壮大，为保障梨产业健康、可持续发展做好了充分的人才储备。

在 5 个示范县市内，以我站为技术依托，形成了技术推广部门、技术服务

部门及龙头企业柜结合、农民专业合作社广泛参与的多元化技术推广体系，打造"成果物化—培训推广—普及应用"的链条，实现多种有利因素优势互补的良好运行机制，促进新成果产业化。同时，在对接、合作过程中及时总结经验和不足。

三、形成了"团结协作，求实创新"的学风

通过加强不同岗、站及各示范县市间的交流与合作，拓展了工作和研究思路，提升了创新意识与产业技术水平，促进了新成果的熟化、示范和应用。我站利用现代媒体，如体系网站、微信群、微信公众号等，对梨生产中发现的问题，及时反映给相应的专家，以便得到快速正确的回复，及时解决生产中的问题，也能够通过这些渠道及时获得可靠信息、最新技术和实用设备。我站通过参加岗、站联合调研产业问题、试验站交流活动、学术交流论坛等活动，促进了我站团队成员同其他岗、站的交流、协作，为团队成员、示范县技术骨干也提供了学习交流的机会。

四、将工作和事业有机结合起来

在开展工作中，有时需深入农户、合作社、企业进行调研，在调研中了解了产业现状、存在问题，从中发现了许多新问题，也认识了许多从事生产的技术人员，深刻认识到技术的重要性，在调研过程中发现生产大户、农民、企业、生产合作社有着强烈的科技意识、产业意识。

十年间，我站同体系共成长，对体系了解越来越深，也越来越有感情。对体系的认识与体会来源于目前所从事的工作，来源于坚守在各个岗位的同仁分享彼此工作中的苦辣酸甜，也来源于参加体系组织的各项活动。国家通过体系给我们搭建了广阔的科研平台，创造了优越的科研条件，我们应该懂得珍惜，充分有效地利用现有资源尽全力把体系建强、建大。体系是我国梨界同仁共同的梦想，在追求梦想、实现梦想的过程中，我们并不孤单，因为我们有国家的支持，有那么多专家相伴，有那么多一线科研人员的坚守与奋斗，相信还会得到社会更多的支持与肯定。

在重庆试验站的工作感悟

曾　明

重庆综合试验站站长　西南大学

试验站的工作有如下体会：

一、深入调研，明确本区域产业发展的关键和难题

重庆梨产业发展上与梨先进产区相比，从品种选择到新技术应用水平方面，均存在相当大的差距，但却有得天独厚的早熟优势，山地农业、立体气候特征明显，因此抓早熟梨的发展、构建早熟梨的品种结构和生态梨园管理的技术体系是重庆梨产业发展的核心。工作中紧密围绕产业发展的关键和体系重点任务要求设计目标任务，使试验站工作实现真正服务于地方产业和经济发展。

二、建设作风优良的试验站团队

试验站团队按照体系要求的人员结构，整合了西南大学和重庆市农业科学院力量，学科专业结构合理，保证了试验站相关工作的开展。

试验站的工作主要面向生产一线以及新品种、新技术的示范推广，因此团队建设上最为重要的是深入扎实的作风和吃苦耐劳的工作精神。工作中团队成员树立坚定的理想与信念以及正确的世界观、人生观，为试验站科技工作奠定了良好的政治基础；同时也要不断学习，提高综合素质与业务素质，鼓励大家多参与体系活动、多交流。

三、设定工作计划

每年围绕年度任务书，每个成员有明确的分工和责任要求，试验站设定工作计划，做到有计划、有督促、有落实、有考评。

四、科技合作，合力创新

体系内岗站对接，站站联系，多向交流，提升水平；同时与地方市级和区县农技推广部门紧密协作、合力创新，试验站与科学技术委员会合作建设了永川早熟梨专家大院，参与科技特派员工作；参与重庆市伏季水果专家小组，同时参与重庆北部星创天地的技术支撑工作。这些平台，既促进了产业关键技术的研发，也促进了试验站早熟梨技术的示范推广。

五、示范园样板工作

利用示范园，抓试点示范，推动创新和技术推广。围绕不同区县生产实际，建设的示范园成为当地的示范样板，梨农看得见、学得会。

六、技术培训和科技服务

组织多种形式的技术培训，同时参与地方科技下乡、特派员进村帮扶活动，并发放技术资料，提升果农科技素质和种植的技术水平。特别是参与科技特派员工作，借助地方科技培训平台、组织的培训班，加大科技培训和服务力度，将产业新技术延伸到千家万户。

产业中存在的问题是我们努力的方向

邓家林

成都综合试验站站长　四川省农业科学院园艺研究所

一、产业问题的调研是体系运行的起点

自梨体系成立运行以来，在首席科学家的精心组织下，体系多次组织从事梨育种、栽培、采后商品化处理及加工、植保、梨园机械、土壤肥料及产业经济等方面的专家，深入生产第一线进行调查研究，明确哪些问题是急需解决的生产问题、哪些是需要长远解决的问题，从而使参与体系工作的每位成员都明白——产业中存在的问题是我们努力的方向，产业问题的调研是体系正确运行的起点。

二、合作是解决梨产业问题的关键

在国家体系成立以前，全国各地梨相关技术的研发主要依靠各省份的人力和财力进行，难免出现低水平重复研发，严重不适应梨生产对科学技术进步的要求。体系成立运行后，在首席科学家的统筹安排下，全国梨技术研发一盘棋，所有参与的岗位科学家、试验站站长及团队成员、示范县技术骨干通力合作，围绕梨产业存在的问题开展研发与示范推广，取得了显著成绩。如针对我国南方梨产区梨树早期落叶开秋花（返花）的问题，开展了系统研究，取得了显著的成效。

梨树早期落叶开秋花（返花）是我国南方梨产区普遍存在的问题，严重影响梨单产的提高和农民的收益。其产生的原因有多种，但其中的主要原因是所种品种的抗病性较差。针对这一问题，生产上就提出以下问题：我国有没有抗早期落叶的梨优良品种？能否育成更多的抗早期落叶的梨新品种？致使目前我国南方梨产区主栽梨品种早期落叶的到底是什么病原菌？有没有有效的防治方法？

针对上述问题，在首席科学家的领导下，通过相关岗位专家与南方的试验站站长通力合作，取得了以下进展。

1．开展了抗早期落叶返花品种的筛选

通过近十年的大区域品种比较试验，筛选出了一批在夏秋季高温高湿条件下抗早期落叶病强的品种。如在四川盆地丘陵区，蜜雪梨和金花梨表现抗性特强，翠冠梨表现抗性较强。

2．明确了南方梨产区梨树早期落叶的致病菌

通过试验站与岗位科学家合作，连续多年对南方梨产区梨园早期落叶病叶的病原鉴定，认定造成早期落叶的主要病原菌是梨炭疽病和梨黑斑病，从而纠正了从叶片症状的表现判断为梨黑星病的错误结论，为该病的防控指明了方向。

3．开展了南方梨树早期落叶返花防控方法的探讨

①新品种选育的问题。利用抗梨树早期落叶病强的材料作亲本，通过杂交等手段，创制品质优良、丰产性强、抗早期落叶病强的新品种，从根本上解决我国南方梨产区普遍存在的梨树早期落叶返花的问题和规范农药使用量的问题，这是我国梨育种的方向之一。

②南方梨种植区划或规划的问题。大家都知道，梨树生长期间高温、高湿导致早期落叶病的发生与迅速蔓延。因此，在产业规划时，一定要选择6—9月降水量较少、地下水位低、通风条件和光照条件好的区域建园，定植行向最好与当地夏秋季的风向和地块的排水方向一致，采用宽行窄株栽植方式和主干或一级主枝上直接培养结果枝的方式进行整形修剪，从而控制梨早期落叶病的危害程度。

③梨树早期落叶病生防制剂的研发。采用生防制剂进行病虫害的防治，对环境是安全的，也是绿色食品生产倡导优先使用的。因此，研发梨树早期落叶病的生防制剂十分重要。目前，梨病害岗位研发的生防制剂HSAF水剂在防控梨树早期落叶病上有一定效果，要达到较理想的防效还需要进一步优化。

④南方梨树早期落叶病的化学防控问题。南方梨树早期落叶病从6月下旬开始发病，7月中旬至8月中旬为盛发期并开始落叶，8月下旬至9月中旬大量落叶并开始返花。因此，南方梨树早期落叶病进行化学防控的关键时期是7月中旬至8月中旬，而此时正是梨果的采收期，为保证所生产的梨果符合国家绿色食品的要求，化学农药的使用受到了严格的限制。为做到精准用药和生产的梨果符合国家绿色食品标准，需要体系内的专家与体系外的专家进一步合作，开展梨早期落叶病高效、低毒、低残留、不致畸的系列化学农药来满足南

方梨生产的需要，也需要进一步对当前梨栽培常用化学农药在梨果中的使用安全限值进行研究与发布。目前防控梨树早期落叶返花的化学农药有具有内吸作用和抑制叶柄脱落酸形成的 25%丙环唑乳油等，7—8 月喷施 2～3 次，能较好地控制早期落叶与返花。

⑤梨树早期落叶防控技术的示范推广问题。通过"岗位+试验站+示范县+示范基地"的新型产学研模式，在梨树早期落叶的主要产区开展完善的新技术示范，使农民能见到解决生产问题的最新成果，并迅速向社会推广，获得了事半功倍的效果。近年来，在四川盆地丘陵区由于梨树早期落叶防控技术的示范推广，梨园开秋花的现象极少发生。

一流创新团队，温暖大家庭

藕继旺

贵阳综合试验站站长　贵阳小河区金海农业科技开发有限公司

　　加入国家梨产业技术体系是我一生的荣幸，是我一生中参与的唯一一个高效、团结、互助、友爱、真诚的高品质高水准科技团队，非常珍惜与老师们相处的时光。

　　一、体系既是国家一流梨科技创新团队，又是一个紧密合作与互相关心的大家庭

　　国家梨产业技术体系在张绍玲首席的领导下，围绕梨产业发展需求，以产业为主线，从梨育种、栽培、病虫害、农机到市场、贮藏、加工各个环节紧密衔接，将我国一流梨产业科研专家组成一个科研专家团队，提升我国梨产业科技创新能力，为试验站开展梨新品种、新技术、新方法的试验示范推广与辐射，带动提供全方位支撑，引领我国梨产业健康、有序、均衡发展，增强我国梨产业国际竞争力，为社会主义新农村建设提供强大的科技支撑。

　　试验站根据当地梨产业发展需求与岗位专家形成岗站对接，岗位专家随时将自己科研成果交给有需要的试验站并指导试验示范，岗位专家还根据自身团队的研究进展，不定期开展岗站对接和专题交流会，以及对试验站建设的巡视，实地查看各示范基地建设存在的不足，解决示范基地的实际难题，并随时前往有需要的每一个示范基地，无私地将自己的研究成果分享给每位体系成员。试验站之间每年都开展一次交流活动，让每位专家都能了解全国梨示范园的建设情况，让试验站看到自身的不足，对有不足之处的试验站提出合理建议并提供帮助，建设好示范基地，以便尽快取得良好的示范推广效果，体系内部纵向横向形成良好的交流与合作。同时试验站根据自己所在区域的梨产业发展情况与产业需求，将引种的梨新品种、新技术、新方法通过一系列的技术指导与培训分享给当地梨生产管理者，培养当地梨产业科技人才，解决区域梨产业的实际问题。整个梨产业技术体系既是我国一流的国家梨产业科技创新基地、新型梨科技推广服务基地与国家高级梨产业科技创新人才培养基地，又是一个互相关心帮助的大家庭。

二、加入国家梨产业技术体系是我一生的荣耀

我在 2011 年加入了国家梨产业技术体系贵阳综合试验站，2017 年被聘为贵阳综合试验站站长，非常荣幸成为国家梨产业技术体系的一员。自那以后我把带动贵州梨产业快速发展作为自己的职责，将推动贵州梨产业高质量发展作为自己的奋斗目标。非常感谢首席科学家、各位岗位专家、试验站站长对我的信任与培养，感谢各位老师给我学习梨产业前沿新技术与新方法的机会与奋斗拼搏的爱岗敬业精神。

自我成为国家梨产业技术体系的一员，各位老师就毫无保留地将自己的研究成果传授给我，手把手指导我开展各种试验示范，对我们试验站有求必应，有问必答，随时为试验站提供技术咨询与服务，甚至来贵州实地指导，在此非常感谢！我也从老师们那里学到了很多现代梨生产的新技术与新方法，通过老师们的传授与自己对各种梨生长的观察，掌握了多种梨的生长特性，梨的高品质生产知识在日积月累，自身的业务能力在不断提升，为试验站团队服务于贵州梨产业奠定了基础。

同时也感谢体系为我提供服务于贵州梨产业的机会，每次帮助梨生产者解决难题或让梨园增产增收，都有一种成就感。能够为贵州梨产业贡献自己的微薄之力，成为社会有用之人，我感到庆幸与自豪。

作为梨体系唯一一个以企业为依托单位的试验站，我深知自己能力与力量的不足，我将更加努力，加大对示范园的建设力度，争取尽快赶上体系内优秀的示范园，成为合格的示范园；同时提升自身业务能力，成为一名优秀的试验站站长。

在各位老师的带动下，在今后的岁月里我都会与贵州梨产业同命运共发展，把梨产业作为我一生的事业，将自己一生所学奉献给贵州梨产业，建立贵州梨种质资源圃，为贵州各地梨种植户提供品种与技术服务。

三、国家梨产业技术体系快速实现产学研与农教科的紧密结合

岗位专家培育的梨新品种、发明的新技术与新方法、研制的新机具能够在第一时间通过全国各地试验站的示范基地展示出来，直接应用于生产第一线，快速检测其实用性。而各示范基地均建立在全国梨主产区内，可以快速形成示范、辐射、带动作用，岗站对接与岗位专家到试验站与示范基地现场指导与培训，能够快速将岗位专家的科研成果应用到梨生产上，缩短了科研成果转化的时间，有效提升了成果转化与科技服务能力。

在 2011 年以前，贵州梨品种主要是金秋梨、威宁大黄梨、黄花梨、圆黄梨、翠冠梨、中梨 1 号以及地方老品种，很多梨园品种结构单一，品种老化，品质下降，栽培模式落后，病虫害得不到有效控制。通过近几年试验站引进梨新品种、新技术、新方法的试验示范，在张绍铃首席的领导与多位岗位专家的帮助与指导下，很多梨优良品种在贵州得到了推广种植，很多梨栽培新技术、新方法、新机具在贵州得到了推广与应用，节约了成本，提高了产量与质量，提高了经济效益，为推动贵州梨产业的发展提供了科学的服务。

凝力梨果，聚智创新

——昆明综合试验站体系十年工作有感

舒　群

昆明综合试验站站长　云南省农业科学院园艺作物研究所

时光如白驹过隙，昆明综合试验站自 2008 年加入国家梨产业技术体系已有十年。这十年，让我感触颇多，受益匪浅，也让我和团队的工作有了质的飞跃。

昆明综合试验站的依托单位为云南省农业科学院园艺作物研究所梨课题组，未加入体系前，主要从事于梨育种与栽培工作，致力于服务云南梨产区，但对学科前沿认识不足、技术支撑力量有限、人员少、分工不清晰、经费不确定等因素，导致所开展的研究与示范工作相对局限。课题组在申请项目资金、示范点选择和对外科技合作等方面投入了大量时间和精力，但收效甚微，只在红色砂梨品种示范和传统栽培技术提升方面有所收获，当时感觉到对产业和产区支撑和服务并不尽如人意，急需改变。

21 世纪的中国在经济和科技的快速发展中，必定有一个由量变到质变的过程，各行业的产业升级、技术集成和多学科交叉已成大势，梨产业也需遵循这一规律。面对时代的需要，虽然整个团队一直努力工作，可现实的问题、自身的差距和合作的需求摆在了面前，短时期之内无法解决，时不我待的紧迫感，让人感到压力倍增。

2008 年，国家梨产业技术体系的成立恰逢其时，昆明综合试验站有幸成为其中一员。在农业部的指导和首席科学家的带领下，全国梨科研技术专家有了一个多学科交集，可以相互帮助、相互学习和相互提高的平台。就试验站而言，通过体系会议和岗站的对接，对学科前沿有了深入的认识，在岗位专家的技术支持下，解决了前期存在的品种搭配不良、管理相对粗放、轻简化技术缺乏、病虫害认识不清和营养调控缺失等制约性关键问题。

根据云南梨产区的发展目标，从体系内引进梨新品种 31 个，在云南中部地区进行了区域测试，筛选出了 2 个红色梨新品种和 3 个早熟梨新品种，用于产业的品种更新。针对云南低海拔高纬度的气候条件和山地果园的地形条件，在岗位专家的帮助下，完成了以 1 米为株距、以 3.5 米为行距的圆柱形树形栽培，完成肥水一体化技术、果园生草技术、病虫害综合防控技术和采后处理技术的示范推广，集成云南梨园轻简化栽培技术 1 套。筛选出了以 45 匹马力拖拉机的机头为动力的果园风送喷雾机、割草机、旋耕机和小型装载机等配套机械装备 1 套。通过新技术和新农机的集成，在整地、除草、堆肥、开沟施肥、灌溉、病虫害防治等生产环节实现了机械化或半机械化，节省了 80% 左右的工作量，大幅度地提高了生产效率，达到了 1 人可常规管理 50 亩左右的果园，节省了 60% 以上的工作量。在传统果园，通过栽培岗位专家、植保岗位专家、水肥岗位专家和采后岗位专家的指导，完成开心形、疏散分层形、主干形等树形的轻简化技术集成，节省了 30% 左右的工作量。岗站对接从根本上解决了品种和技术缺乏的问题，为梨产业的技术集成发展奠定了坚实的基础。

体系的成立，解决了长期困扰的经费问题。在稳定的经费支持下，昆明综合试验站与 5 个示范县开展了新品种和新技术的集成示范，共完成了 3 450 亩示范园建设，覆盖 5 个县 9 个乡镇，辐射面积达 21 万亩。通过示范园长期和稳定地开展工作，确保了新品种、新技术和新模式的集成示范，保障了科研的延续性，有效地促进了新品种和新技术的示范推广。通过示范县的加入，试验站的成员也由前期的 5 人变为 21 人，解决了前期与基层衔接不足、人手力量不够导致的生产关键时期问题处理不及时、农户技术培训不足等问题，构建了基于体系平台的"岗位专家+试验站+示范县+农户"的一体化技术支撑平台，从种植、采收、销售预测等方面第一时间对产业问题进行应答和解决。2008—2017 年，针对灾害、病虫害和市场波动共开展应急服务 14 次，有效地减少了农户损失。十年来，昆明综合试验站在体系的支持下，在梨生产关键时期共开展培训 263 期，培训基层农技人员 2 432 人次，培训农户 10 376 人次，服务企业和合作社 18 个，培养了一批基层技术骨干和技术水平较高的农民，提升了产区农户的生产技术水平。如红河哈尼族彝族自治州泸西县梨农人均收入从 2 320 元提高到 3 110 元，稳定了农村人口，现该县从事梨果生产的大部分劳动者从以前的老弱妇转变为青壮年，这确实是可喜的现象，青壮年的回归必将促进云南梨产业得以继续发展，这也是体系工作成效的一个证明。

此外，在体系平台的推动下，体系各团队成员和示范县成员的业务能力也得到了较好的提升。体系凝聚了国内顶尖的梨产业技术专家，每年通过首席科学家和体系专家在各技术领域组织学术会议、成果展示和现场观摩，实现了科研、技术和经验的共享，使体系内的成员得到了宝贵的学习机会，有效地把握了学术前沿和动态，了解了国内外技术发展趋势以及现阶段产业发展新技术和新模式。这些活动具有前瞻性、针对性和系统性，对业务能力的提升很有帮助。人员业务能力的提升，也反映在全国梨产区技术的进步上，产量和品质的提高、区域品牌的日趋增多、市场梨产品的丰富多样，满足了人民日趋增长的消费需求，实现了梨业增效、梨农增收。

体系的成立和发展，让梨产业的科研人第一次有了家的感觉。在这个大家庭里，相互关心，人人互助，各学所长，共面难题，深深地感动了我，也给了我对中国梨产业赶超世界发达国家产业水平的信心。我相信，在我国梨体系和梨产业从业人员的共同努力下，未来的中国梨绝对是受世界喜欢和欢迎的水果产品之一。

防控酥梨黑皮病和推进优质

优价营销市场的体会

徐凌飞

杨凌综合试验站站长　西北农林科技大学

酥梨黑皮病是贮藏后期最常见的一种病害，不仅影响其外观品质，而且还会影响内在品质和商品价值。2006—2009年，酥梨黑皮病在陕西蒲城等产区严重发生，给客商和冷库造成了重大的经济损失，进一步影响到了果农收益和产业发展。当地有关部门、企业在2007年虽然组织多位专家调研酥梨黑皮病，但由于黑皮病发病原因比较复杂，问题一直没有得到解决。采后酥梨黑皮病使陕西蒲城产区整个产业链面临断裂的边缘，成为制约区域梨产业持续发展的突出问题。

杨凌综合试验站在开始建立时针对生产突出问题，把酥梨黑皮病防控作为试验站的一个核心工作，通过组织多方协作，收到了良好效果。一是试验站与梨体系岗位专家王文辉、关军锋以及苹果体系岗位专家任小林等到蒲城多家冷库企业进行深入调研，明确了黑皮病发病涉及栽培和贮藏等方面多种因素，防控需要果农、客商和冷库多方协作；二是试验站与体系多位专家密切协作，从栽培方面对果农培训，从收购和出售方面对经销商培训，从贮藏技术方面对冷库技术人员培训；三是试验站与多位专家协商制定黑皮病防控试验方案，安排研究生常年进驻蒲城的冷库企业开展试验。试验站通过多方人员多方面协作，有效防控了梨黑皮病，同期黑皮病发病率由20%～25%下降到2%～5%。

黑皮病问题给了我们很多启示，许多方面值得深思。过去产业面临的共性关键问题无人管或无力管，尤其是涉及产前、产中和产后的综合性产业问题。体系任务的核心是解决影响产业的关键问题，促进产业发展。体系能整合多种资源、协调多方力量，攻克区域性重大产业问题。

优质不优价是多年来产业面临的问题，影响技术示范，造成梨果品质下降，产业发展受阻。在调研中发现，客商抱怨果品质量参差不齐，影响销售，宁愿提高优质商品果收购价格，因为市场需要优质商品果，优质商品果的收益更大。开展小范围示范提升品质对引导优质优价市场作用不大。优质优价是市场规则，如何引导优质优价市场，进而引导果农注重提升梨果品质？

在防控梨黑皮病时，发现可溶性固形物含量高的优质果实贮藏到 5 月并没有发现黑皮病，而可溶性固形物含量低的果实在 3 月份黑皮病普遍发生。这个发现为试验站引导客商层面的优质优价提供了一个契机。另外，引导优质优价市场，要改变单纯以果重为指标的收购标准。

杨凌综合试验站联合蒲城地方管理部门、协会、企业、合作社，提升梨果品质，推进和建立优质优价营销市场。一是先后举办几次千人培训大会和各种形式的骨干培训、田间指导等，推行树体改造和生物有机肥配方施用等提升果实品质的技术；二是以核心会员为基础建立优质梨示范基地；三是试验站联合岗位专家开展公司、企业和经销商培训，指导客商从外观、内在品质上客观鉴别优质商品果，改变过去收购以果重分级的收购方式，采用以可溶性固形物含量为主的分级指标。培训当年，蒲城县的经销商、冷库、企业等就购买了 40 多个测糖仪。通过以上方面，保证了果品质量，提升了收购价格，果农高兴，客商满意，达到了多方共赢，促进了优质优价营销市场的形成。2012 年 9 月试验站在蒲城的企业、梨园等调研时，客商携带测糖仪收购梨果，以质定价，可溶性固形物含量在 10% ～ 11% 的，收购价格为 1.8 ～ 2.0 元/公斤，12% 以上的收购价格为 2.6 ～ 3.2 元/公斤。果农一亩地虽然多投资了几百元，但收益增加了上千元。目前，主产区蒲城优质优价营销市场已经基本形成，正在向周边产区普及推广。

综合试验站的工作涉及方方面面，有基础数据调查、突发事件处理以及试验站试验培训、示范基地建设等诸多任务，其核心是试验示范新品种和新技术，提升品质，促进产业发展和升级。虽然有些技术可以提升果实品质，但优质不优价，严重挫伤了果农的生产积极性。蒲城酥梨优质优价营销市场的引导形成主要是以酥梨采后黑皮病防控为契机，改变了市场上几十年的以单果重为收购唯一指标的情况，采用了以可溶性固形物含量为主的分级指标，引导了果农生产优质果的积极性，解决了客商优质果收购难以及黑皮病的问题，同时也为客商销售提供了分级标准。

十年体系情，陇原梨飘香

李红旭

兰州综合试验站站长　甘肃省农业科学院

我是甘肃省农业科学院林果花卉研究所的一名普通的科技人员，从事果树育种及栽培技术研究工作。2008 年，我有幸加入张绍铃教授担任首席的国家梨产业技术体系，成为兰州综合试验站站长，并组建了自己的研究团队。当时我的年龄只有 34 岁，在梨体系中算最小的一位，大家亲切地称呼我"小李"，从此，我便与梨体系、梨产业结下了不解之缘。

怀揣着梦想与希望，第一次与全国从事梨科研的专家们面对面交流，心中除了激动还有些许的忐忑，体系中有很多专家是各省农业科学院的知名专家，还有许多大学的院长、教授，他们都是农业科研领域的专家，而自己只是一位很普通的科技人员，一方面为自己能成为这个国家大平台的一员感到庆幸，另一方面又担心自己太年轻，缺乏经验而做不好体系的工作，不要辜负首席和各位专家的期望。

甘肃条山集团位于甘肃省景泰县，是一家从事果品生产的省级农业龙头企业，建有梨园 8 000 余亩，试验站建设之初，考虑到对产业的示范引领作用，将示范基地选在该企业。因为企业长期以来有自己的一套梨园管理方法，对外来的新品种、新技术并不认可，起初的试验示范工作并不顺利。但我们没有气馁，通过在梨园悬挂黄色诱虫板，帮助公司解决了多年以来的梨茎蜂防治难题，采用配方施肥技术不仅让梨园的化肥用量减少 20% 以上，而且使梨果可溶性固形物含量提高了 1 百分点，品质显著改善，为企业和果农节约了生产成本。这些技术的成功示范，彻底改变了企业领导和果农的观念，试验站的工作得到了认可和赞扬。

后来，当企业领导得知我站试验用地有困难时，主动为我们无偿提供了50 亩试验用地，并且为团队成员提供住宿和办公条件，全力支持我们开展新品种、新技术的试验示范。在公司的积极配合下，试验站先后在当地试验推广了黄冠、玉露香、红早酥、翠玉等新优品种，开展了梨密植省力栽培、梨树腐烂病综合防控、液体/壁蜂授粉、梨肥水一体化、郁闭低效梨园改造、修剪枝条堆肥还园利用、果园机械化管理等多项新技术，创建了"宽行密株+肥水一体化+机械化管理"的栽培新模式，建成了一批现代化高标准梨园。由于采用了新品种、新技术，生产基地平均亩产由建站前的 2 600 公斤增加到了 3 800 公斤，亩产值由 6 700 元提高到了 11 500 元，梨果品质显著提升，"条山"牌黄冠梨、早酥梨均通过国家绿色食品A级产品认证，"条山"品牌荣获"2015年中国十大梨品牌"。每年到公司观摩学习的农业企业技术人员、种植大户和果农上千人，示范带动效果显著。

静宁县位于甘肃省东部，属于雨养农业区，年降水量400毫米左右，多数梨园没有灌溉条件，降水不均衡导致每年发生春旱或春夏连旱，对梨树的生长和结果影响很大。2009 年开始，我们开展了旱地梨园垄膜集雨保墒技术试验示范，有效解决了当地梨园春季干旱的问题，并集成平衡施肥、病虫害绿色防控等技术，示范园较常规管理梨园增产 412 公斤/亩，优质果率提高 23%，实现了增产增优同步，示范户户均增收 6 000 元以上。该技术还被当地政府作为果园主推技术，在果业增效、果农增收、科技扶贫等方面起到了积极的作用。

十年综合试验站的工作，值得回忆的事情很多：静宁县果农孙定虎在我们的帮助下成立了"静宁县康源果业专业合作社"，带领示范户科学种梨；景泰县龙胜生态林果有限公司在我们的指导下，解决了梨园大小年结果问题，实现了连年增产增收；示范户鲁登元的梨园平均亩产达到了 4 900 公斤，成为当地小有名气的种梨专家；2017 年 6 月 29 日，静宁县界石铺镇梨园遭遇冰雹灾害，正当果农们一筹莫展时，试验站技术人员把减灾技术及肥料、农药送到了果农手中……

体系汇聚了国内多位著名专家，在与他们的合作试验和交流探讨中，我感受到了他们对事业的挚爱、对学术的严谨和对工作的负责，激励我尽自己所能把试验站工作做好。忘不了凌晨 5 时写完材料走下办公室，7 时又乘车去示范县，在车上补了两小时的睡眠后又开展冬剪培训……但是，当看到果农渴望学技术的眼神和学懂修剪技术时的那种喜悦时，心里觉得自己做的这一切真的很值。参加体系工作后，我经常深入生产一线，把更多的时间用于帮助企业、种植大户和果农解决生产难题，建设高标准示范园，开展新品种、新技术试验示范，为果农做技术培训，在开展产业基础数据调研和处理突发灾害等工作上，业务水平明显提高了，工作也得到了体系专家、单位领导和广大技术用户的认可。自 2012 年开始，我被甘肃省林业厅聘为"甘肃省林果产业科技专家"，"十二五"期间在梨体系试验站考评中排第二名，并先后被评为 2008—2009 年度甘肃省农业科学院先进工作者、2016 年甘肃省农业科学院优秀共产党员。

伴随着体系的发展，在个人成长的同时，试验站团队也得到了很好的锻炼和发展，2018 年团队承担了甘肃省重大专项梨课题的研究任务；累计发表各类研究论文 40 余篇，授权实用新型专利 2 项，获植物新品种权 2 项；在景泰建成 50 亩梨核心试验示范园，使试验站有了长期稳定的试验基地；组建了全省梨协作网，为三产区培养了一大批技术骨干。

十年体系工作，有过迷茫、有过气馁，但更多的是让我明确了目标，获得了自信，收获了喜悦。作为体系人，我们要不忘初心，牢记使命，始终保持刚加入体系的那种工作热情和干劲，一如既往地为我国梨产业服务。我是体系人，我骄傲！

附 录
梨产业技术体系主要成果清单 (2008—2018)

一、新品种

（一）育成的主要新品种（部分）

1．早酥蜜，2014 年，河南省林木品种审定委员会

2．中梨 4 号，2014 年，河南省林木品种审定委员会

3．红宝石，2016 年，河南省林木品种审定委员会

4．中梨 2 号，2016 年，河南省林木品种审定委员会

5．早红玉，2017 年，河南省林木品种审定委员会

6．玉香蜜，2018 年，河南省林木品种审定委员会

7．早红玉，2018 年，农业农村部非主要农作物品种登记

8．玉香蜜，2018 年，农业农村部非主要农作物品种登记

9．红酥宝，2018 年，农业农村部非主要农作物品种登记

10．红酥蜜，2018 年，农业农村部非主要农作物品种登记

11．丹霞红，2018 年，农业农村部非主要农作物品种登记

12．华香酥，2018 年，农业农村部非主要农作物品种登记

13．夏露，2013 年，江苏省农作物品种审定委员会

14．翠玉，2011 年，浙江省非主要农作物品种审定委员会

15．玉冠，2008 年，浙江省非主要农作物品种审定委员会

16．初夏绿，2008 年，浙江省非主要农作物品种审定委员会

17．冀玉，2009 年，河北省林木品种审定委员会

18．冀酥，2013 年，河北省林木品种审定委员会

19．寒酥，2010 年，吉林省农作物品种审定委员会

20．寒露，2010 年，吉林省农作物品种审定委员会

21．寒雅，2014 年，吉林省农作物品种审定委员会

22．秋玉，2014 年，山东省农作物品种审定委员会

23．青蜜，2014 年，山东省林木品种审定委员会

24．琴岛红，2017 年，山东省林木品种审定委员会

25．玉绿，2009 年，湖北省农作物品种审定委员会

26．玉香，2014 年，湖北省林木品种审定委员会

27．早伏酥，2012 年，安徽省园艺学会园艺作物品种认定委员会

28．徽源白，2013 年，安徽省园艺学会园艺作物品种认定委员会

29．徽香，2011 年，安徽省林木品种审定委员会

（二）获得的新品种权

1．新玉，2018 年

2．玉绿，2015 年

3．甜香梨，2014 年

4．金晶，2014 年

5．徽源白，2013 年

6．红早酥，2013 年

7．早伏酥，2012 年

8．徽香，2011 年

9．甘梨早 6 号，2011 年

10．早美香，2010 年

11．玉香，2016 年

12．金丰，2015 年

13．金鑫，2016 年

14．金蜜，2016 年

15．金昱，2018 年．

二、新技术、新工艺

（一）新技术

1．梨树砧木苗繁育技术

2．梨杂种实生苗提早结果技术

3．梨园大砧育苗建园技术

4．基于 DNA 分子标记的梨品种鉴别技术

5．低产梨园改造关键技术

6．梨树新型高效嫁接技术

7．梨树倒"个"形树形及其整形修剪技术

8．梨树"3+1"树形及其整形修剪技术

9．梨树宽行密植圆柱形树形及其整形修剪技术

10．梨树双臂顺行式棚架整形修剪技术

11．大棚梨省力化栽培技术

12．梨园生草覆盖技术

13．干旱半干旱地区梨园节水灌溉技术

14．梨二次开花防控技术及补救方法

15．梨省力化授粉技术

16．梨花粉采集与贮藏技术

17．梨果实脱萼技术

18．梨果套袋技术

19．梨疏果技术

20．促进红色砂梨着色技术

21．梨树枝条修剪堆肥技术

22．梨树有机堆肥制作技术

23．梨园肥效高效利用的"施肥枪"使用技术

24．梨园平衡施肥与缺素症矫治技术

25．梨黑星病、炭疽病、轮纹病、黑斑病和枝枯病早期诊断技术

26．主要病原真菌快速检测技术

27．病毒检测与脱除技术

28．梨小食心虫生物防控技术

29．梨木虱省力化防控技术

30．梨黑斑病、黑星病、腐烂病生物防治技术

31．梨果面花斑病综合防控技术

32．梨黑心病、虎皮病采后综合防控技术

33．梨果质量安全溯源技术

34．梨包装、冷链运输及货架期管理技术

35．梨贮运伤害预警监测技术

36．梨贮藏和果汁加工过程的HACCP控制技术

37．套袋黄冠梨果面花斑病成因及综合防控技术

38．红色砂梨着色改善技术

39．单性结实技术

40．梨树病虫害绿色减量控制技术

41．梨园"3次用药"技术

42．北方非套袋梨园病虫综合防控技术

43．不套袋梨园的减药技术

44．低乙烯和包装技术

45．低温调节控制技术

46．基于移动质谱技术的梨果中农药残留现场快速检测技术

47．梨树形筛选与轻简化整形修剪技术

48．梨缺铁性黄化病矫治技术

49．酥梨采后黑皮病综合防控技术

50．密闭酥梨园改造Y形技术

51．酥梨单性结实诱导技术

52．西洋梨矮化栽培技术

53．西洋梨红星采后保鲜技术

54．旱地梨园垄膜保墒集雨技术

55．梨树高接换优技术

56．梨树腐烂病综合防控技术

（二）新设备、新产品（部分）

1．3WGF-300A履带自走式果园风送喷雾机

2．3WQF-1000牵引式风送喷雾机

3．果园简易高效喷雾设备

4．悬挂式枝条粉碎机

5．牵引式枝条粉碎机

6．梨树授粉器

7．梨果脱萼剂

8．梨花脱药机

9．促生微生物有机肥产品

10．有机-无机平衡肥料

11．施肥枪

12．HSAF生防制剂水剂

13．HSAF生防制剂凝胶剂

14．半干型梨醋

15．高 γ -氨基丁酸梨酒

16．保鲜纸

17．梨病毒病快速诊断试剂

（三）新工艺

1．梨汁和梨醋膜除菌工艺

2．半干型梨醋发酵制备工艺

3．高 γ-氨基丁酸梨酒发酵工艺

4．梨果酒生产工艺流程

（四）中试线及生产线

1．有机-无机平衡肥中试线

2．HSAF 生防制剂中试线

3．梨树复合微生物肥料生产线 1 条，2014 年，应用于江苏省江阴市联业生物科技有限公司，徐阳春

4．梨罐头生产线 1 条，2010 年，应用于湖北仙仙果品有限公司

三、技术规程与标准

1．农作物优异种质资源评价规范 x 梨，NY/T 2032—2011

2．梨种质资源描述规范，NY/T 2922—2016

3．梨品种 DNA 指纹图谱鉴别规范，DB32/T 2089—2012

4．梨黑星病鉴定与评价技术规程，DB32/T 2090—2012

5．梨高接换种操作技术规程，DB41/T 1008—2015

6．早冠梨无公害生产技术规程，DB13/T 1428—2011

7．无公害果品皇冠梨生产技术规程，DB13/T 936—2008

8．无公害农产品—寒酥梨生产技术规程，DB22/T 2349—2015

9．无公害食品—寒红梨生产技术规程，DB22/T 1153—2009

10．白梨花粉，DB13/T 1402—2011

11．梨省力高效栽培模式 第 1 部分：梨大砧建园技术规程，DB13/T 2042.1—2014

12．梨省力高效栽培模式 第 2 部分：梨园黑麦种植及利用技术规程，DB13/T 2042.2—2014

13．梨省力高效栽培模式 第 3 部分：雪青梨叶片营养水平标准，DB13/T 2042.3—2014

14．鸭梨优质丰产叶片主要矿质营养含量，DB13/T 1016—2009

15．梨高接换种技术规程，DB32/T 1413—2009

16．梨果实石细胞含量的测定方法，DB32/T 1415—2009

17．梨树"倒伞形"整形修剪技术规程，DB32/T 2085—2012

18．梨花粉制备与质量要求，DB32/T 2086—2012

19．梨树施肥技术规程，DB32/T 2087—2012

20．"梨－禽"种养结合生产技术规程，DB32/T 2088—2012

21．梨果实主要风味品质的测定—HPLC法，DB32/T 2385—2013

22．梨树蜜蜂授粉技术规程，DB32/T 2386—2013

23．梨树矮化密植栽培技术规程，DB32/T 2388—2013

24．翠冠梨套袋技术规程，DB32/T 1412—2009

25．玉绿梨生产技术规程，DB42/T 597—2010

26．湖北省梨高接换种技术规程，DB42/T 696—2011

27．早熟 梨鲜果，DB42/T 904—2013

28．砂梨套袋栽培技术规程，DB42/T 930—2013

29．砂梨生产技术规程，DB42/T 931—2013

30．砀山酥梨病虫害防控技术规程，DB34/T 1138—2010

31．砀山酥梨采收及商品化处理技术规程，DB34/T 1139—2010

32．绿色食品（A级）砀山酥梨生产技术规程，DB34/T 2248—2014

33．梨腐烂病防控技术规程，DB34/T 2249—2014

34．梨树育苗技术规程，DB34/T 2250—2014

35．适于机械作业的梨轻简化栽培技术规范，DB3305/T69—2018

36．酥梨炭疽病综合防控技术规程，DB32/T 2310—2013

37．梨树腐烂病综合防控技术规程，DB32/T 2969—2016

38．梨黑斑病综合防控技术规程，DB32/T 2970—2016

39．梨贮藏保鲜技术规程，DB11/T 772—2010

40．梨冷链运输技术规程，DB13/T 2009—2014

41．绿色食品红色砂梨，DB53/T 287—2009

42．高原特色农产品红色砂梨，DB53/T 600—2014

43．砂梨苗木繁育技术规程，DB32/T 1498—2009

44．初夏绿梨生产技术规程，DB32/T 3106—2016

45．梨品种 苏翠 1 号，DB32/T 3240—2017

46．梨采后商品化处理技术规程，DB42/T 1101—2015

47．砂梨标准园建设规范，DB42/T 748—2011

48．金晶梨栽培技术规程，DB42/T 883—2013

49．华梨 1 号栽培技术规程，DB42/T 884—2013

50．砂梨苗木繁育技术规程，DB42/T 957—2014

51．库尔勒香梨测产技术规程，DB65/T 3290—2011

52．梨高接换种技术规程，DB 21/T 2416—2015

53．早熟梨生产技术规程，DB 21/T 2805—2017

54．绿色食品白银市黄冠梨生产技术规程，DB62/T 1800—2009

55．地理标志产品蒲城酥梨，DB 61/T 522—2011

56．酥梨标准综合体，DB61/T 523.01 ～ 05—2011

57．自花结实梨宽行密植栽培技术规程，DB 34/T 2894—2017

58．翠冠梨生产技术规程，DB51/T 1648—2013

59．梨拱形棚架栽培技术规程，DB32/T 1860—2011

60．果园风送式喷雾技术规程，DB32/T 2246—2012

61．梨人工授粉技术规程，SDNYGC-1-4028—2018

62．梨疏花疏果技术，SDNYGC-1-4029—2018

63．梨果套袋技术规程，SDNYGC-1-4030—2018

64．梨采收技术规程，SDNYGC-1-4031—2018

65．梨园安全生产基础防控技术规程，SDNYGC-1-4032—2018

66．梨春季防冻减灾技术规程，SDNYGC-1-4035—2018

67．梨苗木繁育技术规程，T/SDAS 38—2018

68．梨园生草技术规程，T/SDAS 39—2018

69．梨园施肥技术规程，T/SDAS 40—2018

70．梨纺锤形整形修剪技术规程，T/SDAS 41—2018

71．鸭梨病虫害绿色防控技术规程，T/SDAS 42—2018

72．梨建园技术规程，T/SDAS 43—2018

73．丰水梨生产技术规程

74．风送式果园喷雾机

75．果园风送喷雾机田间操作规程

76．果园风送喷雾机田间作业质量评定

77．梨木虱绿色防控技术规范

78．果树枝条粉碎技术规程

79．梨网架栽培整形技术规程

80．梨果套袋技术规程

81．梨采收技术规程

82．梨春季防冻减灾技术规程

83．梨水平棚架栽培技术规程

84．苹果梨授粉用花粉

85．无公害农产品苹果梨生产技术规程

86．玉露香梨贮藏技术规程

四、专利、软件著作权

（一）获得授权的专利（部分）

1．一种节本增效的梨树液体授粉方法，ZL 201110234023.5

2．长期贮藏梨花粉种质的方法，ZL 201010256231.0

3．一种提高梨果实脱萼率的方法，ZL 201010522173.1

4．一种提取梨花粉管细胞核的方法，ZL 201110402964.5

5．一种梨树倒"个"形树形及其整形方法，ZL 201210163656.6

6．梨树3加1树形及其整形方法，ZL 201010230570.1

7．花粉辐射诱变创制梨S基因纯合体新种质的方法，ZL 201010121729.6

8．一种测定果实体积的方法，ZL 201010230591.3

9．一种防治梨早期落叶的方法，ZL 201310079186.X

10．一种提高贮后南果梨香气的方法，ZL 201110234357.2

11．一种提高梨果实货架期香气的方法，ZL 201110233648.X

12．一种提高梨果实中香气和钙含量的方法，ZL 201210376266.7

13．八月红梨果实可溶性糖含量的分子标记，ZL 201010596658.5

14．砀山酥梨果实石细胞含量主效QTL的分子标志，ZL 201010551041.1

15．八月红梨果实可滴定酸含量的分子标记，ZL 201010597462.8

16．八月红梨果实单果重主效QTL的分子标记及其应用，ZL 201110031864.6

17．八月红梨果实石细胞含量的分子标记，ZL 201010551057.2

18．梨果实加工能力评价的生理标记方法，ZL 201010256219.X

19．一种梨果实内韧皮部同化物卸载路径的荧光示踪方法，ZL 201110402781.3

20．一种提取梨果实蔗糖转化酶及其活性测定方法，ZL 201210178966.5

21．用氯化羟胺快速解除杜梨种子休眠的方法，ZL 200910032894.1

22．用丙二酸钠解除梨种子休眠促进发芽的方法，ZL 200910032895.6

23．一种从果实表皮中提取花色素苷的方法，ZL 201210161699.0

24．一种梨茎尖组织培养快速繁殖方法，ZL 201210162238.5

25．一种梨果实果梗长度主效QTL位点的SNP分子标记方法及其应用，ZL 201410014478.X

26．一个基于高分辨率溶解曲线鉴定梨果皮红绿色泽的SNP标记及其应用，ZL 201310343634.2

27．一种梨果实纵径主效QTL位点的SNP标记方法及其应用，ZL 201410014479.4

28．砀山酥梨果实单果重主效QTL的分子标记及其应用，ZL 201110031842.X

29．一种梨芽苗建园早期丰产方法，ZL 201510960007.2

30．一种防治红香酥梨组培快繁过程中蓟马污染的方法，ZL 201510232397.1

31．一种梨果实脱萼疏花防病剂及其使用方法和应用，ZL 201410079436.4

32．西洋梨省力化早结果整形修剪方法，ZL 201210536077.1

33．一种分离植物或微生物总RNA的试剂组合物及其制备方法，ZL 201010509840.2

34．一种真菌病毒双链RNA快速提取试剂盒及其应用，ZL 201310072994.3

35．一种北方梨园病虫害综合防控方法，ZL 201310529371.4

36．一种黄冠梨的贮藏保鲜综合处理方法，ZL 201310029929.2

37．砂梨杂交种催芽育种的方法，ZL 200910061395.6

38．一种促进梨幼树提早结果的方法，ZL 201110169199.7

39．一种梨种质抗黑斑病鉴定的方法，ZL 201210132181.4

40．一种快速制作梨花粉的方法，ZL 20131018729.7

41．一种提高砂梨杂交种子成苗率及苗木质量的方法，ZL 201310314625.0

42．一种克服梨自交不亲和性的育苗方法，ZL 201310180730.X

43．一种控制梨因叶早衰脱落而再度开花结果的方法，ZL 201310295166.6

44．用于梨树授粉的诱导剂，ZL 201310143171.5

45．一种苹果、梨贮藏保鲜二段复合预处理方法，ZL 200910227838.3

46．一种抑制五九香梨果实褐变的方法，ZL 201210263154.0

47．一种苹果、梨保鲜剂及其使用方法，ZL 201410248471.4

48．一种枯草芽孢杆菌、其菌剂以及其制剂在水果保鲜领域的应用，ZL 201010197538.8

49．一种半干型梨醋的制备方法，ZL 201210377925.9

50．一种高 γ- 氨基丁酸梨酒的酿造方法，ZL 201410717154.2

51．亚洲梨火疫病菌的检测试剂盒及其检测方法，ZL 200910030132.8

52．产酶溶杆菌 OH11 中一种抗真菌和卵菌活性代谢产物及其分离方法，ZL 201410823196.4

53．一株能防治植物细菌病害的产酶溶杆菌无标记工程菌株构建与应用，ZL 201210489244.1

54．用于梨轮纹病菌检测的引物对及检测方法，ZL 201510820658.1

55．一种防治梨树腐烂病的生物杀菌剂及其生产方法，ZL 201610294430.8

56．一种响应面法优化产酶溶杆菌 OH11 生产活性抗菌物质 HSAF 的方法，ZL 201710311693.X

57．一种快速高效提取发酵液中活性抗菌物质 HSAF 的方法，ZL 201710311929.X

58．一种含苯醚甲环唑和生物抗菌物质 HSAF 的杀菌组合物及其应用，ZL 201711021678.8

59．一种含咪酰胺和生物抗菌物质 HSAF 的杀菌组合物及其应用，ZL 201711021660.8

60．白前提取物在防治梨木虱中的应用，ZL 201310153472.6

61．一种诱集梨木虱若虫的方法，ZL 201510390875.1

62．一种用中华草蛉防治梨二叉蚜的方法，ZL 201510712703.1

63．一种梨小食心虫性信息素增效诱芯及其用途，ZL 201410074987.1

64．一种梨小食心虫性信息素增效剂及其制备方法，ZL 201410503260.0

65．一种新型棚架梨树树形及其整形方法，ZL 201310004696.0

66．一种棚架梨树主枝快速上架法，ZL 201310004697.5

67．一种新型棚架梨树结果枝组及培养方法，ZL 201310010694.2

68．一种棚架梨树结果枝组的更新方法，ZL 201310742493.1

69．两种树形梨不同发育时期叶组织的荧光定量内参基因及其引物和应用，ZL 201711227896.7

70．一种利用化学药剂促进红色砂梨着色的方法，ZL 201210168149.1

71．一种诱导梨单性结实的方法，ZL 201210168149.1

72．一种采后诱导红色砂梨着色的方法，ZL 201210148097.1

73．一种利用超高效液相色谱电喷雾串联质谱检测梨内源激素的方法，ZL 201310257709.5

74．一种诱导梨无籽早熟的方法，ZL 201410057840.1

75．梨新型果实膨大剂及其使用方法，ZL 201310335238.5

76．梨树多功能生长调节剂组合物及使用方法，ZL 20140636441.0

77．一种梨树精准施氮技术，ZL 201611096647.4

78．一株梨树枝条降解真菌及其菌剂，ZL 201410228275.0

79．一种南方砂梨返花返青的预测方法，ZL 201210475268.1

80．一种梨树双扇形有架栽培树形及其整形方法，ZL 201510523249.5

81．梨树生长期、休眠期全程膜下滴灌栽培方法，ZL 201310017300.6

82．延长砂梨保鲜期的处理方法，ZL 201010533360.X

83．一种砂梨果树育苗方法及其专用育苗池，ZL 201410281269.1

84．一种梨园中棚架梨整形的方法，ZL 201410281446.6

85．高位定位嫁接棚架梨快速成型的栽培方法，ZL 201310729990.8

86．一种杜梨组培快繁方法，ZL 201310338402.8

87．在蔷薇科植物多次继代培养中降低出现玻璃化的快繁育苗方法，ZL 201010518032.2

88．梨试管苗的生根培养方法及培养基，ZL 201410419152.5

89．一种早熟梨茎段的组织培养方法及培养基，ZL 201410420032.7

90．一种恢复豆梨玻璃化试管苗的方法，ZL 201010592325.5

91．预防梨树早期落叶的液体肥料及其制备方法和应用，ZL 201410618101.5

92．一种梨树快速杂交育种方法，ZL 201210314101.7

93．利用O3气体和低温减压方式延长砂梨保鲜期的方法，ZL 201110336575.7

94．一株大肠埃希氏菌工程菌及其制备方法和应用，ZL 201310239938.4

95．降低蔷薇科果树砧木地上部重金属镉积累的方法，ZL 201010248393.X

96．一种用于区分梨品种的RAPD引物及其应用，ZL 201510068141.1

97．一种梨杂交种苗遗传纯度的鉴定方法，ZL 201510203330.5

98．一种高龄梨树改良换种的方法，ZL 201510561984.5

99．用于盐碱地种植的梨树肥料组合物，ZL 201410114301.7

100．用于提高大田种植梨树抗逆性的肥料组合物，ZL 201410114254.6

101．一种提高套袋鸭梨果实香气的方法，ZL 2014110562837.5

102．基于双层水平臂形的果树形及树形整形方法，ZL 201510262500.7

103．新型授粉器，ZL 201220300881.5

104．新型体积测定仪，ZL 201220055581.5

105．一种嫁接工具，ZL 20122024490.6

106．一种嫁接剪，ZL 20122024456.3

107．一种可调式果树双刃嫁接刀，ZL 201420531267.9

108．双温双控植物培养箱，ZL 201420564337.0

109．一种扦插箱，ZL 201520041397.9

110．一种果树对靶喷雾控制系统，ZL 201620361345.4

111．一种果树靶标探测系统，ZL 201620124801.3

112．一种农用车自主导航控制电路，ZL 201620361343.5

113．一种微型施肥机，ZL 201620423428.1

114．内置磁流变液制动器的气动马达，ZL 201520943947.6

115．一种自动避障果园多功能割草喷药装置，ZL 201520962381.1

116．一种可避障牵引式果园除草机，ZL 201521027368.3

117．一种便携式果园风送喷雾机雾量分布检测装置，ZL 201620706764.7

118．一种多节臂仿形疏花疏果装置，ZL 201720201022.3

119．一种植物种子喷药装置，ZL 201720200965.4

120．一种雾滴沉积均匀性检测装置，ZL 201720867117.9

121．一种微型施肥机，ZL 201730064190.8

122．一种压电二相流超声雾化喷头，ZL 201621362972.6

123．一种二次雾化两相流喷头，ZL 201621355405.8

124．一种搂草机作业性能检测用辅助装置，ZL 201721475114.7

125．一种推拨防飘喷杆，ZL 201720498249.9

126．一种割草机倾斜报警装置，ZL 201720210050.1

127．一种水肥气智能调控系统，ZL 201410192812.0

128．果园作业机（GYPT-00），ZL 201730064190.8

129．一种手推式电动割草机控制系统，ZL 201610529775.7

130．一种可避障牵引式果园除草机及方法，ZL 201510916296.6

131．一种自动避障果园多功能割草喷药装置及方法，ZL 201510843701.6

132．一种红色砂梨采后着色装置及方法，ZL 201110027653.5

133．便携式花粉药液授粉喷雾器，ZL 201210069313.3

134．枝条矫正器，ZL 201410282194.9

135．一种梨树拉枝装置，ZL 201320159871.9

136．选果机下料装置，ZL 201320552910.1

137．水果包装系统，ZL 201320552726.7

138．一种包装水果分拣台，ZL 201320553038.2

139．一种水果包装箱，ZL 201320552755.3

140．新型育苗架，ZL 201620511304.9

141．简易肥水一体化装置，ZL 201620511347.7

142．环剥刀，ZL 201620851784.3

143．去雄刀，ZL 201620851797.0

144．用于密植梨园的拉枝整形装置，ZL 201320536467.0

145．用于密植梨园的搬运装置，ZL 201420138100.6

146．用于密植梨园的喷药管的支架，ZL 201420138132.6

147．用于果树幼苗的防护装置，ZL 201320133418.0

148．用于黄金梨的套袋，ZL 201320133576.6

149．水果采样器，ZL 201510290687.1

150．一种植保无人机，ZL 201620336403.8

151．一种新型改良梨树平棚架式，ZL 201320006399.5

152．一种果树主干形树体固定结构，ZL 201620128198.6

153．一种梨树刻芽刀，ZL 201720277819.1

154．一种Y形整形装置，ZL 201420457670.1

155．用于果园中的草籽播种装置，ZL 201420807161.7

156．用于果园的防鸟网的架设装置，ZL 201420807149.6

157．用于果园的肥水渗透装置，ZL 201420807146.2

158．用于果园的驱鸟装置，ZL 201620343480.6

159．一种台阶式果树用授粉挤压瓶，ZL 201620396463.9

160．一种梨园的果实套袋装置，ZL 201620463131.8

161．一种梨园的果实采摘装置，ZL 201620463128.6

162．可搭载授粉器械的梨园自走式授粉装置，ZL 201620343482.5

163．自动化的吸入式梨子采收装置，ZL 201620343479.3

164．一种果园自动化喷药装置，ZL 201620803967.8

165．一种用于果园的节水自动灌溉系统，ZL 201620804227.6

166．一种果树枝条的加工装置，ZL 201621258272.2

167．一种多功能分果器，ZL 201621272279.X

168．一种多功能果园土壤疏松机，ZL 201720258194.4

169．一种梨的加工系统，ZL 201720289340.X

170．用于果园的修理工具装置，ZL 201720416871.0

171．用于果树刻芽的剪刀装置，ZL 201720416855.1

172．用于果树的防冰雹装置，ZL 201720416866.X

173．基于立体作业的果园喷药装置，ZL 201721074493.9

174．一种适用于观光果园的拱形棚架，ZL 201721125038.7

175．一种梨树避雨棚，ZL 201520445775.X

176．一种测定砀山酥梨休眠进程的装置，ZL 201620511175.3

177．一种应用于砀山酥梨早春防冻设施中的供水系统，ZL 201620479748.9

178．一种防止砀山酥梨花期冻害的装置，ZL 201620667462.3

179．一种应用于砀山酥梨早春防冻设施中的喷水管道装置，ZL 201620479765.2

180．一种苗木栽植固定装置，ZL 201520809147.5

（二）获得的软件著作权

1．梨树授粉品种自动配置系统软件 V1.0（登记号：2015SR005628）

2．产业数据管理系统 V1.0（登记号：2014SR116442）

3．砀山酥梨黑星病综合管理专家系统 V1.0（登记号：2010SR044650）

4．营养诊断与矫治专家系统软件 V1.0（登记号：2011SR071262）

5．梨树平衡施肥专家系统 V1.0（登记号：2012SR122197）

6．梨树整形修剪仿真系统软件 V1.0（登记号：2012SR002262）

7．梨树地理信息系统 V1.0（登记号：2014SR003127）

8．梨树平衡施肥专家系统 V2.0（登记号：2015SR016122）

9．机器视觉变量施药系统（登记号：2016SR248706）

10．农机装备工况多功能高速测试平台（登记号：2016SR338631）

11．农业车辆自主导航控制系统平台 V1.0（登记号：2017SR311917）

12．串口 8 通道模拟量信号采集系统 V1.0（登记号：2017SR599778）

13．基于 RS232 串口通信的数字信号控制与检测系统 V1.0（登记号：2017SR649841）

14．基于 WIFI 通信的信号检测系统 V1.0（登记号：2017SR649848）

15．16 路模拟传感信号专用检测系统 V1.0（登记号：2017SR599772）

16．通用模拟量采集系统（简称：采集系统）V1.0（登记号：2017SR033229）

17．农用车辆制动校核计算系统软件 V1.0（登记号：2017SR285551）

18．梨果实成熟度快速判定系统 V1.0（登记号：2018SR272157）

19．冀农绿色果品质量安全追溯系统软件 V1.0（登记号：2010SR026120）

20．梨采后商品化处理与贮藏技术在线服务平台 V1.0（登记号：2018SR272691）

21．激光测距系统 V1.0（登记号：2018SRBJ0779）

22．无人机路径规划地面站系统 V1.0（登记号：2018SRBJ0419）

23．多自由度数据采集自动控制系统（登记号：2018SRBJ0257）

24．梨树叶片氮含量无损诊断系统 V1.0（登记号：2016R11L731050）

25．梨园土壤丰缺度查询系统（软著登字第 2749522 号）

26．梨树病害图文数据库系统（软著登字第 2753994 号）

27．梨园昆虫查询系统（软著登字第 2749572 号）

28．果树物联网综合控制系统（软著登字第 1305106 号）

29．砀山酥梨精细化种植管理系统（软著登字第 1301953 号）

30．黄金梨果实二次套袋技术的演示系统 V1-0（登记号：2015SR199685）

31．梨园种植毛叶苕子技术的演示系统 V1-0（登记号：2015SR199865）

32．防止梨果实裂果方法的演示系统 V1-0（登记号：2016SR389204）

33．梨园科学用药调查分析软件 V1-0（登记号：2016SR347090）

34．梨园自然生草技术的演示系统 V1-0（登记号：2016SR066739）

35．密植梨园 Y 形整形演示系统 V1-0（登记号：2016SR389208）

36．适于多种果树 RNA 快速提取方法的演示系统 V1-0（登记号：2016SR389214）

37．防治梨树黄叶病演示系统 V1-0（登记号：2017SR374654）

38．梨树纺锤形整形修剪技术的演示系统 V1-0（登记号：2017SR027039）

39．梨树高接演示系统 V1-0（登记号：2017SR400276）

40．梨果实套袋技术信息管理系统 V1-0（登记号：2015SR2019009）

41．丰水梨果实套袋技术的演示系统 V1-0（登记号：2016SR070430）

42．梨园生态环境安全评价系统 V1-0（登记号：2017SR035879）

43．梨树安全生产专家决策系统 V1-0（登记号：2017SR034216）

44．梨树盘状树形整形修剪技术演示系统 V1-0（登记号：2017SR027042）

45．梨树双层水平臂形整形修剪技术演示系统 V1-0（登记号：2017SR029561）

五、论著

（一）发表的代表性论文（部分）

1. Wu J, Wang Z W, Shi Z B, et al. The genome of pear (Pyrus bretschneideri Rehd.). Genome Research (Impact Factor: 13.85), 2012, 11/2012; 23(2). DOI: 10.1101/gr.144311.112.

2. Zhang R P, Wu J, Li X G, et al. An AFLP, SRAP, and SSR Genetic Linkage Map and Identification of QTLs for Fruit Traits in Pear (Pyrus L.). Plant Molecular

Biology Reporter, 2013; 31 (3): 678.

3. Yang Y N, Zhao G, Yue W Q, et al. Molecular cloning and gene expression differences of the anthocyanin biosynthesis-related genes in the red/green skin color mutant of pear (Pyrus communis L.). Tree Genetics & Genomes, 2013, 9 (5): 1351.

4. Wu J, Zhao G, Yang Y N, et al. Identification of differentially expressed genes related to coloration in red/green mutant pear (Pyrus communis L.). Tree Genetics & Genomes, 2013, 9: 75-83 DOI 10.1007/s11295-012-0534-3.

5. Qi X X, Wu J, Wang L F, et al. Identifying the candidate genes involved in the calyx abscission process of'Kuerlexiangli'(Pyrus sinkiangensis Yu) by digital transcript abundance measurements. BMC Genomic, 2013, 14: 727

6. Qin G H, Tao S T, Cao Y F, et al. Evaluation of the volatile profile of 33 Pyrus ussuriensis cultivars by HS-SPME with GC-MS. Food Chemistry, 2012, 134 (4): 2367

7. Cao Y, Tian L, Gao Y, et al. Evaluation of genetic identity and variation in cultivars of Pyrus pyrifolia (Burm.f.) Nakai from China using microsatellite markers. Journal of Horticultural Science & Biotechnology, 2011, 86 (4): 331.

8. Hu Z J, Zhao X L, Li Y S, et al. Maternal care in the parasitoid Sclerodermus harmandi (Hymenoptera: Bethylidae). PLOS ONE, 2012, 12, 7(12): e51246. DOI: 10.1371 /journal.pone.0051246.

9. Cao J J, Li J, Niu J Q, et al. Population Structure of Aphis spiraecola (Hemiptera: Aphididae) on Pear Trees in China Identified Using Microsatellites. Journal of Economic Entomology, 2012, 105(2): 583-591.

10. Li J, Cao J, Niu J, et al. Identification of the population structure of Myzus persicae (Hemiptera: Aphididae) on peach trees in China using microsatellites. Journal of Insect Science, 2015, 15(1): 73.

11. Yu H L, Feng J L, Zhang Q W, et al. (Z)-3-hexenyl acetate and 1-undecanol increase male attractive to sex pheromone trap in Grapholita molesta (Busck) (Lepidoptera: Tortricidae). International Journal of Pest Management, 2015, 61(1): 30-35.

12. Heng W, Liu L, Wang M D, et al. Differentially expressed genes related to the formation of russet fruit skin in a mutant of 'Dangshansuli' pear (Pyrus bretchnederi Rehd.) determined by suppression subtractive hybridization. Euphytica,

2014, 196, (2): 285-297.

13. Liu P, Xue C; Wu T T, et al. Molecular Analysis of the Processes of Surface Brown Spot (SBS) Formation in Pear Fruit (Pyrus bretschneideri Rehd. cv. Dangshansuli) by De Novo Transcriptome Assembly. PLOS ONE, 2013, 8 (9).

14. Heng W, Jia B, Zhu, L W, et al. Identification of a suspected pathogen of Chinese pear (Pyrus bretshneideri Redh.) 'Dangshansuli' and fungicide screening. journal of horticultural science & biotechnology, 2011, 86 (4): 343.

15. Tan T R, Wang L P, Hong N, et al. Enhanced efficiency of virus eradication following thermotherapy of shoot-tip cultures of pear. Plant Cell, Tissue and Organ Culture, 2010, 101, (2), 229-235.

16. Song Y S, Hong N, Wang L P, et al. Molecular and serological diversity in Apple chlorotic leaf. European Journal of Plant Pathology, 2011, 130(2): 183-196.

17. Hu G J, Hong N, Wang L P, et al. Efficacy of virus elimination from in vitro-cultured sand pear (Pyrus pyrifolia) by chemotherapy combined with thermotherapy. Crop Protection, 2012, 37: 20.

18. Wang L P, Hong N, Matic S, et al. Pome fruit viruses at the Canadian Clonal Genebank and molecular characterization of Apple chlorotic leaf spot virus isolates. Scientia Horticulturae, 2011, 130 (3): 665.

19. Wang L P, Jiang J J, Wang Y F, et al. Hypovirulence of the phytopathogenic fungus Botryosphaeria dothidea: association with a co-infecting chrysovirus and a partitivirus. Journal of Virology, 2014, 88 (13): 7517.

20. Song Y, Fan L, Chen H; et al. Identifying genetic diversity and a preliminary core collection of Pyrus pyrifolia cultivars by a genome-wide set of SSR markers. Scientia Horticulturae, 2014, 167: 5.

21. Fan L, Zhang M Y, Liu Q Z, et al. Transferability of newly developed pear ssr markers to other rosaceae species. Plant Molecular Biology Reporter, 2013, 31: 586. DOI: 10.1007/s11105-013-0586-z.

22. Zhang M Y, Fan L, Liu Q Z, et al. A Novel Set of EST-derived SSR Markers for Pear and Cross-species Transferability in Rosaceae. Plant Mol Biol Rep, 2014, 32: 290-302.

23. Song X H, Xie K, Dong C X, et al. Effects of Different Organic Fertilizers

on Tree Growth, Yield, Fruit Quality, and Soil Microorganisms in a Pear Orchard. European Journal of Horticulture Science, 2012, 77 (5): 204-210.

24. Wang J, Zhao H B, Shen C W, et al. Determination of nitrogen concentration in fresh pear leaves by visible/near-infrared reflectance spectroscopy. Agronomy J, 2014, 1867-1872.

25. Wang Y Z, Dai M S, Zhang S J, et al. Exploring the hormonal and molecular regulation of sand pear (Pyrus pyrifolia) seed dormancy. Seed Sci Res, 2013, 23.

26. Wang Y Z, Dai M S, Zhang S J, et al. Exploring Candidate Genes for Pericarp Russet Pigmentation of Sand Pear (Pyrus pyrifolia) via RNA-Seq Data in Two Genotypes Contrasting for Pericarp Color. PLOS ONE, 2014, 9(1).

27. Wang Y Z, Zhang S J, Dai M S, et al. Pigmentation in sand pear (Pyrus pyrifolia) fruit: biochemical characterization, gene discovery and expression analysis with exocarp pigmentation mutant. Plant Mol Bio, 2014, 85(1).

28. Niu Q, Wang T, Li J, et al. Effects of Exogenous GA4+7 and N-(2-chloro-4-pyridyl)-N'-phenylurea on induced parthenocarpy and fruit quality in Pyrus pyrifolia 'Cuiguan'. Plant Growth Regulation, 2015, 76: 21-258.

29. Qian M, Sun Y, Allan A, et al. The red sport of 'Zaosu' pear and its red-striped pigmentation pattern are associated with demethylation of the PyMYB10 promoter. Phytochemistry, 2014, 107: 16-23.

30. Li G, Jia H, Li J, et al. Emission of volatile esters and transcription of ethylene- and aroma-related genes during ripening of 'Pingxiangli' pear fruit (Pyrus ussuriensis Maxim). Scientia Horticulturae, 2014, 170: 17-23.

31. Qian M, Yu B, L X, et al. Isolation and expression analysis of anthocyanin biosynthesis genes from the red Chinese sand pear, Pyrus pyrifolia Nakai cv. Mantianhong, in response to methyl jasmonate treatment and UV-B/VIS conditions. Plant Molecular Biology Reporter, 2014, 32: 48-437.

32. Teng Y, Chen L, Cai D, et al. Effect of reflective film on sugar accumulation and sucrose-metabolizing enzyme activities of 'Cuiguan' pear under plastic tunnel culture. Acta Horticulturae, 2014, 1015: 59-66.

33. Sun Y, Qian M, Wu R, et al. Postharvest pigmentation in red Chinese

sand pears (Pyrus pyrifolia Nakai) in response to optimum light and temperature. Postharvest Biology and Technology, 2014, 91: 64-71.

34. Zhang D, Qian M, Yu B, et al. Effect of fruit maturity on UV-B-induced post-harvest anthocyanin accumulation in red Chinese sand pear. Acta Physiologiae Plantarum, 2013, 35 (9): 2857-2866.

35. Li G, Wu R, Jia H, et al. Changes in volatile organic compound composition during the ripening of 'Nanguoli' pears (Pyrus ussuriensis Maxim) harvested at different growing locations. The Journal of Horticultural Science & Biotechnology, 2013, 88 (5): 563-570.

36. Qian M, Zhang D, Yue X, et al. Analysis of different pigmentation patterns in 'Mantianhong' (Pyrus pyrifolia Nakai) and 'Cascade' (P. communis L.) under bagging treatment and postharvest UV-B/visible irradiation conditions. Scientia Horticulturae, 2013, 151: 75-82.

37. Yu B, Zhang D, Huang C, et al. Isolation of anthocyanin biosynthetic genes in red Chinese sand pear (Pyrus pyrifolia Nakai) and their expression as affected by organ/tissue, cultivar, bagging and fruit side. Scientia Horticulturae, 2012, 136: 29-37.

38. Zhang D, Yu B, Bai J, et al. Effects of high temperatures on UV-B/visible irradiation induced postharvest anthocyanin accumulation in 'Yunhongli No. 1' (Pyrus pyrifolia Nakai) pears. Scientia Horticulturae, 2012, 134: 53-59.

39. Liu D, Zhang D, Liu G, et al. Influence of heat stress on leaf ultrastructure, photosynthetic performance and ascorbate peroxidase gene expression of two pear cultivars (Pyrus pyrifolia). Journal of Zhejiang University SCIENCE B, 2013, 14(12): 1070-1083.

40. Liu D, Ni J, Wu R, et al. High temperature alters sorbitol metabolism in Pyrus pyrifolia leaves and fruit flesh during late stage of fruit enlargement. Journal of the American Society for Horticultural Science, 2013, 138(6): 443-451.

41. Liu G, Li W, Zheng P, et al. Transcriptomic analysis of 'Suli' pear (Pyrus pyrifolia white pear group) buds during the dormancy by RNA-Seq. BMC Genomics, 2012, 13: 700 (DOI: 10.1186/1471-2164-13-700).

42. Niu Q, Zong Y, Qian M, et al. Simultaneous quantitative determination of major plant hormones in pear flowers and fruit by UPLC/ESI-MS/MS. Analytical

Methods, 2014, 6 (6): 1766-1773.

43. Niu Q, Qian M, Liu G, et al. A genome-wide identification and characterization of mircorRNAs and their targets in 'Suli' (Pyrus pyrifolia White pear group). Planta, 2013, 238(6): 1095-1112.

44. Yue X, Liu G, Yu Z, et al. Development of genic SSR markers from transcriptome sequencing of pear buds. Journal of Zhejiang University SCIENCE, 2014, 15: 303-312.

45. Hu M, Tan B, Wu T, et al. Isolation and Characterrization of a Cinnamoyl CoA Reductase Gene (CCR) in Pear (Pyrus pyrifolia). Agricultural Science & Technology, 2014, 15(6): 926-932.

46. Qian G L, Wang Y L, Liu Y R, et al. Lysobacter enzymogenes Uses Two Distinct Cell-Cell Signaling Systems for Differential Regulation of Secondary-Metabolite Biosynthesis and Colony Morphology. Applied and Environmental Microbiology, 2013, 79 (21): 6604 -6616.

47. Wang Y S, Zhao Y X, Zhang J, et al. Transcriptomic Analysis Reveals New Regulatory Roles of Clp Signaling in Secondary Metabolite Biosynthesis and Surface Motility in Lysobacter enzymogenes OH11. Appl Microbiol Biotechnol, 2014, 98(21): 9009-9020.

48. Xu G G, Zhao Y X, Du L C, et al. Hfq Regulates Antibacterial Antibiotic Biosynthesis and Extracellular Lytic-Enzyme Production in Lysobacter enzymogenes OH11.Microbial biotechnology, 2015, 8(3): 499-509

49. Qian G L, Xu F F, Venturi V, et al. Roles of a Solo LuxR in the Biological Control Agent Lysobacter enzymogenes Strain OH11. Phytopathology, 2014, 104(3): 224-231.

50. Zhao N N, Zhang H, Zhang X C, et al. Evaluation of Acute Toxicity of Essential Oil Of Garlic (Allium sativum) and Its Selected Major Constituent Compounds Against Overwintering Cacopsylla chinensis (Hemiptera: Psyllidae). Journal of Economic Entomology, 2013, 106(3): 1349-1354.

51. Tian B L, Liu Q Z, Liu Z L. Insecticidal potential of clove (Syzygium aromaticum) essential oil and its constituents on Cacopsylla chinensis (Hemiptera: Psyllidae) in laboratory and field. Journal of Economic Entomology, 2015, tov075.

52. Zhen C A, Guo Y Y, Zhang X H, et al. 2013. Optimization of conditions

for extracting pesticidal alkaloids from Cynanchum komarovii (Maxim.). Natural Product Research, 27(1): 23-27.

53. Liu X C, Liu Q Z, Shi W P, et al. Evaluation of insecticidal activity of the essential oil of Eucalyptus robusta Smith leaves and its constituent compound against overwintering Cacopsylla chinensis (Hemiptera: Psyllidae). Journal of Entomology and Zoology Studies, 2014, 2(4): 27-31.

54. Cao Y F, Tian L M, Gao Y, et al. Genetic diversity of cultivated and wild Ussurian Pear (Pyrus ussuriensis Maxim.) in China evaluated with M13-tailed SSR markers. Genet Resour Crop Evol, 2012, 59(1): 9-13.

55. Tian L M, Gao Y, Cao Y F, et al. Identification of Chinese white pear cultivars using SSR markers. Genet Resour Crop Evol, 2012, 59(1): 317-326.

56. Cao Y F, Tian L M, Gao Y, et al. Evaluation of genetic identity and variation in cultivars of Pyrus pyrifolia (Burm.f.) Nakai from China using microsatellite markers. Journal of Horticultural Science & Biotechnology. Journal of Horticultural Science & Biotechnology, 2011, 86 (4): 331-336.

57. Cheng Y D, Dong Y, Yan H B, et al. Effects of 1-MCP on chlorophyll degradation pathway-associated genes expression and chloroplast ultrastructure during the peel yellowing of Chinese pear fruits in storage. Food Chemistry, 2012, 135 (2): 415.

58. Dong Y, Guan J F, Ma S J, et al. Calcium content and its correlated distribution with skin browning spot in bagged 'Huangguan' pear. Protoplasma, 2015, 252 (1): 165-171.

59. Cheng Y D, Guan J F. Involvement of Pheophytinase in Ethylene-Mediated Chlorophyll Degradation in the Peel of Harvested 'Yali' Pear. Journal of Plant Growth Regulation, 2014, 33 (2): 364.

60. Li F J, Zhang X H, Song B C, et al. Combined effects of 1-MCP and MAP on the fruit quality of pear (Pyrus bretschneideri Reld cv. Laiyang) during cold storage. Scientia Horticulturae, 2013, 164: 544-551.

61. Cao Y, Tian L, Gao Y, et al. Evaluation of genetic identity and variation in cultivars of Pyrus pyrifolia (Burm.f.) Nakai from China using microsatellite markers. Journal of Pomology & Horticultural Science, 2015, 86(4): 331-336.

62. Cao Y, Gao Y, Liu F. Genetic diversity of cultivated and wild Ussurian Pear (Pyrus ussuriensis Maxim.) in China evaluated with M13-tailed SSR markers. Genetic Resources & Crop Evolution, 2012, 59(1): 9-17.

63. Tian L, Gao Y, Cao Y, et al. Identification of Chinese white pear cultivars using SSR markers. Genetic Resources & Crop Evolution, 2012, 59(3): 317-326.

64. Xu J Y, Zhang Y, Qi D, et al. Postharvest metabolomicchangesin PyrusussuriensisMaxim. wildaccession 'Zaoshu Shanli'. Journal of separation science, 2018, 1-13. https: //doi.org/10.1002/jssc.201800543.

65. Dong X, Zheng Y, Cao Y. et al. Evaluation of Phenolic Composition and Content of Pear Varieties in Leaves from China. Erwerbs-Obstbau , 2018, 5, 1439-0302.

66. Qing B, Zhai L F, Chen X R, et al. Biological and molecular characterization of five Phomopsis species associated with pear shoot canker in China, Plant Disease, 2015, 99: 1704-1712.

67. Ding F, Jin S X, Hong N, et al. Vitrification-cryopreservation, an efficient method for eliminating Candidatus Liberobacter asiaticus, the citrus Huanglongbing pathogen, from in vitro adult shoot tips. Plant Cell Rep, 2008, 27: 241-250.

68. Hu G J, Hong N, Wang L P, et al. Efficacy of virus elimination from in vitro-cultured sand pear (Pyrus pyrifolia) by chemotherapy combined with thermotherapy, Crop Protection, 2012, 37: 20-25.

69. Jia H X, Dong K L, Zhou L L, et al. A dsRNA virus with filamentous viral particles, Nature Communications, 2017, 8(1): 168-180.

70. Chen J, Tang H, Li L, et al. Effects of virus infection on in vitro-cultured pear plants-author version, Plant Cell Tissue and organ culture, 2017, 131(2): 359-368.

71. Liu J, Zhang X J, Yang Y K, et al. Characterization of virus-derived small interfering RNAs in Apple stem grooving virus-infected in vitro-cultured Pyrus pyrifolia shoot tips in response to high temperature treatment, Virology Journal, 2016, 13: 166-176.

72. Xiang J, Fu M, Hong N, et al, Characterization of a novel botybirnavirus isolated from a phytopathogenic Alternaria fungus, Archives of Virology, 2017, 162(12): 1-5.

73. Zhai L F, Zhang M X, Hong N, et al. Identification and characterization

of a novel hepta-segmented dsRNA virus from the phytopathogenic fungus colletotrichum fructicola. Frontiers in Microbiology, 2018, DOI: 10.3389/fmicb. 2018.0075.

74. Zhai L F, Xiang J, Zhang M X, et al. Characterization of a novel double-stranded RNA mycovirus conferring hypovirulence from the phytopathogenic fungus. Botryosphaeria dothidea. Virology, 2016, 493: 75-85.

75. Zhai L F, Hong N, Zhang M X, et al. Complete dsRNA sequence of a novel victorivirus isolated from the pear stem wart fungus Botryosphaeria dothidea, Arch Virol, 2015, 160(2): 613-616.

76. Wang L P, Jiang J J, Wang Y F, et al. Hypovirulence of the phytopathogenic fungus Botryosphaeria dothidea association with a co-infecting chrysovirus and a partitivirus. J. Virol. 2014, 88(13): 7517-7527.

77. Fu M, Crous P W, Bai Q, et al. Colletotrichum species associated with anthracnose of Pyrus spp. in China. Persoonia, 2018, doi.org/10.3767/persoonia.2019.42.01.

78. Zhang P F, Zhai L F, Zhang X K, et al. Characterization of Colletotrichum fructicola, a new causal agent of leaf black spot disease of sandy pear (Pyrus pyrifolia). Eur J Plant Pathol, 2015, 143: 651-662.

79. Tan R R, Wang L P, Hong N, et al. Enhanced efficiency of virus eradication following thermotherapy of shoot-tip cultures of pear. Plant cell tissue and organ culture, 2010, 101 (2): 229-235.

80. Song Y S, Hong N, Wang L P, et al. Molecular and serological diversity in Apple chlorotic leaf spot virus from sand pear (Pyrus pyrifolia) in China. Eur J Plant Pathol, 2011, 130: 183-196.

81. Wang L P, He Y, Kang Y P, et al. Virulence determination and molecular features of Peach latent mosaic viroid isolates derived from phenotypically different peach leaves: A nucleotide polymorphism in L11 contributes to symptom alteration. Virus Research, 2013, 177: 171-178.

82. Wang L P, Hong N, Wang G P, et al. Distribution of apple stem grooving virus and apple chlorotic leaf spot virus in infected in vitro pear shoots. Crop protection, 2010, 29 (12): 1447-1451.

83. Ma X F, Nicole M C, Meteignier L V, et al. Different roles for RNA silencing and RNA processing components in virus recovery and virus-induced gene silencing in plants. Journal of Experimental Botany, 2015, 66(3): 919-932.

84. Xu W X, Francois B, Hong N, et al. The use of a combination of computer-assisted structure prediction and shape probing to elucidate the secondary structures of five viroids: Molecular. Plant Pathology, 2011, 13: 666-676.

85. Wu G W, Tang M, Wang G P, et al. The epitope structure of Citrus tristeza virus coat protein mapped by recombinant proteins and monoclonal antibodies. Virology, 2014, 448: 238-246.

86. Xu W X, Hong N, Jin Q T, et al. Probe binding to host proteins: A cause for false positive signals in viroid detection by tissue hybridization. Virus Research, 145 (1): 26-30.

87. He Y, Yang Z H, Hong N, et al. Deep sequencing reveals a novel closterovirus associated with wild rose leaf rosette disease. Molecular Plant Pathology, 2015, 16(5): 449-458.

88. Yang F, Wang G P, Xu W X, et al. A rapid silica spin column-based method of RNA extraction from fruit trees for RT-PCR detection of viruses. Journal of Virological Methods, 2017, 247: 61-67.

89. Yao B Y, Wang G P, Ma X F, et al. Simultaneous detection and differentiation of three viruses in pear plants by a multiplex RT-PCR. Journal of Virological Methods, 2014, 196: 113-119.

90. Zheng Y Z, Navarro B, Wang Y X, et al. Actinidia chlorotic ringspot-associated virus: a novel emara virus infecting kiwifruit plants. Molecular Plant Pathology, 2016, 18(4) : 569-582.

91. Zhai L F, Zhang M X, Lv G, et al. Biological and molecular characterization of four Botryosphaeria species isolated from pear plants showing ring rot and stem canker in China. Plant disease, 2014, 98 (6): 716-726.

92. Zhang M X, Zhai L F, Xu W X, et al. First report of Valsa leucostoma causing Valsa canker of Pyrus communis (cv. Duchess de Angouleme) in China. Plant disease, 2014, 98(3): 422-423.

93. Wang X N, He X K, Song J L, et al. Drift potential of UAV with adjuvants

in aerial applications. Int J Agric & Biol Eng, 2018, 11(5): 54-58.

94. Chen P, Liu Q Z, Qiao X F, et al. Identification and Phylogenetic Analysis of Pear Psyllids (Hemiptera: Psyllidae) in Chinese Pear Orchards. Journal of Economic Entomology, 2018.

95. Tian B L, Liu Q Z, Liu Z L, et al. Insecticidal potential of clove (Syzygium aromaticum) essential oil and its constituents on Cacopsylla chinensis (Hemiptera: Psyllidae) in laboratory and field. Journal of Economic Entomology, 2015: tov075.

96. Liu X C, Liu Q Z, Shi W P, et al. Composition and insecticidal activity of the essential oil of Eucalyptus robusta leaves and its constituent compound against overwintering Cacopsyllia chinensis. Journal of Entomology and Zoology Studies, 2014, 2(4): 27-31.

97. Wang Y, Zhao A, Zhen C A, et al. Composition of the essential oil of Cynanchum mongolicum (Asclepiadaceae) and insecticidal activities against Aphis glycines (Hemiptera: Aphidiae). Pharmacognosy Magazine, 37: 130-134.

98. Zhao N N, Zhang H, Zhang X C, et al. Evaluation of Acute Toxicity of Essential Oil of Garlic (Allium sativum) and Its Selected Major Constituent Compounds Against Overwintering Cacopsylla chinensis (Hemiptera: Psyllidae). Journal of Economic Entomology, 106(3): 1349-1354.

99. Hu M, Tan B Y, Wu T, et al. Isolation and Characterization of a Cinnamoyl CoA Reductase Gene(CCR) in Pear(Pyrus pyrifolia). Agricultural Science and Techenology, 2014, 15(6): 926-932.

100. Liu Z, Cheng K X, Qin Z Q, et al. Selection and validation of suitable genes for qRT-PCR analysis in pear under distinct training systems. Plos one. https://doi.org/10.1371/journal.pone.0202472.

101. Ahmad M, Yan X, Li J, et al. Genome wide identification and predicted functional analyses of NAC transcription factors in Asian pears. BMC Plant Biology, 2018, 18: 214. DOI: https://doi.org/10.1186/s12870-018-1427-x.

102. Yang Q, Niu Q, Li J, et al. PpHB22, a member of HD-Zip proteins, activates PpDAM1 to regulate bud dormancy transition in 'Suli' pear (Pyrus pyrifolia white pear group). Plant Physiology and Biochemistry, 2018, 127: 355-365. DOI: https://doi.org/10.1016/j.plaphy.2018.04.002.

103. Li J, Xu Y, Niu Q, et al. Abscisic acid (ABA) promotes the induction and maintenance of pear (Pyrus pyrifolia White Pear Group) flower bud endodormancy. International Journal of Molecular Science, 2018, 19: 310. DOI: 10.3390/ ijms19010310.

104. Tao R, Bai S, Ni J, et al. The blue light signal transduction pathway is involved in anthocyanin accumulation in 'Red Zaosu' pear. Planta, 2018, 248(1): 37- 48. DOI: https: //doi.org/10.1007/s0042 5-018-2877-y.

105. Teng Y, Xu C, Bai S, et al. Studies on pear parthenocarpy induced by exogenous plant growth regulators. cta Horticulturae, 2018, 1206: 21-26.

106. Ma Y, Shu S, Bai S, et al. Genome-wide survey and analysis of the TIFY fene family and its potential role in anthocyanin synthesis in Chinese sand pear (Pyrus pyrifolia). Tree Genetics & Genomes, 2018, 14: 25. DOI: https: //doi. org/10.1007/s11295-018-1240-6.

107. Qian M, Ni J, Niu Q, et al. Response of miR156-SPL module during the red peel coloration of bagging-treated Chinese sand pear (Pyrus pyrifolia Nakai). Frontiers in Physiology, 2017, DOI: 10.3389/fphys.2017.00550.

108. Bai S, Sun Y, Qian M, et al. Transcriptome analysis of bagging-treated red Chinese sand pear peels reveals light-responsive pathway functions in anthocyanin accumulation. Scientific Reports, 2017, 7: 63. DOI : 10.1038/s41598-017-00069-z.

109. Ni J, Bai S, Gao L, et al. Identification, classification, and transcription profiles of the B-type response regulator family in pear. PLoS ONE, 2017, 12 (2): e0171523. DOI: 10.1371/journal.pone.0171523.

110. Bai S, Saito T, Ito A, et al. Small RNA and PARE sequencing in flower bud reveal the involvement of sRNAs in endodormancy release of Japanese pear (Pyrus pyrifolia 'Kosui'). BMC Genomics, 2016, 17: 230. DOI: 10.1186/s12864- 016-2514-8.

111. Niu Q, Li J, Cai D, et al. Dormancy-associated MADS-box genes and microRNAs jointly control dormancy transition in pear (Pyrus pyrifolia white pear group) flower bud. Journal of Experimental Botany, 2016, 67: 239-257.

112. Li G, Jia H, Li J, et al. Effects of 1-MCP on volatile production and transcription of ester biosynthesis related genes under cold storage in 'Ruanerli' pear

fruit (Pyrus ussuriensis Maxim.). Postharvest Biology and Technology, 2016, 111: 168-174.

113. Hussain S, Niu Q, Yang F, et al. Possible role of chilling in floral and vegetative bud dormancy release. Biologia Plantarum, 2015, 59: 726-734.

114. Hussain S, Liu G, Liu D, et al. Study on the expression of dehydrin genes and activities of antioxidative enzymes in floral buds of two sand pear (Pyrus pyrifolia Nakai) cultivars requiring different chilling hours for budbreak. Turkish Journal of Agriculture and Forestry, 2015, 39(6): 930-939.

115. Hussain S, Niu Q, Qian M, et al. Genome-wide identification, characterization and expression analysis of the dehydrin gene family in Asian pear (Pyrus pyrifolia). Tree Genetics & Genomes, 2015, 11: 110.

116. Teng Y, Zhang D, Yu B, et al. Comparison of anthocyanin accumulation of red Chinese sand pear (Pyrus pyrifolia Nakai) grown at two locations. Acta Horticulturae, 2015, 1094: 175-182.

117. Niu Q, Wang T, Li J, et al. Effects of Exogenous GA4+7 and N-(2-chloro-4-pyridyl)-N'-phenylurea on induced parthenocarpy and fruit quality in Pyrus pyrifolia 'Cuiguan'. Plant Growth Regulation, 2015, 76: 21-258.

118. Hussain S, Niu Q, Yang F, et al. Biochemical changes in dormant pear buds and bark tissue in response to chilling: Possible role of chilling in floral and vegetative bud dormancy release. Biologia Plantarum, 2015, 59: 726-734.

119. Hussain S, Liu G, Liu D, et al. Study on the expression of dehydrin genes and activities of antioxidative enzymes in floral buds of two sand pear (Pyrus pyrifolia Nakai) cultivars requiring different chilling hours for budbreak. Turkish Journal of Agriculture and Forestry, 2015, 39(6): 930-939.

120. Qian M, Sun Y, Allan A, et al. The red sport of 'Zaosu' pear and its red-striped pigmentation pattern are associated with demethylation of the PyMYB10 promoter. Phytochemistry, 2014, 107: 16-23.

121. Li G, Jia H, Li J, et al. Emission of volatile esters and transcription of ethylene- and aroma-related genes during ripening of 'Pingxiangli' pear fruit (Pyrus ussuriensis Maxim). Scientia Horticulturae, 2014, 170: 17-23.

122. Qian M, Yu B, L X, et al. Isolation and expression analysis of anthocyanin

biosynthesis genes from the red Chinese sand pear, Pyrus pyrifolia Nakai cv. Mantianhong, in response to methyl jasmonate treatment and UV-B/VIS conditions. Plant Molecular Biology Reporter, 2014, 32: 48-437.

123. Teng Y, Chen L, Cai D, et al. Effect of reflective film on sugar accumulation and sucrose-metabolizing enzyme activities of 'Cuiguan' pear under plastic tunnel culture. Acta Horticulturae, 2014, 1015: 59-66.

124. Sun Y, Qian M, Wu R, et al. Postharvest pigmentation in red Chinese sand pears (Pyrus pyrifolia Nakai) in response to optimum light and temperature. Postharvest Biology and Technology, 2014, 91: 64-71.

125. Yue X, Liu G, Yu Z, et al. Development of genic SSR markers from transcriptome sequencing of pear buds. Journal of Zhejiang University SCIENCE B, 2014, 15: 303-312.

126. Teng Y, Chen L, Cai D, et al. Effect of reflective film on sugar accumulation and sucrose-metabolizing enzyme activities of 'Cuiguan' pear under plastic tunnel culture. Acta Horticulturae, 2014, 1015: 59-66.

127. Niu Q, Zong Y, Qian M, et al. Simultaneous quantitative determination of major plant hormones in pear flowers and fruit by UPLC/ESI-MS/MS. Analytical Methods, 2014, 6 (6): 1766-1773.

128. Niu Q, Qian M, Liu G, et al. A genome-wide identification and characterization of mircorRNAs and their targets in 'Suli' (Pyrus pyrifolia White pear group). Planta, 2013, 238(6): 1095-1112.

129. Zhang D, Qian M, Yu B et al. Effect of fruit maturity on UV-B-induced post-harvest anthocyanin accumulation in red Chinese sand pear. Acta Physiologiae Plantarum, 2013, 35 (9): 2857-2866.

130. Li G, Wu R, Jia H, et al. Changes in volatile organic compound composition during the ripening of 'Nanguoli' pears (Pyrus ussuriensis Maxim) harvested at different growing locations. The Journal of Horticultural Science & Biotechnology, 2013, 88 (5): 563-570.

131. Qian M, Zhang D, Yue X, et al. Analysis of different pigmentation patterns in 'Mantianhong' (Pyrus pyrifolia Nakai) and 'Cascade' (P. communis L.) under bagging treatment and postharvest UV-B/visible irradiation conditions. Scientia

Horticulturae, 2013, 151: 75-82.

132. Liu D, Zhang D, Liu G, et al. Influence of heat stress on leaf ultrastructure, photosynthetic performance and ascorbate peroxidase gene expression of two pear cultivars (Pyrus pyrifolia). Journal of Zhejiang University SCIENCE B, 2013, 14(12): 1070-1083.

133. Liu D, Ni J, Wu R, et al. High temperature alters sorbitol metabolism in Pyrus pyrifolia leaves and fruit flesh during late stage of fruit enlargement. Journal of the American Society for Horticultural Science, 2013, 138(6): 443-451.

134. Yu B, Zhang D, Huang C, et al. Isolation of anthocyanin biosynthetic genes in red Chinese sand pear (Pyrus pyrifolia Nakai) and their expression as affected by organ/tissue, cultivar, bagging and fruit side. Scientia Horticulturae, 2012, 136: 29-37.

135. Zhang D, Yu B, Bai J, et al. Effects of high temperatures on UV-B/visible irradiation induced postharvest anthocyanin accumulation in 'Yunhongli No. 1' (Pyrus pyrifolia Nakai) pears. Scientia Horticulturae, 2012, 134: 53-59.

136. Liu G, Li W, Zheng P, et al. Transcriptomic analysis of 'Suli' pear (Pyrus pyrifolia white pear group) buds during the dormancy by RNA-Seq. BMC Genomics, 2012, 13: 700 (DOI: 10.1186/1471-2164-13-700).

137. Li G, Jia H, Wu R, et al. Characterization of aromatic volatile constituents in 11 Asian pear cultivars belonging to different species. African Journal of Agricultural Science, 2012, 7(34): 4761-4770.

138. Teng Y. The Pear industry and research in China. Acta Horticulturae, 2011, 909: 161-170.

139. Yang S L, Zhang X N, Lu G L, et al. Regulation of gibberellin on gene expressions related with the lignin biosynthesis in 'wangkumbae' pear (pyrus pyrifolia, nakai) fruit. Plant Growth Regulation, 2014, 76(2): 1-8.

140. Yang Y, Wang D, Wang C, et al. Construction of high efficiency regeneration and transformation systems of pyrus ussuriensis, maxim. Plant Cell Tissue & Organ Culture, 2017, 131(1): 139-150.

141. Yang Y, Huang M, Qi L, et al. Differential expression analysis of genes related to graft union healing in pyrus ussuriensis maxim by cDNA-AFLP. Scientia

Horticulturae, 2017, 225: 700-706.

142. Shen C W, Li Y, Wang J, et al. Potassium influences on the expression of key genes involved in sorbitol metabolism and sorbitol assimilation in pear leaf and fruit. Journal of Plant Growth Regulation, 2018, 37: 883-895.

143. Li Y, Peng L R, Xie C Y, et al. Genome-wide identification, characterization, and expression analyses of the HAK/KUP/KT potassium transporter gene family reveals their involvement in K+deficient and abiotic stress responses in pear rootstock seedlings. Plant Growth Regulation, 2018, 85: 187-198.

144. Shen C W, Wang J, Shi X Q, et al. Transcriptome analysis of differentially expressed genes induced by low and high potassium levels provides insight into fruit sugar metabolism of pear. Frontiers in plant science, 2017, 8: 938.

145. Shen C W, Wang J, Jin X, et al. Potassium enhances the sugar assimilation and transportation from leaves to fruit by regulating the expression of key genes involved in sugar metabolism of Asian pears. Plant Growth Regulation, 2017, 83: 287-300.

146. Wang J, Shen C W, Liu N, et al. Non-destructive Evaluation of the Leaf Nitrogen Concentration by in-field Visible/Near Infrared Spectroscopy in pear orchard. Sensors, 2017, 17(3): 538-553.

147. Shen C W, Ding F Y, Lei Q X, et al. Effects of foliar potassium fertilization on fruit growth rate, potassium accumulation, yield and quality of 'Kousui' pear. HortTechnology, 2016, 26(3): 270-277.

148. Song X H, Xie K, Dong C X, et al. Effects of Different Organic Fertilizers on Tree Growth, Yield, Fruit Quality, and Soil Microorganisms in a Pear Orchard. European Journal of Horticulture Science, 2012, 77 (5): 204-210.

149. Wang J. Zhao H B, Shen C W, et al. Determination of nitrogen concentration in fresh pear leaves by visible/near-infrared reflectance spectroscopy. Soil Fertility & Crop Nutrition, 2014, 106(5): 1867-1872.

150. Zhang M J, Ding L H, Wang Q F, et al. 'Hanghong' Pear. S. Acta Horticulturae, 2009, 814: 349-350.

151. Qin G H, Gao Z H, Xu Y L, et al. Identification and expression patterns of alcohol dehydrogenase genes involving in ester volatile biosynthesis in pear fruit. Journal of Integrative Agriculture, 2017, 16(8): 1742-1750.

152. Yang X P, Hu H J, Yu D Z, et al. Candidate Resistant Genes of Sand Pear (Pyrus pyrifolia Nakai) to Alternaria alternata Revealed by Transcriptome Sequencing. PLOS one, 2015, 10(8): e0135046 (IF: 3.234).

153. Jiang Z W, Hang H W, Hu H J, et al. Assessment of Genetic Diversity of Chinese Sand Pear Landraces (Pyrus pyrifolia Nakai)Using Simple Sequence Repeat Markerts. HORTSCIENCE, 2009, 44(3): 619-626. (IF: 0.848).

154. Gu Q Q, Zhang Q L, Hu H J, et al. Identification of Self-incompatibility Genotypes in Some Sand Pears (Pyrus pyrifolia Nakai) by PCR-RFLP Analysis. Agricultural Science in China, 2009, 8(2): 154-160.

155. Lu X P, Liu Y Z, An J C, et al. Isolation of a cinnamoyl CoA reductase gene involved in formation of stone cells in pear. Acta Physiol Plant, 2011, 33: 585-591 (IF: 1.364).

156. Song Y S, Hong N, Wang L P, et al. Molecular and serological diversity in Apple chlorotic leaf sopt virus from sand pear (Pyrus pyrifolia) in China. Eur J Plant Pathol, 2011, 130: 183-196(IF: 1.478).

157. Wei S W, Wang S M. Effects of Bagging on Aroma of 'Qi xia daxiangshui' Pear Fruit. Agricultural Science & Technology, 2015, 16(8): 1676-1680.

158. Xu L F, Zhou P, Han Q F, et al. Spatial Distribution of Soil Organic Matter and Nutrients in the Pear Orchard Under Clean and Sod Cultivation Models, 2013, 12, (2): 344-351.

159. Song L Y, Wang Z G, Wang Z M, et al. Screening of cell wall-related genes that are expressed differentially during ripening of pears with different softening characteristics, 2016, 115: 1-8.

160. Zhai R, Liu J L, Liu F X, et al. Melatonin limited ethylene production, softening and reduced physiology disorder in pear (Pyrus communis L.) fruit during senescence. POSTHARVEST BIOLOGY AND TECHNOLOGY, 2018, 139.

161. Liu L L, Wang Z G, Liu J L, et al. Histological, hormonal and transcriptomic reveal the changes upon gibberellin-induced parthenocarpy in pear fruit. Horticulture Research, 2018, DOI: 10.1038/s41438-017-0012-z.

162. Liu J L, Zhai R, Liu F X, et al. Melatonin Induces Parthenocarpy by Regulating Genes in Gibberellin Pathways of 'Starkrimson' Pear (Pyrus communis

L.). Frontiers in Plant Science, 2018, DOI: 10.3389/fpls.2018.00946.

（二）出版的代表性著作（部分）

1．张绍铃. 梨学 [M]. 北京：中国农业出版社, 2013.

2．张绍铃. 中国现代农业产业可持续发展战略研究 梨分册 [M]. 北京：中国农业出版社, 2017.

3．张绍铃. 梨产业实用技术 [M]. 北京：中国农业科学技术出版社, 2013.

4．李香梅, 张绍铃. 种梨技术 100 问 [M]. 北京：中国农业出版社, 2009.

5．张绍铃. 图解梨优质安全生产技术要领 [M]. 北京：中国农业出版社, 2010.

6．张绍铃. 梨产业技术研究与应用（2010）[M]. 北京：中国农业出版社, 2010.

7．张绍铃. 梨标准园生产技术 [M]. 北京：中国农业出版社, 2011.

8．曹玉芬. 优质梨生产技术百问百答 [M]. 北京：中国农业出版社, 2009.

9．曹玉芬. 中国梨品种 [M]. 北京：中国农业出版社, 2014.

10．曹玉芬. 当代梨 [M]. 郑州：中原农民出版社, 2015.

11．施泽彬, 孙钧. 梨全程标准化操作手册：图说种植业标准化丛书 [M]. 杭州：浙江科学技术出版社, 2014.

12．王国平, 王金友, 冯明祥. 梨树病虫草害防治技术问答 [M]. 北京：金盾出版社, 2011.

13．王国平. 梨主要病虫害识别手册 [M]. 武汉：湖北科学技术出版社, 2012.

14．王国平等. 中国农作物病虫害 [M]. 北京：中国农业出版社, 2015.

15．刘奇志等. 北方梨园病虫害综合防控技术指南 [M]. 北京：中国农业大学出版社, 2013.

16．王金政, 王少敏. 果树高效栽培 10 项关键技术 [M]. 北京：金盾出版社, 2010.

17．王少敏. 梨高效栽培专家答疑 [M]. 济南：山东科学技术出版社, 2013.

18．王少敏. 梨绿色高效生产关键技术 [M]. 济南：山东科学技术出版社, 2014.

19．王少敏, 王宏伟等. 梨省工高效栽培技术 [M]. 北京：金盾出版社, 2011.

20．王少敏, 张勇. 梨套袋栽培配套技术问答 [M]. 北京：金盾出版社, 2009.

21．王少敏，刘涛．苹果　梨　桃　葡萄套袋栽培技术[M]．北京：中国农业出版社，2010．

22．王少敏，陶吉寒．梨优质高效安全生产技术[M]．济南：山东科学技术出版社，2008．

23．王少敏，孙芳．梨推广新品种图谱[M]．济南：山东科学技术出版社，2011．

24．王少敏，魏树伟．梨实用栽培技术[M]．北京：中国科学技术出版社，2017．

25．胡红菊，孙中海．金花梨标准化栽培技术[M]．武汉：湖北科学技术出版社，2010．

26．胡红菊，王友平．砂梨优良品种及标准化栽培技术[M]．武汉：湖北科学技术出版社，2010．

27．胡红菊．果树农药手册[M]．武汉：湖北科学技术出版社，2010．

六、科技成果获奖项目（部分）

1．国家科学技术进步奖二等奖，梨自花结实性种质创新与应用，2011年，张绍铃（第一完成人）

2．国家科技进步二等奖，梨优质早、中熟新品种选育与高效育种技术创新，2018年，张绍铃（第一完成人）

3．教育部技术发明一等奖，梨高光效树形及花果管理技术研发与应用，2013年，张绍铃（第一完成人）

4．神农中华农业科技奖一等奖，梨优异种质与提质增效技术创新及应用，2017，张绍铃（第一完成人）

5．教育部自然科学一等奖，梨果实品质性状优异基因发掘与分子育种技术研究，2015年，吴俊（第一完成人）

6．江苏省农业技术推广一等奖，梨优质安全高效生产关键技术集成与推广，2014年，张绍铃（第一完成人）

7．湖北省科技进步一等奖，砂梨种质创新及特色新品种选育与应用，2014年，秦仲麒（第一完成人）

8．湖北省科学技术成果推广奖一等奖，砂梨特色新品种及优质高效安全关键技术推广应用，2017年，胡红菊（第一完成人）

9．吉林省农业技术推广奖一等奖，无公害苹果梨生产技术推广，2013年，朴宇（第1完成人）

10．神农中华农业科技奖二等奖，秋子梨特色良种选育及规范化栽培技术推广，2011年，张茂君（第一完成人）

11．江苏省科学技术奖二等奖，砂梨优质高效安全生产关键技术创新与集成应用，2011年，常有宏（第一完成人）

12．江苏省农业技术推广奖二等奖，商品有机肥研发及其在高效园艺作物上的应用与技术推广，2014年，徐阳春（第一完成人）

13．山东省科学技术进步奖二等奖，梨优质高效关键技术研究与应用，2014年，王少敏（第一完成人）

14．吉林省科学技术进步奖二等奖，抗寒、优质、特色梨新品种选育，2009年，张茂君（第一完成人）

15．云南省科学技术进步奖二等奖，云南红梨产业化关键技术开发与应用，2010年，舒群（第一完成人）

16．湖北省技术推广二等奖，砂梨良好农业规范及加工关键技术集成与产业化应用，2013年，王克有（第一完成人）

17．湖北省科学技术进步二等奖，我国四种主要果树的病毒分离鉴定及检测技术体系研究，湖北省人民政府，2008年，王国平（第一完成人）

18．安徽省科学技术进步奖三等奖，梨新品种选育与主要病害防控技术研究与示范推广，2010年，朱立武（第一完成人）

19．河北省科学技术进步奖三等奖，套袋黄冠梨果面花斑病成因及综合防控技术研究，2009年，王迎涛（第一完成人）

20．新疆维吾尔自治区科学技术进步奖三等奖，库尔勒香梨优质高效栽培关键技术研发与示范，2013年，李世强（第一完成人）

七、咨询报告

（一）向政府主管部门提交的政策咨询建议（部分）

1．《2010年梨产业发展趋势与政策建议》，2009年，农业部

2．《2011年梨产业发展趋势与政策建议》，2011年，农业部

3．《2012年梨产业发展趋势与政策建议》，2012年，农业部

4．《2013年梨产业发展趋势与政策建议》，2012年，农业部

5．《梨产业优势区域布局意见》，2013 年，农业部

6．《体系科研成果归属、权益分配等建议方案》，2014 年，农业部

7．《体系与地方创新团队有机衔接合作建设方案》，2014 年，农业部

8．《2014 年梨产业发展趋势与政策建议》，2014 年，农业部

9．《当前我国梨产区旱灾情况调查及抗旱措施建议》，2014 年，农业部

10．《2015 年梨产业发展趋势与政策建议》，2015 年，农业部

11．《2016 年梨产业发展趋势与政策建议》，2015 年，农业部

12．《我国梨园诱虫灯的使用情况及建议》，2016 年，农业部

13．《2017 年梨产业发展趋势与政策建议》，2016 年，农业部

14．《梨优势区域发展规划（2017—2025)》，2017 年，农业部

15．《2018 年梨产业发展趋势与政策建议》，2018 年，农业农村部

16．《我国梨产业现状、存在问题及发展对策建议》，2018 年，农业农村部

17．《我国北方梨主产区冻害灾情调查及防冻减灾技术措施建议》，2018 年，农业农村部

18．《农业科技创新、成果转化及机制方面的几点建议》，2018 年，农业农村部

19．《秸秆焚烧、牛肉短缺问题的解困：推广稻麦—草畜种养模式——基于韩国光州、全州地区调查的启示》（被中农办采用，获时任中农办主任陈锡文、副主任韩俊批示），2015 年，中农办

20．《日本农协发展的新动向》（获时任国务院副总理汪洋等中央领导同志批示），2015

21．《关于落实"藏粮于地"战略的政策报告》，2016 年，中共中央办公厅刊物《观点摘编》发表

22．《美国对我国粮食补贴起诉存在的问题及我国应对建议》（获时任汪洋副总理肯定性批示，转商务部、农业部采用），2016 年

23．《如何提高主要水果竞争力相关的报告》（获时任农业部副部长屈冬玉肯定性批示；研究结果被农业部采用），2017 年，农业部

24．《保障粮食安全的突破性农业技术分析》，2018 年，教育部

25．《国家农业自走式植保机械科技创新联盟》，2016 年，农业部

26．《关于黄河故道地区砀山酥梨炭疽病发生情况的调查报告》，2008 年，农业部

27．《国家梨产业技术体系有关梨火疫病研发工作汇报》，2016年，农业部

28．《构建农村土地台账完善地籍管理制度》（江苏省委宣传部《智库专报》发表，获时任江苏省省长石泰峰及副省长徐鸣批示），2016年，江苏省委宣传部《智库专报》发表

29．《江苏省农民增收面临的难题及政策建议》（获时任江苏省副省长马秋林肯定性批示），2017年

30．《河北省农药减量高效施药技术推广应用》，2017年，河北省植保总站

31．《辽宁水稻农药减量高效施药技术推广应用》，2018年，辽宁省农业科学院

32．《梨人工授粉技术规程》，2018年，山东省果茶技术推广站

33．《梨疏花疏果技术》，2018年，山东省果茶技术推广站

34．《梨果套袋技术规程》，2018年，山东省果茶技术推广站

35．《梨采收技术规程》，2018年，山东省果茶技术推广站

36．《梨园安全生产基础防控技术规程》，2018年，山东省果茶技术推广站

37．《梨春季防冻减灾技术规程》，2018年，山东省果茶技术推广站

38．《河北省农业优势产业发展建议梨产业》，2017年，河北省农林科学院

39．《甘肃省林果产业发展项目——梨标准化示范基地建设建议》，2015年，甘肃省林业厅造林处

40．《河北省梨产业提质增效实施方案》，2018年，河北省林业厅

41．《江苏省梨研究现状及发展方向建议》，2009年，江苏省农业科学院

42．《金川县梨产业发展建议》，2016年，中共四川省委农村工作委员会、四川省扶贫移民局

43．《山西果树产业发展建议书（梨）》，2011年，山西省农业厅

44．《玉露香梨产业规划》，2017年，山西省科学技术厅

45．《对砀山当前水果病虫害防治的工作建议》，2009年，安徽省人民政府

46．《关于我省水果（果树）产业发展情况报告》，2013年，安徽省人民政府

47．《关于对砀山县果农、果区进行补贴和生态补偿的建议》，2014年，安徽省第十二届人民代表大会第二次会议

48．《畅通农产品供需渠道强化菜篮子保供体系——我市菜篮子产品供应与保障机制研究与建议》，2015年，南京市人民政府

49．《加快南京农村一二三产业融合发展路径研究》，2016 年，南京市人民政府办公厅

50．《精准施药工程技术研发中心》，2016 年，山东永佳动力股份公司

51．《果树保险政策》，2017 年，北京市园林绿化局

52．《新疆库尔勒香梨夏秋两季病虫害防治要点》，2009 年，库尔勒市

53．《云南红梨上一种突发性害虫——蓟马的应急防控措施》，2010 年，云南科技开发有限红梨公司

54．《国家梨产业体系专家组关于库尔勒香梨上苹果枝枯病的调研报告》，2017 年，库尔勒香梨中心

55．《山东济宁梨锈水病发生防治建议》，2018 年，济宁市林业局

56．《2018 年春季库尔勒香梨"苹果枝枯病"发生情况调查报告》，2018 年，库尔勒香梨中心

57．《云和雪梨采后贮藏保鲜技术》，2018 年，丽水市农业局

58．《葫芦岛市果业品牌研讨会》，2016 年，葫芦岛农委

59．《科技列车赤峰行暨 2016 年内蒙古自治区科技活动周》，2016 年，赤峰市人民政府

60．《梨圆柱形密植栽培技术（2017 年云南省农业生产指导意见)》，2017 年，云南省农业厅

61．《云南宝珠梨特色文化遗产保护与产业资源开发的政策建议》，2017 年，云南省农业科学院

62．《梨轻简化生产技术（省级主推技术)》，2018 年，云南省农业厅

63．《金川县梨生产调查与建议》，2017 年，阿坝藏族羌族自治州人民政府

64．《原平市梨产业发展规划》，2018 年，原平市人民政府

65．《太原市各县区梨树发展规划》，2018 年，太原市人民政府

66．《关于切实解决砀山酥梨品牌建设，提高砀山经济发展，解决农民收入、脱贫致富的建议——砀山酥梨如何凤凰涅槃》，2018 年，安徽省宿州市第五届人民代表大会第一次会议

67．《梨果产业升级建议》，2016 年，晋州市人民政府、辛集市人民政府

68．《果树冬季冻害后管理》，2010 年，北京市大兴区园林绿化局

69．《阜南县梨产业发展规划》，2014 年，安徽省阜南县人民政府

70．《果树雹灾后管理》，2016 年，北京市大兴区园林绿化局

71．《老果树的保护与利用》，2017 年，北京市大兴区人民政府

72．《龙门崮田园综合体发展总体规划》，2018 年，山东省日照市东港区人民政府

73．《2009 年砀山酥梨病虫害综合防治参考方法》，2009 年，砀山县

74．《陕西杨凌夏季病虫害防治要点》，2009 年，蒲城县

75．《定南县梨产业调查及发展建议》，2013 年，定南县果业局

76．《金溪县梨早期落叶调查及应对技术措施》，2014 年，金溪县经济作物管理局

77．《果树观光区规划》，2016 年，弓长岭区汤河镇

78．《滦平县旅游观光梨产业建设规划和有机梨品牌打造》，2017 年，河北省滦平县

79．《农业标准化基地建设》，2018 年，北京市顺义区

80．《梨园生草或种植绿肥》，2016 年，宁陵县科技局

81．《制定宁陵酥梨绿色生产规程》，2017 年，宁陵县科技局

82．《梨园套种油菜、建立中国农业科学院郑州果树研究所宁陵酥梨试验站》，2018 年，宁陵县科技局

83．《鸭梨采后产业发展规划与贮藏技术》，2018 年，魏县林业局

84．《果品采后贮藏保鲜技术》，2018 年，承德县政府

85．《玉露香梨采后贮运保鲜技术》，2017 年，隰县林业局

86．《高平市大黄梨产业振兴专家研讨会》，2017 年，高平市

87．《建立果树专家工作站》，2017 年，彝族自治州楚雄

88．《南果梨销售及品牌建设研讨会》，2017 年，海城市林业局

89．《宁陵酥梨标准化生产与品牌建设研讨会》，2017 年，宁陵县人民政府

90．《隰县玉露香梨产业发展研讨》，2017 年，隰县县委、县人民政府

91．《梨等果品采后贮藏保鲜技术与品牌建设》，2017 年，苍溪县农业局

92．《巍山红雪梨产业发展研讨会》，2017 年，巍山彝族回族自治县委、县人民政府

93．《宝珠梨产业调研与发展建议》，2017 年，呈贡县委、县人民政府

94．《梨产业发展规划》，2016 年，曲沃县果业蔬菜发展中心

95．《金川雪梨产业现状及发展规划》，2014 年，金川县委、县人民政府

96．《第六届中国果蔬产业发展砀山论坛》，2012 年，砀山县人民政府

97.《大兴区十二五时期都市型现代农业发展规划》，2011 年，大兴区农村工作委员会

98.《祁县酥梨深加工可行性》，2010 年，祁县县委、县人民政府

99.《鸭梨全产业链发展规划》，2009 年，魏县林业局

100.《扶持成立果业专业合作社》，2010 年，齐齐哈尔市碾子山区农村工作委员会

101.《扶持建立小型低温保鲜库》，2013 年，齐齐哈尔市碾子山区农村工作委员会

102.《继续扶持果业生产》，2015 年，齐齐哈尔碾子山区农村工作委员会

103.《争取省、县支持，减轻果农"台风"灾害损失》，2012 年，鸡东县多种经营总站

104.《争取水利资金向果树产业倾斜》，2017 年，鸡东县多种经营总站

105.《争取省、县支持，减轻果农"台风"灾害损失》，2012 年，东宁市果菜站

106.《争取优惠政策、扶持梨果加工企业》，2015 年，东宁市果菜站

107.《争取优惠政策，引进梨果加工企业》，2013 年，林口县农业推广中心

108.《藁城市（马邱村）梨果发展规划及实施方案》，2016 年，藁城市人民政府

109.《宁晋县万亩生态农业示范园区发展规划》，2013 年，宁晋县人民政府

110.《梨冻害调查及灾后管理》，2018 年，丰县农业委员会

111.《关于公安县梨产业发展的建议》，2013 年，公安县人民政府

112.《"云南省东北部发生霜冻灾害"和"冻害发生经验交流"》，2009 年，安宁市农业局茶桑果站

113.《梨产业抗旱救灾技术》，2010 年，云南省农业科学院

114.《泸西县梨黄化病防治》，2013 年，泸西县农业局

115.《如何提升安宁的红梨产业》，2014 年，安宁市人民政府和安宁市农业局

116.《宝珠梨产业调研报告》，2017 年，高新区农林水务局和呈贡区农林局茶桑果站

117.《梨产业扶持资金与产业发展》，2017 年，台江县农业服务中心

118.《福泉老梨园改造与梨精深加工》，2018 年，福泉市农村工作局

119．《老河口市"十二五"梨产业发展建议》，2010 年，老河口市人民政府

120．《老河口市"十三五"梨产业发展建议》，2015 年，老河口市人民政府

121．《梨产业发展规划》，2010 年，山西省五寨县杏岭子乡

122．《玉露香梨发展规划》，2010 年，高平市果树站

123．《玉露香梨发展建议》，2011 年，北京大兴区林业局

124．《玉露香梨发展建议》，2011 年，阿克苏林业局

125．《高平黄梨更新复壮建议》，2011 年，高平市果树站

126．《玉露香梨发展建议》，2011 年，河北省邯郸市魏县林业局

127．《沁源县果树发展规划》，2011 年，沁源县人民政府

128．《老梨园复壮建议》，2011 年，武乡县上司乡

129．《汾西县城关镇马沟村玉露香梨发展规划》，2012 年，汾西县科技局

130．《太原市尖草坪区柏板乡上薛村梨树发展规划》，2012 年，太原市尖草坪区

131．《玉露香梨产业发展建议》，2012 年，隰县人民政府

132．《黄梨更新复壮建议》，2012 年，长子县人民政府

133．《汾西县团柏乡梨树产业发展规划》，2012 年，汾西县科技局

134．《玉露香梨发展规划》，2013 年，晋城市陵川县农科站

135．《玉露香梨发展规划》，2013 年，山西省高平市寺庄镇

136．《祁县城赵镇修缮村玉露香梨果园规划》，2013 年，祁县城赵镇修缮村

137．《祁县梨产业规划》，2013 年，祁县人民政府

138．《玉露香梨发展规划》，2013 年，榆次区人民政府

139．《曲沃县果树发展规划》，2014 年，曲沃县

140．《侯马市梨产业发展建议》，2014 年，侯马市

141．《兰村乡玉露香梨发展规划》，2014 年，忻府区人民政府

142．《玉露香梨果园规划》，2014 年，高平市野川镇韩家庄村

143．《阳城县梨园发展规划》，2015 年，阳城县

144．《文水县梨产业发展建议》，2015 年，文水县

145．《永和县脱贫产业规划》，2016 年，永和县

146．《大宁县脱贫产业规划》，2016 年，大宁县

147．《吉县县脱贫产业规划》，2016 年，吉县县

148．《汾西县脱贫产业规划》，2016 年，汾西县

149.《隰县脱贫产业规划》，2016年，隰县

150.《忻州市忻府区梨产业发展规划》，2016年，忻州市忻府区

151.《吉县玉露香梨生产规划》，2017年，吉县屯里镇

152.《榆社县梨产业调研和发展规划指导》，2017年，榆社县

153.《偏关老梨园改造和建园规划》，2018年，偏关县

154.《长治市果树产业发展规划》，2018年，长治县

155.《壶关县果树产业发展规划》，2018年，壶关县

156.《砀山县水果产业发展规划（2009—2020年）》，2009年，砀山县委、县人民政府

157.《阜南县苗集黄梨现代农业示范区建设规划》，2014年，阜南县人民政府

158.《老梨树枯死调查情况及提出拯救建议》，2017年，砀山县人民政府

159.《国家农业科技示范园建设和梨产业转型升级》，2016年，宁陵县人民政府

160.《水果产业发展思路与产业规划》，2017年，望江县人民政府

161.《水果新品种引进与试验示范》，2018年，临泉县人民政府

162.《金川雪梨采后黑心病防控技术》，2014年，四川金川县农业水务局

（二）为企业提供的咨询报告（部分）

1.《玉露香梨发展规划》，2009年，五台县田家岗村

2.《玉露香梨高接发展规划》，2009年，沁水县土沃乡下沃泉村

3.《冷库温度气体组分标准参数》，2010年，同心果库

4.《冷库温度气体组分标准参数》，2010年，益农果库

5.《冷库温度气体组分标准参数》，2010年，富民冷库

6.《梨果品贮藏保鲜库建设的建议》，2011年，湖北仙仙果品有限公司

7.《玉露香梨发展规划》，2011年，陵川县东尧村

8.《玉露香梨发展规划》，2011年，寿阳县常村

9.《綦江山地农业果园建设》，2011年，綦江巨龙集团

10.《綦江高老九梨园建设》，2011年，綦江高老九公司

11.《塔桥园艺场梨产业发展建议》，2012年，贵溪市塔桥园艺场

12.《关于修订〈蜜梨棚架栽培技术规程〉企业标准的建议》，2012年，杭州滨江果业有限公司

13.《亭湖区永丰镇梨树枯死原因的初步分析》，2012年，盐城市亭湖区

永丰镇农业技术推广站

14．《荒山改造梨园建议》，2012 年，娄烦县韩家庄

15．《玉露香梨发展规划》，2012 年，汾西县高寒农牧业专业合作社

16．《鸭梨虎皮病采后综合防控技术》，2012 年，河北省杏园果业有限公司

17．《南川"王官公司"梨园管理》，2012 年，王官公司

18．《武隆白果村梨园建设》，2012 年，重庆贝美农业开发有限公司

19．《綦江梨品种展示园建设》，2012 年，綦江梨博园

20．《黄冠、早酥等贮藏保鲜技术》，2013 年，条山集团

21．《酥梨虎皮病防控技术》，2013 年，耀华果业有限公司

22．《红香酥贮藏保鲜技术》，2013 年，百忍堂果库

23．《月城镇梨着果率低的原因与对策》，2013 年，江阴市月城镇农技站

24．《双臂顺行式棚架梨建设的建议》，2013 年，湖北阿尔迪有机物发展有限公司

25．《新种植梨品种和规模建议》，2013 年，湖北仙仙果品有限公司

26．《黄冠、鸭梨采后预冷与近冰温贮藏技术规程》，2013 年，河北翠王果品有限公司

27．《黄冠、鸭梨采后预冷与近冰温贮藏技术规程》，2013 年，河北省辛集龙华果品贮藏有限公司

28．《酥梨贮藏与虎皮病综合防控技术》，2013 年，陕西省蒲城勇奔果业有限公司

29．《酥梨贮藏与虎皮病综合防控技术》，2013 年，山西省祁县麒麟果业有限公司

30．《酥梨贮藏与虎皮病综合防控技术》，2013 年，山西省祁县耀华果业有限公司

31．《酥梨贮藏与虎皮病综合防控技术》，2013 年，山西省富民恒温保鲜库

32．《酥梨贮藏与虎皮病综合防控技术》，2013 年，祁县明黎源果业专业合作社

33．《酥梨贮藏与虎皮病综合防控技术》，2013 年，运城市梨乡果库

34．《酥梨贮藏与虎皮病综合防控技术》，2013 年，东张岳益农果库

35．《酥梨贮藏与虎皮病综合防控技术》，2013 年，同心果库

36．《鸭梨、黄冠预冷降温管理技术》，2013 年，河北省杏园果业有限公司

37.《黄金、圆黄、丰水等砂梨采后贮藏保鲜技术》，2013年，大兴昌兴果业有限公司

38.《南果梨等主要秋子梨采后贮藏与后熟关键技术》，2013年，鞍山海城马风镇南果梨合作社

39.《黄冠梨采后贮藏保鲜技术》，2013年，甘肃景泰条山果业公司

40.《早熟西洋梨红克拉普和考西亚等品种采收、包装、贮藏、运输、后熟以及冷藏库管理》，2013年，陕西大荔沙苑农场

41.《早熟西洋梨红克拉普和考西亚等品种采收、包装、贮藏、运输、后熟以及冷藏库管理》，2013年，河南灵宝故县镇盘西红星梨农民专业合作社

42.《建工观光果园建设》，2013年，重庆建工集团

43.《瑞丰山地果园建设》，2013年，綦江区瑞丰农业发展有限公司

44.《重庆黎香湖观光梨园建设》，2013年，洼地农业开发有限公司

45.《微喷节水系统的应用技术》，2013年，河北省泊头市亚丰公司

46.《3WGF-300A履带自走式果园风送喷雾机》，2013年，南通黄海药械有限公司

47.《鸭梨、黄冠采后贮藏保鲜技术》，2014年，长城经贸集团有限公司

48.《西洋梨贮藏保鲜技术》，2014年，沙苑农场

49.《库尔勒香梨顶腐病防控技术》，2014年，新疆拓普农产品有限公司

50.《库尔勒香梨顶腐病防控技术》，2014年，金丰利冷藏有限公司

51.《梅雨后梨病害发生调查及防治对策》，2014年，高淳区固城梨园

52.《双臂顺行式棚架梨建设的建议》，2014年，湖北鑫民生态农业开发有限公司

53.《新种植梨品种选择建议》，2014年，老河口市春雨苗木果品专业合作社

54.《库尔勒香梨采后贮藏与顶腐病防控技术》，2014年，新疆拓普农产品有限公司

55.《南果梨采后与贮藏技术》，2014年，辽阳县军正水果综合服务合作社

56.《鸭梨预冷与气调贮藏关键技术》，2014年，晋州长城经贸有限公司

57.《鸭梨气调贮藏技术操作规程》，2014年，河北省杏园果业有限公司

58.《鸭梨气调贮藏技术操作规程》，2014年，河北省群强农产品加工有限公司

59.《鸭梨气调贮藏技术操作规程》，2014年，河北省明月冷库

60．《安徽九连山果园建设方案》，2014 年，皖垦集团安徽志祥农业发展有限公司

61．《中江村观光梨园建设》，2014 年，南川大观镇中江村

62．《每克有机果蔬园建设》，2014 年，南川每克有机农业科技公司

63．《酥梨虎皮病防控技术》，2015 年，麒麟果业有限公司

64．《江阴市月城镇梨冻害情况与冻后管理》，2015 年，江阴市月城镇农业技术站

65．《山区发展棚架梨观光产业建议》，2015 年，秭归县九畹之源梨合作社

66．《山区发展棚架梨观光产业建议》，2015 年，湖北红觅生态农业有限公司

67．《山区发展棚架梨观光产业建议》，2015 年，德化县群芳农业专业合作社

68．《玉露香采收与包装技术》，2015 年，耀华果业有限公司

69．《黄冠梨 1-MCP 使用操作规范》，2015 年，欣怡农产品有限公司

70．《淮北市濉溪县五铺农场梨园实施方案》，2015 年，濉溪县五铺农场

71．《贵溪市塔桥园艺场梨早期落叶调查及建议》，2016 年，贵溪市塔桥园艺场

72．《关于引进果树省力化栽培新模式的建议》，2016 年，安吉休闲生态农业有限公司

73．《鸭梨虎皮病气调防控技术》，2016 年，河北杏园果业有限公司

74．《梨早期落叶调查及建议防治措施》，2016 年，盐城龙岗梨园

75．《梨产业技术服务（三区服务）》，2016 年，禄劝彝族苗族自治县红梨专业合作社

76．《梨产业技术服务（三区服务）》，2016 年，泸西县龙威专业合作社

77．《第二代红色砂梨彩云红产品满意度调查》，2016 年，云南红梨科技开发有限公司

78．《新建梨园采用双臂顺行式棚架模式建议》，2016 年，老河口市三春果品苗木专业合作社

79．《梨树开秋花后补接花芽技术》，2017 年，上栗县梦仙生态农业发展有限公司

80．《鸭梨虎皮病气调防控技术》，2017 年，河北省辛集市翠王果品有限公司

81．《鸭梨虎皮病气调防控技术》，2017 年，河北悦泰农产品加工有限公司

82．《酥梨、红香酥贮藏保鲜技术》，2017 年，叶家冷库

83．《酥梨、红香酥贮藏保鲜技术》，2017 年，神果冷库

84．《酥梨、红香酥贮藏保鲜技术》，2017 年，金鑫冷库

85．《酥梨、红香酥贮藏保鲜技术》，2017 年，勇奔冷库

86．《南果梨采后包装保鲜技术》，2017 年，三星生态农业有限公司

87．《梨园金龟子发生与防治措施》，2017 年，滨海大套果园

88．《梨园水灾后的田间管理措施》，2017 年，滨海大套果园

89．《如东县张华梨园虿螨脲·虫螨腈复配剂防治梨小食心虫调查报告》，2017 年，南京保丰农药有限公司

90．《山区发展棚架梨观光产业建议》，2017 年，巴东县将军山农牧开发有限公司

91．《双臂顺行式棚架梨建设的建议》，2017 年，湖北三山湖生态农业公司

92．《金秋梨提质增效改造方案》，2017 年，台江县金秋梨农民合作社

93．《威宁大黄梨复壮改造与产业发展》，2017 年，威宁彝族回族苗族自治县大黄梨农民专业合作社

94．《新建 600 亩梨园建议》，2017 年，老河口市绿沃投资有限公司

95．《原产地京白梨产业发展规划》，2017 年，万科产业城镇有限公司

96．《果树保险办法与细则》，2018 年，华农财产保险股份有限公司

97．《梨早期落叶防控技术建议》，2018 年，桃华果业有限公司

98．《翠冠梨供应期延长关键技术研究与示范》，2018 年，湖北阿尔迪有机物发展有限公司

99．《云和雪梨采后贮藏保鲜技术》，2018 年，仙宫果业有限公司

100．《鸭梨气调技术》，2018 年，河北龙华果业有限公司

101．《贮藏库建设规划》，2018 年，河北北塑管业有限公司

102．《梨树改换棚架模式的建议》，2018 年，湖北杏福农业有限公司

103．《威宁大黄梨精深加工》，2018 年，威宁大黄梨农民专业合作社

104．《梨园病虫害绿色防控技术》，2009—2018，北京三仁梨园有机农产品有限公司

105．《梨园病虫害绿色防控技术》，2017—2018，北京梨享农业科技有限公司

106．《梨园病虫害绿色防控技术》，2017—2018，北京永乐通农林科技发展有限公司

图书在版编目（CIP）数据

现代农业产业技术体系建设理论与实践．梨体系分册/
张绍铃主编．— 北京：中国农业出版社，2021.8
　ISBN 978-7-109-27881-3

　Ⅰ．①现… Ⅱ．①张… Ⅲ．①现代农业 – 农业产业 –
技术体系 – 研究 – 中国②梨 – 农业产业 – 技术体系 – 研究
– 中国 Ⅳ．①F323.3 ②F326.23

中国版本图书馆CIP数据核字(2021)第 022656 号

现代农业产业技术体系建设理论与实践——梨体系分册
XIANDAI NONGYE CHANYE JISHU TIXI JIANSHE LILUN YU SHIJIAN
—LI TIXI FENCE

中国农业出版社出版
地址：北京市朝阳区麦子店街 18 号楼
邮编：100125
策划编辑：马春辉　　责任编辑：马春辉　李海锋　　文字编辑：谢志新
版式设计：杜　然　　责任校对：吴丽婷
印刷：北京通州皇家印刷厂
版次：2021 年 8 月第 1 版
印次：2021 年 8 月北京第 1 次印刷
发行：新华书店北京发行所
开本：700mm×1000mm　1/16
印张：20.75　插页：16
字数：430 千字
定价：88.00 元